개정판

교육부 선정 기초 한자

常用 1800 漢字쓰기

▼ 생활한자어 해설과 쓰기 연습
▼ 1,800한자를 기준으로 한 4,500여 생활한자어 풀이
▼ 부수, 획수, 모범필순 명기(**明記**)
▼ 자형의 기원과 변천과정을 풀이한 알기쉬운 한자 원리
▼ 쓰기 연습에 편리한 지면 구성

도서출판 신나라

머리말

한자는 표의문자(表意文字)이기 때문에 글자의 수가 약 5만자에 이르러 많은 사람들이 처음부터 어려워하며 이를 외면하려 하고 있습니다. 더구나 각 글자의 짜임과 글자의 쓰는 순서, 글자의 뜻과 음을 정확히 알아야 하기에 배우기가 쉽지 않습니다.

그러나 우리가 매일 사용하는 우리말과 우리글이 한자에서 유래된 것이 많아 전체의 약 70%가 한자말이며, 지금도 한자를 바탕으로 새로운 말이 생겨나고 있습니다. 한자를 알지 못하면 우리말의 정확한 뜻을 알 수가 없는 까닭이 여기에 있습니다. 그러므로 우리말을 쓰면서 자연스럽게 한자를 익혀나가는 것이 필요하다고 하겠습니다.

이 책은 교육부에서 선정한 교육용 기초한자 1,800자(字)를 익힐 수 있도록 만들었습니다. 한자의 음과 뜻은 물론이고 부수와 획수, 한자의 용례(用例)를 풍부하게 수록하였으며, 모범 필순을 명기하여 한자를 바르게 쓰고 익히도록 하였습니다. 지면의 구성도 쓰기연습에 편리하도록 배려하였습니다. 자형(字形)의 기원과 변천과정을 알기쉽게 풀이한 한자의 원리는 한자를 이해하는 데 큰 도움이 될 것입니다.

교육부에서 선정한 교육용 기초한자이지만 1,800한자를 기준으로 한 4,500여 생활한자어 풀이와 쓰기연습은 한자 공부의 필요성을 느끼고 있는 일반인들에게도 훌륭한 교재가 되리라고 확신합니다.

편저자

차 례

머리말

- 한자쓰기의 기초 / 6
- 한자의 모양 꾸미는 법 / 7
- 한자의 필순 / 8
- 상용 1,800한자 풀이와 쓰기연습 / 10
- 교육부 선정 교육용 기초한자(1,800자) 색인 / 237
- 한자의 부수 / 253

한자쓰기의 기초

1. 자 세
 글씨를 바르게 쓰기 위해서는 정성스러운 마음과 바른 몸가짐을 가지고 글씨쓰기에 임해야 한다.

2. 펜대 잡는 법
 펜대는 펜대 끝에서 1.5 cm 정도 되게 잡고, 몸 쪽으로 45~60° 정도로 기울어지게 하는 것이 좋다. 그러나 한자에는 여러 가지 글씨체가 있고, 또 한글은 한글 특유의 한글체가 있어서 그 나름대로의 펜 쓰는 법이 있으므로, 모든 글씨를 똑같은 각도로 쓰라는 뜻은 아니다.
 펜의 종류에 따라서도 대를 잡는 방법이 조금씩 차이가 나므로, 그때 그때 자기에게 알맞은 방법을 선택하도록 한다.

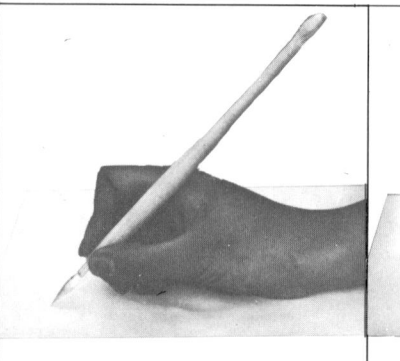 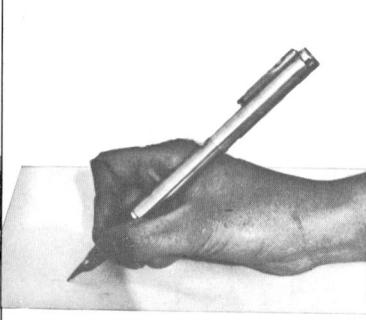 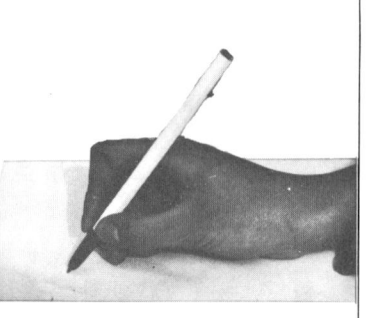

펜 45~60°　　　　만년필 50~60°　　　　볼펜 60~70°

3. 펜촉의 종류와 잉크
① 펜 촉
 스푼펜 : 펜끝이 약간 둥글어 종이에 걸리지 않기 때문에 사무용으로 널리 쓰인다.
 G 펜 : 끝이 뾰족하고 탄력성이 커서 숫자나 로마자 쓰기에 알맞다.
 스쿨펜 : G펜보다 작은데, 가는 글씨 쓰기에 알맞다.

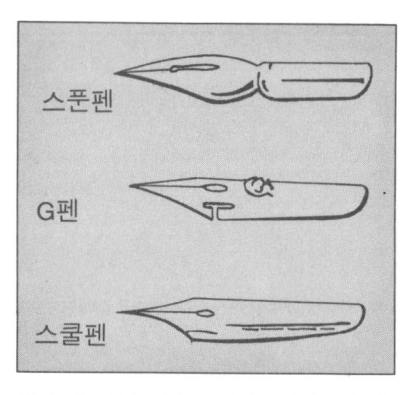

② 잉 크
 보통 청색, 녹색, 붉은색, 검은색 등이 있는데, 펜글씨 연습에는 짙은 색을 선택하여 쓰는 것이 알맞다.

한자의 모양 꾸미는 법

한자의 모양을 안정되고 아름답게 나타내기 위한 방법으로, 다음과 같은 규칙에 따라서 쓴다.

변 방 扁과 旁	① 변과 방(몸)을 같은 크기로 쓴다. ② 변을 작게 쓴다. ③ 방을 작게 쓴다.	新 妹 語 江 梅 獨 到 列 判	변을 작게 위로 呼 味 場
관 답 冠과 沓	① 위에서 덮어 씌운 것처럼 쓴다. ② 가로 2등분하여 쓴다. ③ 머리는 크고 발은 작게 쓴다. ④ 머리는 작고 발은 크게 쓴다. ⑤ 받침 구실을 하는 글자는 납작하고 안정감이 있게 쓴다.	空 室 完 霜 露 想 習 賀 皆 忠 思 星 然 孟 書	
수 垂	윗몸을 왼쪽으로 삐치는 글자는 아래 부분을 오른쪽으로 약간 내어 쓴다.	原 歷 廣	
구 構	바깥과 안으로 이루어진 글자는 바깥의 품을 넉넉히 하고, 안에 들어가는 부분의 공간을 알맞게 채워 쓴다.	園 國 間	
요 繞	① 독립자로 된 한자로 된 받침은 먼저 쓰고, ② 독립자가 아닌 받침은 나중에 쓰되 글자 모양이 네모가 되게 쓴다.	① 起　② 近	

기타 글자 모양이 □ ▢ ⌂ △ ▽ ◇ ○ 등이 되게 쓴다.

한자의 필순

　필순에 따라 쓰면, 한자의 모양을 바르게, 빨리 쓸 수 있게 된다. 필순에 대해서는 여러 가지 원칙과 예외가 있지만, 여기에서는 가장 기본이 되는 원칙들을 익히도록 한다.

〈필순의 원칙과 보기〉
① 윗부분을 먼저 쓰고, 아랫 부분을 쓴다.
　〈보기〉 三 : 一 → 二 → 三
　　　　 今 : 人 → 亼 → 今
　　　　 言 : 一 → 亠 → 言

② 왼쪽 부분을 먼저 쓰고, 오른쪽 부분을 쓴다.
　〈보기〉 川 : 丿 → 刂 → 川
　　　　 行 : 彳 → 行
　　　　 信 : 亻 → 信

③ 가운데 부분을 먼저 쓰고 왼쪽, 오른쪽의 순서로 쓴다.
　〈보기〉 小 : 亅 → 亅丿 → 小
　　　　 水 : 亅 → 亅丿 → 水

④ 가로 세로가 교차할 때는 가로 획을 먼저 쓴다.
　〈보기〉 十 : 一 → 十
　　　　 寸 : 一 → 十 → 寸
　　　　 土 : 一 → 十 → 土

⑤ 가운데를 뚫는 획은 나중에 긋는다.
　〈보기〉 中 : 口 → 中
　　　　 半 : 丷 → 䒑 → 半
　　　　 平 : 一 → 𠀎 → 平

⑥ 허리를 끊은 획은 나중에 긋는다.
  〈보기〉 母 : ㄑ → 圅 → 母
         女 : ㄑ → 夂 → 女
         子 : ㄱ → 了 → 子

⑦ 아래로 에운 획은 나중에 긋는다.
  〈보기〉 七 : 一 → 七
         也 : ㄱ → 力 → 也
         巳 : ㄱ → ㄱ → 巳

⑧ 받침은 나중에 긋는다.
  〈보기〉 近 : 斤 → 近
         建 : 彐 → 聿 → 建
         進 : 亻 → 隹 → 進

⑨ 뒤에서 아래로 에워싼 획은 먼저 쓴다.
  〈보기〉 力 : ㄱ → 力
         方 : 亠 → 亐 → 方

⑩ 오른쪽 위에 있는 점은 맨 나중에 찍는다.
  〈보기〉 代 : 亻 → 仁 → 代 → 代
         成 : 厂 → 成 → 成 → 成

⑪ 몸과 안이 있을 때는 몸부터 쓴다.
  〈보기〉 同 : 冂 → 冋 → 同
         用 : 冂 → 用

 可 가 옳을, 가히
口부 2획

否 부, 비 아니, 막힐
口부 4획

 假 가 거짓, 임시
人부 9획

飾 식 꾸밀
食부 5획

可否(가부) ①옳고 그른 것. ②찬성과 반대. 예~投票
可能(가능) 할 수 있거나 될 수 있는 것.
否認(부인) 그렇지 않다고 봄.
安否(안부) 편안함의 여부.

假飾(가식) 거짓으로 꾸밈.
假面(가면) ①탈. ②거짓으로 꾸미는 행위나 태도.
飾非(식비) 나쁜 것을 그럴 듯하게 꾸밈.
飾緖(식서) 피륙의 올이 풀리지 아니하게 짠 그 가장자리.

家 가 집
宀부 7획

屋 옥 집
尸부 6획

 歌 가 노래
欠부 10획

謠 요 노래
言부 10획

家屋(가옥) 사람이 사는 집.
家族(가족) 식구. 가실(家室).
家訓(가훈) 가정의 교훈.
屋上架屋(옥상가옥) ①지붕 위에 집을 지음. ②일을 부질없이 거듭함.

歌謠(가요) 노래. 예~界
歌舞(가무) 노래와 춤.
謠言(요언) 세상의 뜬소문.
民謠(민요) 민중 속에 전해 내려온 노래.
俗謠(속요) 민간의 속된 노래.

佳 가 아름다울
人부 6획

作 작 지을
人부 5획

 價 가 값
人부 13획

値 치 값, 만날
人부 8획

佳作(가작) 꽤 잘된 작품.
佳約(가약) 부부가 될 언약. 예百年~
佳人(가인) 아름다운 여자.
作故(작고) 죽음. 예~한 作家
作黨(작당) 떼를 지음.

價値(가치) 값. 사물의 중요성, 의의.
價格(가격) 값. 예~表示
價額(가액) 값.
評價(평가) 가치나 수준 따위를 평하는 것.
値遇(치우) 마침 만남.

 覺 각 깨달을
見부 13획

悟 오 깨달을
心부 7획

 各 각 각각
口부 3획

項 항 조목, 목
頁부 3획

覺悟(각오) 앞일에 대한 마음의 준비.
覺書(각서) 약속을 잊지 않기 위하여 기록한 문서. 예~交換
悟性(오성) 영리한 천성.
大悟(대오) 진리를 크게 깨달음.

各項(각항) 각 항목.
各界(각계) 사회의 각 방면.
事項(사항) 여럿으로 벌인 하나하나의 내용이나 항목.
要項(요항) 중요한 항목.

家 집 가

고대에는 일반 백성을 위한 사당은 없었기 때문에 집에서 돼지(豕)를 잡아서 제사를 지냈는데 그곳이 바로 '家'이다.

可否	옳을 가	一 丁 пи 可 可	可	可	可			
	아니 부	一 プ 不 不 不 否 否	否	否	否			
假飾	거짓 가	ノ イ 化 伊 侣 假 假 假	假	假	假			
	꾸밀 식	ハ 今 今 食 食 飭 飾 飾	飾	飾	飾			
家屋	집 가	丶 宀 宀 宁 宇 家 家	家	家	家			
	집 옥	一 コ 尸 尸 屈 居 屋 屋	屋	屋	屋			
歌謠	노래 가	一 一 可 哥 哥 哥 歌 歌	歌	歌	歌			
	노래 요	一 亠 言 言 評 評 謠 謠	謠	謠	謠			
佳作	아름다울 가	ノ イ 亻 仕 佳 佳 佳 佳	佳	佳	佳			
	지을 작	ノ イ 亻 仆 竹 作 作	作	作	作			
價值	값 가	ノ イ 亻 伊 價 價 價 價	價	價	價			
	값 치	ノ イ 亻 仕 佑 佑 值 值	值	值	值			
覺悟	깨달을 각	⺮ 铲 铲 闕 闕 闕 闕 覺	覺	覺	覺			
	깨달을 오	一 丨 忄 忄 忏 忏 悟 悟	悟	悟	悟			
各項	각각 각	ノ ク 夂 冬 各 各	各	各	各			
	조목 항	一 工 工 ェ 项 项 項 項	項	項	項			

干 간 방패 천간	戈 과 창	簡 간 간략할 편지	單 단 홑
干부 0획	戈부 0획	竹부 12획	口부 9획

干戈(간과) ①방패와 창. ②전쟁.
干涉(간섭) 남의 일에 끼어듦.
干犯(간범) 법칙을 위반하고 거역함.
干連(간련) 남의 범죄에 관계가 있음.
戈劍(과검) 창과 검.

簡單(간단) 간편하고 단순함.
簡潔(간결) 간단하고 요령이 있음.
書簡(서간) 편지. 예~文
單價(단가) 낱 단위의 값.
單身(단신) 배우자나 형제가 없는 사람. 예子子~

肝 간 간 마음	油 유 기름	姦 간 간음할 간사할	淫 음 음란할
肉부 3획	水부 5획	女부 6획	水부 8획

肝油(간유) 간에서 짜낸 기름.
肝腦(간뇌) 간과 뇌.
肝要(간요) 썩 요긴함.
油類(유류) 기름의 종류.
油然(유연) 왕성하게 일어나는 모양.

姦淫(간음) 비도덕적인 성 관계.
姦計(간계) 간사한 꾀.
强姦(강간) 불법적인 수단으로 부녀를 간음하는 것.
淫亂(음란) 음탕하고 난잡한 것.
淫女(음녀) 음탕한 여자.

懇 간 간절할	切 절, 체 끊을 모두	看 간 볼	板 판 널 판목
心부 13획	刀부 2획	目부 4획	木부 4획

懇切(간절) 간곡하고 절실함.
懇曲(간곡) 간절하고 정성스러움.
懇請(간청) 간절하게 청함. 또는 그 청.
切感(절감) 절실하게 느낌.
切斷(절단) 자르거나 베어 끊는 것.

看板(간판) 상점 이름 등을 써서 걸거나 붙이는 물건.
看過(간과) 대강 보아 넘김.
板刻(판각) 글자나 그림을 판에 새김.
板子(판자) ①널빤지. ②송판(松板).

渴 갈 목마를	症 증 병증세	監 감 볼 옥	獄 옥 옥 소송
水부 9획	疒부 5획	皿부 9획	犭부 10획

渴症(갈증) 목이 말라 물이 먹고 싶은 느낌.
渴望(갈망) 목마른 사람이 물을 찾듯이 간절히 바라는 일.
症勢(증세) 병의 형세나 현상.
症狀(증상) 병을 앓는 증세. 예自覺~

監獄(감옥) 죄수를 가두어 두는 곳.
監査(감사) 감독하고 검사하는 것.
監督(감독) 감시하여 단속함.
獄死(옥사) 옥에서 죽음.
獄中(옥중) 감옥의 안. 예~書信

監 볼 감		원래의 뜻은 '거울'으로 한 사람이 대야 앞에 꿇어앉아 눈을 크게 뜨고 대야의 물에 자기의 얼굴을 비춰보는 모습이다.

干	방패 간	一 二 干			
戈	창 과	一 弋 戈 戈			
簡	간략할 간	⺊ ⺊⺊ ⺮ 笛 笛 笛 簡 簡			
單	홑 단	⼞ ⼞⼞ 吅 吅 閂 單 單			
肝	간 간	丿 几 月 月 肝 肝 肝			
油	기름 유	⼀ ⼀⼀ ⼀⼀⼀ 汩 油 油			
姦	간음할 간	⼄ ⼄⼄ 女 女 姦 姦			
淫	음란할 음	⼀ ⼀⼀ ⼀⼀⼀ 汐 浑 浑 淫			
懇	간절할 간	⼃ ⺈ 豸 豸 犭 犭 懇 懇			
切	끊을 절	一 七 切 切			
看	볼 간	一 二 三 手 禾 看 看 看			
板	널 판	一 十 十 木 杙 杙 板 板			
渴	목마를 갈	⼀ 沪 沪 沪 渴 渴 渴			
症	병증세 증	、 亠 广 广 疒 疒 症 症			
監	볼 감	⼁ ⼁⼁ ⼐ ⼐⼐ 臣 監 監			
獄	옥 옥	⼃ 犭 犭 犭 狺 狺 獄 獄			

甘 감 달 / 酒 주 술	減 감 덜 / 刑 형 형벌
甘부 0획 / 水부 7획	水부 9획 / 刀부 4획
甘酒(감주) 단술. 甘露(감로) 달콤한 이슬. 甘言(감언) 달콤한 말. 예~利說 酒氣(주기) 술기운. 酒毒(주독) 술 중독에서 오는 증세.	減刑(감형) 형벌을 덜어 가볍게 함. 減速(감속) 속도를 줄임. 輕減(경감) 덜어서 가볍게 함. 刑罰(형벌) 지은 죄에 주는 벌. 刑法(형법) 형벌을 규정한 법률.
甲 갑 갑옷 천간 / 蟲 충 벌레	康 강 튼튼할 평안할 / 寧 녕 편안할 차라리
田부 0획 / 虫부 12획	广부 8획 / 宀부 11획
甲蟲(갑충) 껍데기가 단단한 곤충. 甲富(갑부) 첫째 가는 부자. 甲日(갑일) 회갑 날. 蟲害(충해) 해충으로 인한 농작물의 피해. 病蟲(병충) 병해(病害)를 일으키는 벌레.	康寧(강녕) 건강하고 편안함. 小康(소강) 형세가 조금 안정됨. 平康(평강) 평안함. 寧歲(영세) 평화로운 해. 安寧(안녕) 안전하고 태평한 것.
鋼 강 강철 / 線 선 줄	剛 강 굳셀 / 柔 유 부드러울
金부 8획 / 糸부 9획	刀부 8획 / 木부 5획
鋼線(강선) 강철로 만든 줄. 鋼鐵(강철) 강도가 높은 철. 路線(노선) 발착지와 도착지가 일정하게 정해진 교통선. 光線(광선) 빛의 줄기.	剛柔(강유) 굳셈과 부드러움. 剛斷(강단) ①강기있게 결단함. ②참고 버티는 힘. 剛直(강직) 마음이 굳세고 곧음. 柔道(유도) 맨 몸으로 겨루는 운동의 일종. 懷柔(회유) 어루만져 달램.
江 강 강 / 河 하 강	改 개 고칠 / 善 선 착할
水부 3획 / 水부 5획	攵부 3획 / 口부 9획
江河(강하) 강과 큰 내. 江湖(강호) ①강과 호수. ②자연. 江山(강산) 강과 산. 河流(하류) 강이나 내의 흐름. 河川(하천) 강과 내.	改善(개선) 잘못을 고쳐 잘되게 함. 改良(개량) 좋게 고침. 예~品種 改心(개심) 마음을 고쳐 먹음. 善導(선도) 올바른 길로 인도함. 善良(선량) 착하고 어짊.

| 甘 달 감 | | 글자의 외곽은 원래 입이며, 중간의 짧은 가로획은 입 속의 음식물을 나타낸다. 글자의 뜻은 '달다'이다. |

甘	달 감	一 十 廿 甘 甘	甘	甘	甘
酒	술 주	丶 冫 氵 氵 沪 洒 洒 酒	酒	酒	酒
減	덜 감	丶 冫 氵 氵 沪 沂 減 減	減	減	減
刑	형벌 형	一 二 于 开 开 刑	刑	刑	刑
甲	갑옷 갑	丶 冂 日 日 甲	甲	甲	甲
蟲	벌레 충	丶 口 中 虫 虫 虫 蟲 蟲	蟲	蟲	蟲
康	튼튼할 강	丶 广 广 庐 庐 庚 康 康	康	康	康
寧	편안할 녕	丶 宀 宀 宀 宍 宓 寍 寧	寧	寧	寧
鋼	강철 강	人 仐 仐 釒 釒 釒 鋼 鋼 鋼	鋼	鋼	鋼
線	줄 선	乙 幺 幺 糸 紗 紵 絈 線 線	線	線	線
剛	굳셀 강	丨 冂 冂 冋 冈 岡 岡 剛 剛	剛	剛	剛
柔	부드러울 유	一 ㄱ 그 子 予 矛 柔 柔 柔	柔	柔	柔
江	강 강	丶 冫 氵 氵 江 江	江	江	江
河	강 하	丶 冫 氵 氵 沪 河 河	河	河	河
改	고칠 개	一 ㄱ 己 己 改 改 改	改	改	改
善	착할 선	丶 丷 兰 羊 羊 盖 善 善 善	善	善	善

個 개 낱	性 성 성품	蓋 개, 합 덮을 어찌	瓦 와 기와
人부 8획	心부 5획	艸부 10획	瓦부 0획

個性(개성) 사람마다 남다른 성질.
個別(개별) 낱낱이 따로 나눔.
個人(개인) 낱낱의 사람.
性格(성격) 각 사람의 특유한 성질.
性能(성능) 어떤 물건이 지닌 성질과 기능.

蓋瓦(개와) 기와로 지붕을 이음.
蓋然(개연) 그렇게 되리라는 가능성.
蓋世(개세) 위력이 세상을 덮을 만큼 큼.
瓦解(와해) 깨어져 흩어짐.
青瓦(청와) 청기와.

介 개 끼일 딱지	入 입 들	開 개 열	拓 척, 탁 열 박을
人부 2획	入부 0획	門부 4획	手부 5획

介入(개입) 끼어 들어감.
介在(개재) 중간에 끼어 있음.
仲介(중개) 당사자 사이에 서서 일을 주선하는 것.
入賞(입상) 상을 탈 등수에 듦.
入學(입학) 학교에 들어감.

開拓(개척) 황무지를 일구어 논밭을 만드는 것.
開講(개강) 강의를 시작함.
拓土(척토) 땅을 개척하는 것. 땅의 경계를 넓히는 것.
拓本(탁본) 금석에 새긴 것을 박아냄.

慨 개 슬퍼할	歎 탄 탄식할	擧 거 들 온통	皆 개 다
心부 11획	欠부 11획	手부 14획	白부 5획

慨歎(개탄) 걱정스럽게 탄식함.
慨然(개연) 분내며 한탄하는 모양.
憤慨(분개) 몹시 분하게 여기는 것.
歎息(탄식) 한숨을 쉼.
讚嘆(찬탄) 칭찬하고 감탄함.

擧皆(거개) 거의 모두.
擧事(거사) 일을 일으킴.
擧手(거수) 손을 위로 들어 올리는 것. 예~表決
皆勤(개근) 결근 없이 다 근무함.
皆勞(개로) 모두 일하는 것.

距 거 떨어질	離 리 떠날 떨어질	去 거 갈 버릴	番 번 차례
足부 5획	隹부 11획	厶부 3획	田부 7획

距離(거리) 떨어져 있는 길이.
相距(상거) 서로 떨어짐.
離別(이별) 헤어짐. 예~의 아픔
離間(이간) 서로의 사이를 틈나게 함.
離農(이농) 농사를 버림.

去番(거번) 지난번.
去來(거래) 사고 팔고 함. 가는 것과 오는 것.
過去(과거) 지나간 때. 지난날.
番號(번호) 차례를 나타내는 호수. 예座席~
順番(순번) 차례대로 갈아드는 순서.

去 갈 거   원래의 뜻은 '떠난다'이다. 글자의 윗부분은 사람의 모양이고, 아랫부분은 고대에 사람들이 거주하던 동굴의 입구이다.

漢字	訓音	筆順	연습
個	낱 개	ノ イ 们 们 們 個 個	個 個 個
性	성품 성	ノ 丨 忄 忄 忄 性 性	性 性 性
蓋	덮을 개	艹 艹 荖 莕 蕎 蓋	蓋 蓋 蓋
瓦	기와 와	一 丆 瓦 瓦	瓦 瓦 瓦
介	끼일 개	ノ 人 介 介	介 介 介
入	들 입	ノ 入	入 入 入
開	열 개	丨 冂 冂 門 門 門 問 開	開 開 開
拓	열 척	一 十 扌 扩 扩 拓 拓	拓 拓 拓
慨	슬퍼할 개	丨 忄 忄 忄 忄 慨 慨 慨	慨 慨 慨
歎	탄식할 탄	艹 苦 莫 莫 莫 歎 歎 歎	歎 歎 歎
擧	들 거	𦥯 與 與 舉 擧	擧 擧 擧
皆	다 개	丶 匕 比 比 比 皆 皆	皆 皆 皆
距	떨어질 거	丨 𠃌 𠃊 𡰪 距 距 距	距 距 距
離	떠날 리	亠 十 卤 离 离 離 離 離	離 離 離
去	갈 거	一 十 土 去 去	去 去 去
番	차례 번	ノ 二 千 平 釆 番 番 番	番 番 番

巨 거 클	星 성 별	居 거 살 있을	處 처 곳 처할
工부 2획	日부 5획	尸부 5획	虍부 5획

巨星(거성) 가장 큰 별.
巨商(거상) 밑천을 많이 가지고 하는 장사. 또는 상인.
星光(성광) 별빛.
星霜(성상) 일년 동안의 세월.

居處(거처) 살고 있는 곳.
居留(거류) 일시적으로 머물러 삶.
蟄居(칩거) 활동하지 않고 틀어박혀 있는 것.
處所(처소) 거처하는 곳.
處地(처지) 처해 있는 경우.

乾 건 하늘 마를	坤 곤 땅	健 건 굳셀	兒 아 아이
乙부 10획	土부 5획	人부 9획	儿부 6획

乾坤(건곤) 하늘과 땅. 천지(天地).
乾杯(건배) 술잔을 비움.
乾燥(건조) 습기나 물기를 말리는 것.
坤德(곤덕) ①땅의 덕. ②왕후의 덕.
坤位(곤위) 왕후의 지위.

健兒(건아) 건장하고 혈기 있는 남자.
健康(건강) 몸이 튼튼하고 병이 없음.
健全(건전) 건강하고 온전함.
兒童(아동) 어린아이.
男兒(남아) 사내아이.

建 건 세울	築 축 쌓을 지을	儉 검 검소할	德 덕 큰 은혜
廴부 6획	竹부 10획	人부 13획	彳부 12획

建築(건축) 건물을 세우거나 지음.
建國(건국) 나라를 세움. 예~記念日
建議(건의) 의견이나 희망을 상신함.
築城(축성) 성을 쌓음.
改築(개축) 다시 고쳐서 지음.

儉德(검덕) 검소한 행실.
儉素(검소) 간략하고 수수함.
德望(덕망) 덕행과 인망.
德談(덕담) 잘되기를 기원하는 말.
道德(도덕) 올바르게 행하기 위한 규범의 총체.

激 격 심할	情 정 뜻	堅 견 굳을	固 고 굳을
水부 13획	心부 8획	土부 8획	囗부 5획

激情(격정) 격해진 감정.
過激(과격) 지나치게 심함.
情報(정보) 정세에 관한 소식, 내용.
感情(감정) 느껴서 움직이는 마음 속의 기분이나 생각.

堅固(견고) 굳고 튼튼함.
堅强(견강) 성질이 야무지고 단단함.
堅實(견실) 믿음직스럽게 튼튼하고 착실함.
固守(고수) 굳게 지킴.
固體(고체) 단단한 물체.

兒 아이 아 — 어린아이가 앉아 있는 모습으로, 글자의 윗부분은 머리의 뼈가 아직 합해지지 않은 것을 본뜬 것이다.

巨	클 거	一 ㄏ F 巨 巨	巨	巨	巨
星	별 성	丶 口 日 目 旦 早 星 星	星	星	星
居	살 거	一 ㄱ 尸 尸 尸 居 居 居	居	居	居
處	곳 처	丶 ㅏ 广 卢 虍 虎 虔 處 處	處	處	處
乾	하늘 건	一 十 古 卓 卓 乾	乾	乾	乾
坤	땅 곤	十 土 垆 圳 坤 坤	坤	坤	坤
健	굳셀 건	丿 亻 仁 伊 侓 律 健 健	健	健	健
兒	아이 아	丶 亻 ㅓ 臼 臼 兒 兒	兒	兒	兒
建	세울 건	一 ㄱ ㅋ 彐 聿 聿 建 建	建	建	建
築	쌓을 축	丶 ⺮ ⺮ 筑 筑 筑 築 築	築	築	築
儉	검소할 검	亻 亻 伀 伶 伶 伶 儉 儉	儉	儉	儉
德	큰 덕	彳 彳 彳 德 德 德 德	德	德	德
激	심할 격	丶 氵 氵 泊 泊 渺 激 激	激	激	激
情	뜻 정	丶 忄 忄 忄 忄 情 情 情	情	情	情
堅	굳을 견	一 ㄏ 臤 臤 臤 堅 堅	堅	堅	堅
固	굳을 고	丨 冂 冃 円 固 固 固	固	固	固

| 肩 견 어깨 | 章 장 글 규범 | 絹 견 비단 | 織 직 짤 |

肉부 4획　　立부 6획　　糸부 7획　　糸부 12획

肩章(견장) 제복의 어깨에 직종, 등급 등을 표시하기 위해 붙이는 표.
比肩(비견) 어깨를 나란히 함.
章節(장절) 글의 장과 절.
憲章(헌장) 약속을 이행하기 위한 규범.

絹織(견직) 명주실로 짠 피륙.
絹絲(견사) 누에고치에서 뽑은 실.
織物(직물) 옷감, 피륙의 총칭.
紡織(방직) 기계를 사용하여 실을 날아서 피륙을 짜는 것.

| 決 결 정할 | 裁 재 마를 | 缺 결 이지러질 | 陷 함 빠질 |

水부 4획　　衣부 6획　　缶부 4획　　阝부 8획

決裁(결재) 결정권을 가진 사람이 처리 안건을 승인하거나 허가함.
決斷(결단) 딱 잘라 결정함.
裁斷(재단) 옷감을 마름.
裁量(재량) 짐작하여 헤아림.

缺陷(결함) 완전하지 못해 흠이 되는 점.
缺格(결격) 자격이 되지 못함.
缺勤(결근) 근무처에 나가지 아니함.
陷落(함락) ①땅이 꺼짐. ②성이 떨어짐. ③꾐에 빠짐.

| 謙 겸 겸손할 | 讓 양 사양할 | 兼 겸 겸할 | 職 직 직분 벼슬 |

言부 10획　　言부 17획　　八부 8획　　耳부 12획

謙讓(겸양) 겸손한 태도로 사양함.
謙卑(겸비) 자기를 겸손하게 낮춤.
讓渡(양도) 권리 따위를 넘겨 줌.
讓步(양보) 제 자리를 내어 줌.
辭讓(사양) 겸손하여 응하지 않거나 받지 않음.

兼職(겸직) 본직 외에 다른 직을 겸함.
兼備(겸비) 아울러 가짐.
兼床(겸상) 두 사람이 함께 먹도록 차린 상.
職分(직분) 마땅히 해야 할 일.
職責(직책) 직무상의 책임.

| 頃 경 잠깐 요즈음 | 刻 각 새길 | 景 경 볕 경치 | 槪 개 대개 절개 |

頁부 2획　　刀부 6획　　日부 8획　　木부 11획

頃刻(경각) 아주 짧은 동안.
頃日(경일) 요즈음.
頃步(경보) 반 걸음.
刻苦(각고) 몹시 애씀.
彫刻(조각) (어떤 형상을) 입체적으로 새기는 일.

景槪(경개) 경치. 예)山川~
景物(경물) 경치, 풍경.
光景(광경) 벌어진 일의 상태와 모양.
槪念(개념) 추상적으로 종합된 생각.
槪略(개략) 대강 추려 줄이는 일. 또는 그 줄인 것.

| 見 볼 견 | | 원래의 뜻은 '보다'로, 한 사람이 눈을 크게 뜨고 앞을 바라보는 모양이다. |

肩	어깨 견	丶 丿 冫 户 户 肩 肩 肩	肩	肩	肩
章	글 장	丶 亠 立 产 产 音 音 音 章	章	章	章
絹	비단 견	丿 幺 糹 糸 紀 絹 絹	絹	絹	絹
織	짤 직	丿 幺 糹 糸 絲 織 織	織	織	織
決	정할 결	丶 冫 氵 江 泱 決	決	決	決
裁	마를 재	一 十 士 丰 声 栽 裁 裁	裁	裁	裁
缺	이지러질 결	丿 匕 片 缶 缷 缸 缺	缺	缺	缺
陷	빠질 함	丨 阝 阝 阶 阱 陷 陷	陷	陷	陷
謙	겸손할 겸	丶 亠 言 訁 詝 詳 謙 謙	謙	謙	謙
讓	사양할 양	丶 亠 言 訁 訁 誆 諹 讓	讓	讓	讓
兼	겸할 겸	丶 亠 台 台 兯 并 兼	兼	兼	兼
職	직분 직	厂 丆 耳 耳 耶 職 職	職	職	職
頃	잠간 경	丿 匕 匕 比 吔 頂 頃	頃	頃	頃
刻	새길 각	丶 亠 亥 亥 亥 刻	刻	刻	刻
景	별 경	日 旦 早 昌 景 景 景	景	景	景
槪	대개 개	木 术 杣 相 桐 槪 槪	槪	槪	槪

警 경 경계할 깨우칠	句 구 글구
言부 13획	口부 2획
警句(경구) 경계하는 내용이 담긴 짧은 문구. 警戒(경계) 타일러서 주의시킴. 句節(구절) ①구와 절. ②한 도막의 말이나 글. 結句(결구) 맺음의 글. 對句(대구) 대가 되는 글.	

輕 경 가벼울	罰 벌 벌
車부 7획	罒부 9획
輕罰(경벌) 가벼운 벌. 반 重罰 輕擧妄動(경거망동) 경솔하고 분수 없이 행동함. 輕視(경시) 가볍게 봄. 깔봄. 罰金(벌금) 벌로 내는 돈. 罰則(벌칙) 벌을 주는 규칙.	

傾 경 기울	斜 사 비낄
人부 11획	斗부 7획
傾斜(경사) 비탈지거나 기울어진 상태. 傾聽(경청) 귀를 기울이고 들음. 左傾(좌경) 좌익사상에 기우는 것. 斜路(사로) 비탈진 길. 橫斜(횡사) 가로 비낌.	

境 경 지경 형편	遇 우 만날 대접할
土부 11획	辶부 9획
境遇(경우) ①어떤 조건 밑에 놓일 때. ②처하고 있는 사정이나 형편. 境界(경계) 땅이 서로 이어진 곳. 遇賊(우적) 도둑을 만남. 遭遇(조우) 우연히 만나는 것. 비 遭逢	

經 경 날	緯 위 씨
糸부 7획	糸부 9획
經緯(경위) ①피륙의 날과 씨. ②일이 되어온 경로나 경과. 經濟(경제) 물질적 재화와 재화의 생산·유통·소비의 활동. 緯度(위도) 적도에서 남북으로 걸침을 나타낸 좌표	

驚 경 놀랄	異 이 다를
馬부 13획	田부 6획
驚異(경이) 놀랍고 이상스러움. 驚氣(경기) 어린아이가 경련을 일으키는 병의 총칭. 驚歎(경탄) 놀라 탄식하는 것. 異見(이견) 남과 다른 생각.	

庚 경 나이 천간	壬 임 북방 천간
广부 5획	士부 1획
庚壬(경임) 천간이 '庚'과 '壬'인 해. 庚伏(경복) 여름에 가장 더울 때. 庚炎(경염) 불꽃같은 삼복 더위. 壬人(임인) 간사한 사람. 壬日(임일) 일진이 '壬'인 날.	

更 경, 갱 고칠 다시	張 장 베풀
曰부 3획	弓부 8획
更張(경장) 고치어 확장함. 更新(갱신) 고치어 새롭게 함. 張本(장본) 일의 발단이 되는 근원. 緊張(긴장) 마음을 늦추지 않고 정신을 바짝 차리는 것.	

異 다를 이		원래의 뜻은 '기이하다' '괴상하다'의 뜻으로, 몸통은 사람 모양이고 머리는 귀신 모양이며, 두 손을 위로 치켜들고 있는 괴상한 모습이다.

警	경계할 경	⺿ ⺿ 苟 敬 敬 警 警 警	警	警	警				
句	글구 구	ノ 勹 勾 句 句	句	句	句				
輕	가벼울 경	一 ㄠ 百 車 車 車 輕 輕 輕	輕	輕	輕				
罰	벌 벌	罒 罒 罒 罒 罰 罰 罰 罰	罰	罰	罰				
傾	기울 경	ノ 亻 亻 亻 亻 傾 傾 傾	傾	傾	傾				
斜	비낄 사	ノ 人 今 余 余 斜 斜 斜	斜	斜	斜				
境	지경 경	一 十 土 圹 境 境 境 境	境	境	境				
遇	만날 우	口 日 禺 禺 禺 遇 遇 遇	遇	遇	遇				
經	날 경	ノ ㄠ 糸 糸 糸 經 經 經	經	經	經				
緯	씨 위	ノ ㄠ 糸 糸 糸 結 緯 緯	緯	緯	緯				
驚	놀랄 경	⺿ ⺿ 苟 敬 敬 驚 驚	驚	驚	驚				
異	다를 이	丶 口 田 田 田 異 異 異	異	異	異				
庚	천간 경	丶 一 广 庐 庐 庚 庚	庚	庚	庚				
壬	천간 임	一 二 千 壬	壬	壬	壬				
更	고칠 경	一 厂 曰 曱 更 更 更	更	更	更				
張	베풀 장	ㄱ 弓 弓 張 張 張	張	張	張				

競 경 다툴 쫓을 立부 15획	**走** 주 달릴 달아날 走부 0획	**慶** 경 경사 心부 11획	**祝** 축 빌 示부 5획

競走(경주) 사람·동물·차량 등이 일정한 거리를 달려 그 빠르기를 겨루는 일.
競爭(경쟁) 같은 목적에 대하여 서로 겨루고 다툼.
走者(주자) 달리는 사람.
奔走(분주) 몹시 바쁨.

慶祝(경축) 경사를 축하함.
慶事(경사) 기쁜 일.
慶宴(경연) 기쁜 일에 베푸는 잔치.
祝福(축복) 복을 빌어 줌.
祝賀(축하) 기뻐하고 즐거워함.

京 경 서울 一부 6획	**鄕** 향 시골 고향 阝부 10획	**硬** 경 굳을 石부 7획	**化** 화 될 人부 2획

京鄕(경향) 서울과 시골.
京華子弟(경화자제) 서울 사람들의 귀한 자제.
鄕愁(향수) 고향을 그리워하는 마음.
鄕土(향토) ①고향. ②지방. 마을.
懷鄕(회향) 고향을 그리며 생각함.

硬化(경화) 굳어져 단단하게 됨.
硬結(경결) 단단하게 굳는 것.
硬脈(경맥) 혈압이 높아서 긴장 정도가 센 맥박.
化粧(화장) 얼굴을 곱게 꾸미는 것.
化合(화합) 화목하게 합치는 것.

桂 계 계수나무 木부 6획	**冠** 관 갓 冖부 7획	**階** 계 섬돌 차례 阝부 9획	**段** 단 층계 수단 殳부 5획

桂冠(계관) 일정한 상을 받은 영예.
桂皮(계피) 계수나무의 얇은 껍질.
冠禮(관례) 관을 쓰고 성인이 되는 예식.
紗帽冠帶(사모관대) 사모와 관대.
王冠(왕관) 임금이 머리에 쓰는 관.

階段(계단) 오르내리기 위한 층층대.
階層(계층) 사회를 형성하는 여러 층.
階級(계급) 지위, 신분의 고하.
段落(단락) 일이나 문장이 일단 끝남.
手段(수단) 목적을 달성하기 위한 방법.

鷄 계 닭 鳥부 10획	**鳴** 명 울 鳥부 3획	**啓** 계 열 여쭐 口부 8획	**蒙** 몽 어릴 입을 艹부 10획

鷄鳴(계명) 닭이 욺.
鷄肋(계륵) 닭의 갈비. 살도 붙어 있지 않지만 버리기 아까움.
鳴動(명동) 울리어 진동함.
鳴鼓(명고) 북을 울리는 것.

啓蒙(계몽) 어린 사람을 깨우쳐 줌.
啓示(계시) 신의 가르침을 받음.
啓明(계명) 바른 생각을 가지도록 깨우쳐 줌.
蒙利(몽리) 이익을 얻음.
蒙幼(몽유) 철이 없는 어린 나이.

競 다툴 경	弝 叒 竸	고대의 귀족들은 노예들을 싸우게 하고 그것을 즐겼는데, 이 문자는 두 명의 노예가 서로 싸우는 모습이다.

競	다툴 경	丶 一 ㅂ 쇼 곱 횸 競 競	競	競	競			
走	달릴 주	一 十 土 キ キ キ 走	走	走	走			
慶	경사 경	广 庐 庐 庐 應 廑 廖 慶	慶	慶	慶			
祝	빌 축	丶 亠 ネ ネ 初 秒 祝	祝	祝	祝			
京	서울 경	丶 亠 六 古 古 宁 京 京	京	京	京			
鄕	시골 향	丶 彡 纟 纠 纠 绐 鄉 鄕	鄕	鄕	鄕			
硬	굳을 경	一 丆 石 石 砢 砢 硬 硬	硬	硬	硬			
化	될 화	丿 亻 仆 化	化	化	化			
桂	계수나무 계	一 十 才 木 村 村 柱 桂	桂	桂	桂			
冠	갓 관	冖 冖 冗 冠 冠	冠	冠	冠			
階	섬돌 계	阝 阝 阝 阝 阶 階 階 階	階	階	階			
段	층계 단	丿 丨 丨 自 阝 阝 段 段	段	段	段			
鷄	닭 계	鷄 鷄 鷄	鷄	鷄	鷄			
鳴	울 명	口 口 叩 鸣 鸣 唱 鳴 鳴	鳴	鳴	鳴			
啓	열 계	丶 亠 冫 戶 戶 启 改 啓	啓	啓	啓			
蒙	어릴 몽	艹 艹 芇 荦 蒙 蒙	蒙	蒙	蒙			

 계 / 월경 / 천간	 사 / 뱀	 계 / 이을	承 승 / 이을 / 받을
癶부4획	已부0획	糸부14획	手부4획
癸巳(계사) 육십갑자의 삼십째. 癸丑字(계축자) 1493년에 만든 구리활자. 巳時(사시) 오전 9시부터 11시까지의 시각. 巳日(사일) 지지(地支)가 사(巳)로 된 일진. 巳末(사말) 사시의 마지막 시각. 오전 11시경.		繼承(계승) 뒤를 이어받음. 繼續(계속) 끊이지 않고 잇대어 나감. 繼走(계주) 이어달리기. 承諾(승낙) 청을 들어 줌. 承志(승지) 뜻을 이어받음.	
契 계, 결 / 맺을 / 애쓸	 약 / 약속할 / 간략할	計 계 / 셈할	策 책 / 꾀
大부6획	糸부3획	言부2획	竹부6획
契約(계약) 지킬 의무에 대한 약속. 契機(계기) 어떤 일이 일어나거나 결정되는 동기. 約束(약속) 장래의 일을 상대방과 결정해 둠. 約婚(약혼) 결혼하기로 약속함. 約條(약조) 조건을 붙여 약속함.		計策(계책) 무엇을 이루기 위한 대책. 計劃(계획) 할 일의 방법 등을 미리 생각하여 정하는 것. 策定(책정) 계획하여 결정함. 妙策(묘책) 묘한 방법.	
系 계 / 이을 / 혈통	統 통 / 거느릴 / 계통	季 계 / 끝 / 철	夏 하 / 여름
糸부1획	糸부6획	子부5획	夂부7획
系統(계통) 조직적인 체계나 순서. 系譜(계보) 집안의 역사나 혈통을 적은 책. 統計(통계) 온통 모아서 계산함. 統率(통솔) 거느림. 統合(통합) 합쳐서 하나로 모음.		季夏(계하) 음력 6월. 곧 늦여름. 季刊(계간) 일년에 네 번 정도 발간함. 季節(계절) 철. 예 추운~ 春夏秋冬(춘하추동) 봄, 여름, 가을, 겨울의 사계절. 夏服(하복) 여름옷.	
考 고 / 상고할 / 죽을	古 고 / 예 / 선조	苦 고 / 괴로울	待 대 / 기다릴 / 대기할
耂부2획	口부2획	艹부5획	彳부6획
考古(고고) 역사적 유적과 유물에 의하여 고대의 역사적 사실을 연구함. 先考(선고) 돌아가신 아버지. 古稀(고희) 일흔 살을 가리키는 말. 古今(고금) 옛적과 지금.		苦待(고대) 몹시 기다림. 예 鶴首~ 苦難(고난) 괴롭고 어려움. 苦盡甘來(고진감래) 어려운 일이 다하면 기쁨이 온다. 待機(대기) 기회를 기다리는 것.	

系 이을 계		원래의 뜻은 '연결되다'로, 한 손에 두세 묶음의 실을 쥐고 있는 모양이다.

癸	천간 계	ノ ズ 癶 癶 癶 쬬 癸 癸	癸	癸	癸
巳	뱀 사	丁 コ 巳	巳	巳	巳
繼	이을 계	ノ 幺 糸 絲 絲 絲 絲 繼 繼	繼	繼	繼
承	이을 승	了 了 了 了 孑 承 承 承	承	承	承
契	맺을 계	一 三 丰 扫 扫 契 契 契	契	契	契
約	약속할 약	ノ 幺 幺 糸 糸 約 約	約	約	約
計	셈할 계	ヽ 一 一 言 言 言 言 計	計	計	計
策	꾀 책	ノ ト 竹 竹 笞 笛 第 策	策	策	策
系	이을 계	ノ 乛 幺 系 系	系	系	系
統	거느릴 통	ノ 幺 幺 糸 糸 紵 統	統	統	統
季	끝 계	一 二 千 禾 禾 禾 季 季	季	季	季
夏	여름 하	一 二 丁 丌 百 頁 頁 夏	夏	夏	夏
考	상고할 고	一 十 土 少 尹 考	考	考	考
古	예 고	一 十 十 古 古	古	古	古
苦	괴로울 고	ㅅ ㅛ 艹 쏨 苦 苦	苦	苦	苦
待	기다릴 대	ノ 彳 彳 彳 仕 仕 待 待	待	待	待

 故 고 연고 예 攵부 5획	 障 장 막을 거리낄 阝부 11획

故障(고장) 정상적 작용에 지장을 주는 탈.
故人(고인) 죽은 사람.
故意(고의) 일부러 함.
障害(장해) 거리껴서 해가 됨.
障壁(장벽) 방해가 되는 것.

 高 고 높을	低 저 낮을
高부 0획	人부 5획

高低(고저) 높고 낮음. 높낮이.
高貴(고귀) 품위가 높고 귀함.
高尙(고상) 품은 뜻과 몸가짐이 저속하지 않음.
低廉(저렴) 물건 값이 쌈.
低俗(저속) 품격이 낮고 속됨.

 孤 고 외로울 아비 없을 子부 5획	舟 주 배 舟부 0획

孤舟(고주) 외로운 한 척의 작은 배.
孤獨(고독) 외로움.
孤立(고립) 원조를 못 받고 외토리가 됨.
舟橋(주교) 배다리.
輕舟(경주) 가볍고 빠른 작은 배.

 鼓 고 북 鼓부 0획	吹 취 불 口부 4획

鼓吹(고취) 고무하여 의기를 북돋움.
鼓動(고동) 심장의 뜀.
鼓喊(고함) 크게 외치는 목소리.
吹奏(취주) 불어서 곡을 연주하는 것.
吹打(취타) 악기를 불고 두드리고 함.

哭 곡 울 口부 7획	泣 읍 울 水부 5획

哭泣(곡읍) 소리를 내어 서럽게 우는 것.
哭聲(곡성) 곡하는 소리.
痛哭(통곡) 소리를 높여 슬피 우는 것.
泣訴(읍소) 눈물로써 하소연함.
泣請(읍청) 울면서 간청함.

曲 곡 굽을 曰부 2획	直 직 곧을 目부 3획

曲直(곡직) 사리의 옳고 그름.
曲線(곡선) 부드럽게 굽은 선.
曲調(곡조) 음악이나 가사의 가락.
直通(직통) 두 지점이 장애 없이 바로 통함.
直視(직시) 똑바로 봄.

 恭 공 공손할 心부 6획	敬 경 공경할 攵부 9획

恭敬(공경) 삼가고 존경함.
恭遜(공손) 공경하고 겸손함.
恭待(공대) 상대자에게 경어를 써서 공손히 대함.
敬愛(경애) 공경하고 사랑함.
敬請(경청) 삼가 청하는 것.

功 공 공 복입을 力부 3획	 過 과 지날 허물 辶부 9획

功過(공과) 공로와 과오.
功德(공덕) 공로와 인덕.
功臣(공신) 나라에 공로가 있는 신하.
過誤(과오) 잘못. 그릇됨.
過勞(과로) 일 등으로 지나치게 피로하게 됨.

高 높을 고   髙 髙 高   원래의 뜻은 '높다'로, 글자의 모양은 높디높은 누각을 나타낸다. 윗부분은 뾰족한 지붕이며, 중간은 성루, 아래는 문이 달린 건물이다.

故	연고 고	十 古 古 古 故 故 故 故	故	故	故
障	막을 장	了 阝 阝 阡 陪 陪 陪 障 障	障	障	障
高	높을 고	亠 宀 古 古 高 高 高	高	高	高
低	낮을 저	亻 亻 仁 仟 低 低	低	低	低
孤	외로울 고	了 子 孑 孒 孤 孤 孤	孤	孤	孤
舟	배 주	丿 丿 月 月 月 舟	舟	舟	舟
鼓	북 고	十 土 吉 吉 吉 壹 豈 鼓 鼓	鼓	鼓	鼓
吹	불 취	丶 口 口 口 吹 吹	吹	吹	吹
哭	울 곡	口 吅 吅 哭 哭 哭	哭	哭	哭
泣	울 읍	丶 冫 氵 沪 沪 泣	泣	泣	泣
曲	굽을 곡	丨 冂 闩 曲 曲 曲	曲	曲	曲
直	곧을 직	一 ナ 宀 冇 冇 直 直 直	直	直	直
恭	공손할 공	一 艹 丗 井 共 共 恭 恭	恭	恭	恭
敬	공경할 경	丶 艹 艹 苟 苟 茍 敬 敬	敬	敬	敬
功	공 공	一 丁 工 巧 功	功	功	功
過	지날 과	丶 冂 冎 咼 咼 過 過	過	過	過

 恐 공 두려울	懼 구 두려워할	空 공 빌 하늘	欄 란 난간 테
心부 6획	心부 18획	穴부 3획	木부 17획
恐懼〔공구〕몹시 두려워함. 恐喝〔공갈〕을러서 무섭게 함. 恐怖〔공포〕무서움과 두려움. 疑懼〔의구〕의심하고 두려워함. 危懼〔위구〕두려워함.		空欄〔공란〕빈 난. 空想〔공상〕헛된 상상. 空虛〔공허〕속이 텅 빔. 欄干〔난간〕계단의 가장자리 등을 막아 세운 것. 欄外〔난외〕난의 바깥.	
孔 공 구멍 매우	孟 맹 맏 맹랑할	共 공 함께	犯 범 범할
子부 1획	子부 5획	八부 4획	犬부 2획
孔孟〔공맹〕공자와 맹자. 孔穴〔공혈〕구멍. 孔雀〔공작〕꿩과에 속하는 새. 孟冬〔맹동〕첫겨울. 孟秋〔맹추〕초가을.		共犯〔공범〕둘 이상이 공모하여 범한 죄. 또는 그 범인. 共感〔공감〕같은 감정을 가짐. 犯罪〔범죄〕죄를 지음. 또는 지은 죄. 犯法〔범법〕법을 어김.	
攻 공 칠	 勢 세 기세 형세	公 공 공변될	認 인 인정할
攴부 3획	力부 11획	八부 2획	言부 7획
攻勢〔공세〕공격하는 태세나 세력. 攻駁〔공박〕남의 잘못을 드러내어 공격함. 攻擊〔공격〕나아가 적을 침. 勢力〔세력〕권력이나 기세의 힘. 氣勢〔기세〕남이 두려워할 만큼 세차게 뻗치는 힘.		公認〔공인〕공적으로 인정함. 公正〔공정〕공평하고 올바름. 公開〔공개〕여러 사람에게 널리 개방함. 認可〔인가〕인정하여 허락함. 默認〔묵인〕모른 체하며 슬며시 승인함.	
貢 공 바칠	 獻 헌 드릴	瓜 과 오이	年 년 해 나이
見부 3획	犬부 16획	瓜부 0획	干부 3획
貢獻〔공헌〕이바지함. 비寄與 貢物〔공물〕조정에 바치는 물건. 獻身〔헌신〕자기의 이해를 돌보지 않고 있는 힘을 다함. 獻金〔헌금〕돈을 바침. 또는 그 돈.		瓜年〔과년〕결혼하기에 적당한 여자의 나이. 瓜田〔과전〕오이밭. 年賀〔연하〕새해의 복을 축하함. 年鑑〔연감〕한 분야의 일년간의 사건·통계 등을 실어 한 해에 한 번씩 내는 간행물.	

共 함께 공	两 样 㭒	두 손으로 네모난 모양의 물건을 받쳐든 모습으로, '바치다' '공동'의 뜻을 나타낸다.

恐	두려울 공	一 工 巩 巩 巩 恐 恐	恐	恐	恐
懼	두려워할 구	丨 忄 忄 忄 忄 忄 忄 懼	懼	懼	懼
空	빌 공	丶 宀 宀 宀 空 空 空	空	空	空
欄	난간 란	十 木 机 枦 柛 欄 欄 欄	欄	欄	欄
孔	구멍 공	乛 了 孑 孔	孔	孔	孔
孟	맏 맹	一 了 子 子 舌 舌 舌 孟	孟	孟	孟
共	함께 공	一 十 廾 共 共 共	共	共	共
犯	범할 범	丿 犭 犭 犯	犯	犯	犯
攻	칠 공	一 丁 工 巧 巧 攻	攻	攻	攻
勢	기세 세	一 十 夫 去 執 執 執 勢 勢	勢	勢	勢
公	공변될 공	丿 八 公 公	公	公	公
認	인정할 인	丶 亠 言 訒 訒 認 認	認	認	認
貢	바칠 공	一 T エ 工 吉 音 貢 貢	貢	貢	貢
獻	드릴 헌	丶 亠 广 卢 唐 虡 獻 獻	獻	獻	獻
瓜	오이 과	丿 厂 爪 瓜 瓜	瓜	瓜	瓜
年	해 년	丿 一 二 二 年 年	年	年	年

誇 과 자랑할　　示 시 보일
言부6획　　　　示부0획

誇示(과시) 자랑하여 보임.
誇張(과장) 실제보다 지나치게 나타냄.
誇大(과대) 작은 것을 크게 떠벌림.
示威(시위) 기세를 드러내 보임.
示範(시범) 모범을 보임.

課 과 부과할 과목　　程 정 법 길
言부8획　　　　　　禾부7획

課程(과정) 일정 기간 내에 배워야 할 학과의 내용과 그 체계.
課業(과업) 배당된 업무 또는 그 학과.
課題(과제) 부과된 제목이나 문제.
程度(정도) 알맞은 한도.

關 관 빗장 관계할　　係 계 걸릴
門부11획　　　　　人부7획

關係(관계) 맺어지는 서로의 연관.
聯關(연관) 서로 걸려 얽힘.
關心(관심) ①마음에 걸림. ②마음을 둠.
係員(계원) 한 계에서 일보는 이.
係累(계루) 이어서 얽매임.

慣 관 익숙할　　習 습 익힐
心부11획　　　　羽부5획

慣習(관습) 전통적으로 세워진 규칙.
慣例(관례) 관습이 된 전례.
慣用(관용) 늘 많이 씀.
習性(습성) 버릇이 되어 버린 성질.
習慣(습관) 버릇. 예~은 제2의 天性

管 관 대롱 주관할　　掌 장 손바닥 주장할
竹부8획　　　　　　手부8획

管掌(관장) 맡아서 주관함.
管轄(관할) 권한에 의해서 지배함. 또는 그 범위.
管理(관리) 일을 맡아 다스림.
掌握(장악) 손 안에 잡아 쥠.
合掌(합장) 두 손바닥을 마주 합침.

貫 관 꿰뚫을　　徹 철 뚫을
見부4획　　　　彳부12획

貫徹(관철) 어려움을 뚫고 목적을 이룸.
一貫(일관) 한 이치로 모든 것을 꿰뚫음.
貫通(관통) 꿰뚫어 통함.
徹夜(철야) 자지 않고 밤을 새움.
徹底(철저) 속속들이 투철하여 빈틈이 없음.

寬 관 너그러울　　弘 홍 넓을 클
宀부12획　　　　弓부2획

寬弘(관홍) 대하는 태도가 너그러움.
寬大(관대) 마음이 너그럽고 큼.
寬容(관용) 너그럽게 받아들이거나 용서함.
弘益(홍익) 널리 이롭게 함. 예~人間
弘報(홍보) 널리 알림.

廣 광 넓을　　義 의 옳을 뜻
广부12획　　　羊부7획

廣義(광의) 넓은 의미.
廣告(광고) 세상에 널리 알림.
廣野(광야) 너른 들.
義氣(의기) 의리를 소중히 여기는 마음.
義人(의인) 의로운 사람.

習 익힐 습

원래의 뜻은 '새가 여러 번 난다'이다. 윗부분이 새의 날개(羽)이고, 아랫부분이 'ㅂ'이나 잘못 변하여 '白'이 되었다.

誇	자랑할 과	誇							
示	보일 시	示							
課	부과할 과	課							
程	법 정	程							
關	빗장 관	關							
係	걸릴 계	係							
慣	익숙할 관	慣							
習	익힐 습	習							
管	주관할 관	管							
掌	손바닥 장	掌							
貫	꿰뚫을 관	貫							
徹	뚫을 철	徹							
寬	너그러울 관	寬							
弘	넓을 홍	弘							
廣	넓을 광	廣							
義	뜻 의	義							

 光 빛 광   輝 빛날 휘
几부 4획   車부 8획

光輝(광휘) 아름답게 빛나는 빛.
光景(광경) ①상태와 모양. ②꼴, 경치.
光彩(광채) 찬란한 빛. 빛의 무늬.
輝煌(휘황) 광채가 빛나 눈이 부심.
明輝(명휘) 밝은 빛.

 掛 걸 괘   鐘 쇠북 종
手부 8획   金부 12획

掛鐘(괘종) 벽에 걸게 된 자명종. 예~時計
掛念(괘념) 마음에 두고 잊지 아니함.
掛圖(괘도) 걸어 두고 보는 학습용 그림.
鐘閣(종각) 큰 종을 달아 두는 누각.
警鐘(경종) 위험을 알리는 종.

橋 다리 교   脚 발 각
木부 12획   肉부 7획

橋脚(교각) 교체(橋體)를 받치는 기둥. 다릿발.
橋梁(교량) 다리.
鐵橋(철교) 철을 주재료로 하여 놓은 다리.
健脚(건각) 튼튼한 다리.
脚線美(각선미) 다리의 곡선미.

 郊 들 교   外 바깥 외, 외국
阝부 6획   夕부 2획

郊外(교외) 시가지의 주변.
近郊(근교) 도시의 변두리.
遠郊(원교) 도회에서 멀리 떨어진 곳. 시골.
外柔內剛(외유내강) 겉으로 보기에는 약하고 부드러우나 속은 강함.

校 학교 교, 교정볼   庭 뜰 정
木부 6획   广부 7획

校庭(교정) 학교의 마당이나 운동장.
校友(교우) 같은 학교에서 공부하는 벗.
校正(교정) 틀린 글자를 고치는 일.
庭園(정원) 집 안의 꽃밭 따위.
宮庭(궁정) 대궐 안의 마당.

巧 공교할 교   拙 졸할 졸
工부 2획   手부 5획

巧拙(교졸) 교묘함과 졸렬함.
巧妙(교묘) 솜씨나 꾀가 재치가 있고 묘함.
技巧(기교) 재간 있게 부리는 기술이나 솜씨.
拙速(졸속) 서투른 대로 빠름.
拙劣(졸렬) 옹졸하고 잔졸함.

 矯 바로잡을 교    弊 폐단, 곤할 폐
矢부 12획   廾부 12획

矯弊(교폐) 폐단을 바로잡음.
矯正(교정) 틀어진 것을 바로잡음.
矯俗(교속) 나쁜 풍속을 바로잡음.
弊端(폐단) 좋지 못하고 해로운 점.
弊害(폐해) 폐단으로 생기는 해.

交 사귈 교    換 바꿀 환
亠부 4획   手부 9획

交換(교환) 이것과 저것을 서로 바꿈
交際(교제) 정의로써 사귐.
交叉(교차) 종횡으로 엇갈림.
換錢(환전) 서로 다른 화폐와 화폐를 교환하는 일.
換氣(환기) 공기를 바꾸어 넣음.

光 빛 광 — 원래의 뜻은 '밝다' '비추다'로, 꿇어앉아 있는 사람 머리 위에 불이 있는 모습이다.

光	빛 광	⼀ ⼁ ⼩ ⼩ ⼩ 光	光	光	光
輝	빛날 휘	⼀ ⼩ 光 ⽷ 粐 粨 桓 輝	輝	輝	輝
掛	걸 괘	⼀ ⼗ ⼿ 扌 扌 挂 挂 掛	掛	掛	掛
鐘	쇠북 종	⼃ ⼈ 牟 金 釒 鋅 鋅 鐘 鐘	鐘	鐘	鐘
橋	다리 교	⼀ ⼗ 木 杧 杯 桥 橋 橋	橋	橋	橋
脚	발 각	⼃ ⼌ 月 肀 肀 肽 脚 脚	脚	脚	脚
郊	들 교	⼂ ⼀ ⼤ 六 亣 交 郊 郊	郊	郊	郊
外	바깥 외	⼃ ⼌ ⼣ 夕 外	外	外	外
校	학교 교	⼀ ⼗ 木 杧 杧 杦 校	校	校	校
庭	뜰 정	⼂ 广 广 庐 庐 庭 庭 庭	庭	庭	庭
巧	공교할 교	⼀ ⼯ ⼯ 巧 巧	巧	巧	巧
拙	졸할 졸	⼀ ⼗ 扌 扌 扑 拙 拙 拙	拙	拙	拙
矯	바로잡을 교	⼃ 丿 矢 矢 矫 矫 矯 矯	矯	矯	矯
弊	폐단 폐	⼩ 尚 尚 敝 敝 弊 弊	弊	弊	弊
交	사귈 교	⼂ ⼀ ⼤ 六 亣 交	交	交	交
換	바꿀 환	⼀ ⼗ 扌 扌 护 护 挽 換	換	換	換

| 九 구 아홉 | 卿 경 벼슬 | 狗 구 개 | 盜 도 도둑 |

乙부 1획　　　　　刂부 10획　　　　　犬부 5획　　　　　皿부 7획

九卿(구경) 육조 판서, 좌우 참찬, 한성 판윤을 아울러 이르는 말.
九天(구천) 가장 높은 하늘.
卿相(경상) 재상.
卿子(경자) 상대방을 높여 부르는 말.

狗盜(구도) 좀도둑.
海狗(해구) 물개.
盜難(도난) 도둑맞은 재난.
盜伐(도벌) 산림의 나무를 몰래 벰.
强盜(강도) 폭행으로 남의 재물을 뺏는 도둑.

| 丘 구 언덕 | 陵 릉 언덕 능 | 驅 구 몰 달릴 | 迫 박 핍박할 |

一부 4획　　　　　阝부 8획　　　　　馬부 11획　　　　　辶부 5획

丘陵(구릉) 언덕. 예~地帶
丘首(구수) 근본을 잊지 않음.
稜線(능선) 산등을 따라 죽 이어진 봉우리의 선.
王陵(왕릉) 왕의 무덤.
陵所(능소) 무덤이 있는 곳.

驅迫(구박) 못 견디게 굴어 박대함.
驅步(구보) 달음박질로 가는 일.
驅逐(구축) 몰아서 내쫓음.
迫力(박력) 남을 위압하는 힘.
壓迫(압박) 내리 누름.

| 具 구 갖출 그릇 | 備 비 갖출 | 拘 구 거리낄 잡을 | 束 속 묶을 약속할 |

八부 6획　　　　　人부 10획　　　　　手부 5획　　　　　木부 3획

具備(구비) 빠짐없이 모두 갖춤.
具現(구현) 구체적으로 나타냄.
具象(구상) 구체(具體). 반抽象
備考(비고) 참고하기 위하여 갖추어 둠.
備品(비품) 항상 갖추어 두고 쓰는 물건.

拘束(구속) 행동이나 의사의 자유를 제한함.
拘留(구류) 잡아서 가두어 둠.
拘引(구인) 체포하여 데리고 감.
束手無策(속수무책) 어찌할 도리가 없어 꼼짝 못함.

| 區 구 구역 나눌 | 域 역 지경 | 救 구 구원할 | 濟 제 건널 구제할 |

匚부 9획　　　　　土부 8획　　　　　攵부 7획　　　　　水부 14획

區域(구역) 일정하게 구분된 지역.
區分(구분) 구별하여 나눔.
區別(구별) 종류에 따라 갈라 놓음.
域外(역외) 구역의 밖. 경계의 밖.
地域(지역) 일정한 땅의 구역.

救濟(구제) 불행이나 재해를 만난 사람을 도와줌.
救助(구조) 재난으로 위기에 빠진 사람을 구해 주는 것.
濟度(제도) 중생을 고해(苦海)에서 구함.
辨濟(변제) 빚을 갚음.

| 具 갖출 구 |  | 두 손으로 음식이 담긴 솥을 받들고 있는 모습이다. 본래의 뜻은 '준비하다'이나, '갖추다' '완비하다'의 뜻으로 쓰인다. |

九	아홉 구	ノ 九	九	九	九
卿	벼슬 경	ノ ｀ ｇ ｇ ｇ ｇ 卿 卿 卿	卿	卿	卿
狗	개 구	ノ ｊ ｊ 狗 狗 狗 狗	狗	狗	狗
盜	도둑 도	｀ ｊ ｊ 冫 次 浴 盜 盜	盜	盜	盜
丘	언덕 구	ノ ｀ 仁 丘 丘	丘	丘	丘
陵	언덕 릉	｀ ｊ ｐ ｐ 阝 陟 陟 陵 陵	陵	陵	陵
驅	몰 구	厂 冂 馬 馬 馬 馬 馬 驅	驅	驅	驅
迫	핍박할 박	ノ ｀ 冂 白 白 白 迫	迫	迫	迫
具	갖출 구	｜ 冂 冂 月 目 且 具 具	具	具	具
備	갖출 비	ノ 亻 伊 伊 伊 俏 備 備	備	備	備
拘	거리낄 구	一 十 才 扌 扚 抅 拘 拘	拘	拘	拘
束	묶을 속	一 冖 冂 由 束 束	束	束	束
區	구역 구	一 冖 冂 吕 吕 品 品 區	區	區	區
域	지경 역	一 十 土 圹 圻 域 域 域	域	域	域
救	구원할 구	一 十 寸 求 求 求 救 救	救	救	救
濟	건널 제	｀ 冫 氵 汁 汴 济 濟 濟	濟	濟	濟

構 구 얽을, 꾀할
木부 10획

- 構造(구조) 얽어 꾸며서 만듦.
- 構成(구성) 부분을 결합하여 전체를 이룸.
- 構築(구축) 구조물을 쌓아 만듦.
- 造形(조형) 형태, 형상을 만듦.
- 築造(축조) 쌓아서 만듦.

造 조 지을
辶부 7획

俱 구 함께, 갖출
人부 8획

- 俱存(구존) ①고루 갖추고 있음. ②어버이가 다 살아 있음.
- 俱沒(구몰) 어버이가 모두 돌아가심.
- 存立(존립) 존재하여 자립함.
- 存問(존문) 안부를 물음.

存 존 있을
子부 3획

苟 구 진실로, 구차할
艹부 5획

- 苟且(구차) ①매우 가난함. ②떳떳하지 못하고 구구함. 예~한 辯明
- 苟安(구안) 일시적인 편안함을 구함.
- 苟免(구면) 겨우 벗어남.
- 且置(차치) 내버려 두고 논의 대상으로 삼지 않음.

且 차 또, 구차할
一부 4획

鷗 구 갈매기
鳥부 11획

- 鷗鶴(구학) 갈매기와 두루미.
- 鷗盟(구맹) 은거하여 갈매기와 벗이 됨.
- 白鷗(백구) 흰 갈매기.
- 鶴首苦待(학수고대) 학처럼 목을 길게 빼고 간절히 기다림.

鶴 학 두루미
鳥부 10획

國 국 나라
囗부 8획

- 國旗(국기) 국가의 표지로 쓰는 기.
- 國境(국경) 나라와 나라와의 영토의 경계.
- 國防(국방) 외적에 대한 국가의 방위.
- 旗手(기수) 대열의 앞장에 서서 기를 드는 일을 맡은 사람.

旗 기 기
方부 10획

局 국 판, 형편
尸부 4획

- 局限(국한) 범위를 한 부분으로 한정함.
- 當局(당국) 정무를 맡아보는 관청.
- 對局(대국) 어떤 국면을 당면함.
- 限界(한계) ①한정된 경계선. ②어떤 현상의 범위.
- 限死(한사) 죽음을 내 겲.

限 한 한정
阝부 6획

群 군 무리
羊부 7획

- 群衆(군중) 한 곳에 모인 많은 사람의 무리.
- 群集(군집) 떼를 지어 모임.
- 拔群(발군) 여럿 속에서 뛰어남.
- 衆寡(중과) 많음과 적음. 예~不適
- 衆智(중지) 뭇사람의 슬기.

衆 중 무리
血부 6획

軍 군 군사
車부 2획

- 軍港(군항) 군사 목적으로 설비한 항구.
- 軍備(군비) 국가와 국권을 지키기 위한 군사 설비.
- 軍縮(군축) '군비 축소'의 줄임말.
- 港口(항구) 배가 드나들고 머물게 시설한 곳.
- 港都(항도) 항구 도시.

港 항 항구
水부 9획

衆 무리 중  원래의 뜻은 '많은 사람' '군중' '모두' 등이다. 태양(日) 아래 세 사람이 있는 모습인데, 日이 변하여 罒가 되었다.

構	얽을 구	十 木 杧 栫 構 構 構	構	構	構
造	지을 조	丿 丿 뉴 生 告 告 告 造	造	造	造
俱	함께 구	丿 亻 们 佣 但 俱 俱	俱	俱	俱
存	있을 존	一 ナ 才 厂 存 存	存	存	存
苟	구차할 구	一 丷 丱 丱 芍 芍 苟 苟	苟	苟	苟
且	구차할 차	丨 冂 日 目 且	且	且	且
鷗	갈매기 구	品 區 區 區 區 鷗 鷗 鷗	鷗	鷗	鷗
鶴	두루미 학	亠 疒 雀 雀 雀 鶴 鶴	鶴	鶴	鶴
國	나라 국	丨 冂 冂 同 國 國 國 國	國	國	國
旗	기 기	亠 方 方 扩 斻 旃 旗 旗	旗	旗	旗
局	판 국	乛 コ 尸 弖 局 局 局	局	局	局
限	한정 한	阝 阝 阝 阝 阴 阴 限 限	限	限	限
群	무리 군	一 ヨ 尹 君 君 君 群 群	群	群	群
衆	무리 중	丿 ⺌ 血 血 血 眔 眔 衆	衆	衆	衆
軍	군사 군	丶 冖 冖 宣 冟 軍	軍	軍	軍
港	항구 항	丶 氵 氵 氵 泔 洪 洪 港	港	港	港

屈 굴 / 급을	伸 신 / 펼	窮 궁 / 궁할	谷 곡 / 골
尸부 5획	人부 5획	穴부 10획	谷부 0획

屈伸(굴신) 굽힘과 폄.
屈服(굴복) 힘이 미치지 못하여 복종함.
屈辱(굴욕) 억눌려 받는 수치.
伸張(신장) 힘을 늘이고 뻗어나감.
伸縮(신축) 펴짐과 오그라짐.

窮谷(궁곡) 깊은 산골짜기.
窮極(궁극) 어떤 과정의 마지막이나 끝.
窮地(궁지) 매우 어려운 지경.
溪谷(계곡) 물이 흐르는 골짜기.
幽谷(유곡) 그윽하고 깊은 산골. 예深山~

弓 궁 / 활	矢 시 / 화살, 맹세할	宮 궁 / 집	廷 정 / 조정, 법정
弓부 0획	矢부 0획	宀부 7획	廴부 4획

弓矢(궁시) 활과 화살.
弓術(궁술) 활쏘는 온갖 기술.
弓手(궁수) 활을 쏘는 사람.
矢數(시수) 과녁을 맞힌 화살의 수.
矢心(시심) 마음으로 맹세함.

宮廷(궁정) 대궐 안. 궐내(闕內).
宮城(궁성) ①궁궐을 둘러싼 성벽. ②왕이 거처하는 궁전.
廷吏(정리) 법원에서 잡무를 보는 사람.
朝廷(조정) 정치를 의논하던 곳.

勸 권 / 권할	獎 장 / 권면할	權 권 / 권세	座 좌 / 자리
力부 18획	大부 11획	木부 18획	广부 7획

勸獎(권장) 권하여 장려함.
勸誘(권유) 권하거나 달램.
勸告(권고) 타일러 말함. 반挽留
獎勵(장려) 권하여 힘쓰게 함.
獎學(장학) 학문을 장려함.

權座(권좌) 통치권을 가진 자리.
權利(권리) 권세와 이익.
棄權(기권) 권리를 버리고 행사하지 않음.
座談(좌담) 여럿이 앉아서 하는 얘기.
講座(강좌) 강습회나 강의.

拳 권 / 주먹	鬪 투 / 싸움	厥 궐 / 그	者 자 / 놈, 어조사
手부 6획	鬥부 10획	厂부 10획	耂부 5획

拳鬪(권투) 주먹을 쓰는 운동 경기.
鐵拳(철권) 무쇠 주먹.
鬪爭(투쟁) 싸워서 다툼.
鬪志(투지) 투쟁하려는 굳센 의지.
苦鬪(고투) 힘드는 싸움. 예惡戰~

厥者(궐자) 그 사람. '그'를 가벼이 이르는 말.
厥明(궐명) 내일.
仁者(인자) 마음이 어진 사람.
患者(환자) 병자. 아픈 사람.
長者(장자) ①큰 부자. ②어른. ③덕이 뛰어난 사람.

宮 궁궐 궁 두 개의 서로 연결된 네모의 모양으로 궁실의 건축물을 표시하였는데, 여기에 가옥의 의미를 갖는 '宀'가 첨가되었다.

屈	굴을 굴	ㄱ 尸 尸 屈 屈 屈 屈	屈	屈	屈
伸	펼 신	ノ 亻 仁 仁 但 但 伸	伸	伸	伸
窮	궁할 궁	丶 宀 宀 宀 穴 窮 窮 窮	窮	窮	窮
谷	골 곡	ノ 八 父 父 谷 谷 谷	谷	谷	谷
弓	활 궁	ㄱ 弓 弓	弓	弓	弓
矢	화살 시	ノ 仁 仁 午 矢	矢	矢	矢
宮	집 궁	丶 宀 宀 宀 宮 宮 宮 宮	宮	宮	宮
廷	조정 정	ノ 二 千 壬 廷 廷	廷	廷	廷
勸	권할 권	艹 苗 萑 雚 勸	勸	勸	勸
獎	권면할 장	丬 爿 將 將 將 獎	獎	獎	獎
權	권세 권	一 十 木 栌 椎 椎 榷 權	權	權	權
座	자리 좌	丶 亠 广 庐 庐 座 座 座	座	座	座
拳	주먹 권	丷 䒑 半 关 关 券 拳 拳	拳	拳	拳
鬪	싸움 투	丨 冂 門 鬥 鬪 鬪	鬪	鬪	鬪
厥	그 궐	一 厂 厂 厂 厥 厥 厥 厥	厥	厥	厥
者	놈 자	一 十 土 耂 耂 者 者 者	者	者	者

龜 귀, 구, 균
거북
땅이름
터질
龜부 0획

鑑 감
거울
살필
金부 14획

貴 귀
귀할
貝부 5획

賤 천
천할
貝부 8획

龜鑑(귀감) 거울로 삼아 본받을 만한 모범.
龜裂(균열) 거북 등처럼 갈라져 터짐.
鑑定(감정) 사물의 진부를 감별해 결정함.
鑑識(감식) 잘 관찰하여 분별함.
鑑賞(감상) 미를 평가하며 즐김.

貴賤(귀천) 귀함과 천함.
貴族(귀족) 신분이 높고 가문이 좋은 사람들.
尊貴(존귀) 지위가 높고 귀함.
賤待(천대) 업신여겨 푸대접함.
賤民(천민) 지체가 낮고 천한 백성.

歸 귀
돌아올
돌아갈
止부 14획

還 환
돌아올
돌릴
辶부 13획

閨 규
안방
門부 6획

門 문
문
집안
門부 0획

歸還(귀환) 제자리로 다시 돌아옴.
歸路(귀로) 돌아오거나 돌아가는 길.
復歸(복귀) 본디의 상태로 돌아감.
還送(환송) 되돌려 보냄.
償還(상환) 채무를 변상함.

閨門(규문) 부녀자의 처소. 비閨中
閨秀(규수) 처녀. 색시.
閨房(규방) 여자가 거처하는 방.
門閥(문벌) 대대로 내려오는 가문의 사회적 지체.
門下生(문하생) 문하에서 배우는 제자. 약門生

規 규
법
바를
見부 4획

範 범
법
한계
竹부 9획

均 균
고를
土부 4획

適 적
맞을
즐길
辶부 11획

規範(규범) 의무적으로 지켜야 할 질서.
規則(규칙) 표준으로 정한 지켜야 할 법칙.
規定(규정) ①작정한 규칙. ②규칙을 정함.
範圍(범위) 무엇이 미치는 한계.
模範(모범) 본받아 배울 만함.

均適(균적) 고르게 알맞음.
均衡(균형) 어느 한 편에 치우쳐 기울지 않고 고름.
適性(적성) (무엇에) 알맞은 성질.
適應(적응) 조건이나 환경에 맞추어 잘 어울림.

克 극
이길
儿부 5획

己 기
몸
천간
己부 0획

根 근
뿌리
근본
木부 6획

幹 간
줄기
맡을
干부 10획

克己(극기) 사념, 사욕 등을 양심, 의지 등으로 눌러 이김. 예~訓練
克服(극복) 곤란을 이겨냄.
自己(자기) 그 사람 자신.
知己(지기) 마음이 통함.

根幹(근간) 뿌리와 줄기. 중요한 기본.
根絶(근절) 아주 뿌리째 없애 버림.
根源(근원) 사물이 생겨나는 본바탕.
幹部(간부) 지도적 자리에 있는 사람.
才幹(재간) 일을 할 수 있는 재능이나 솜씨.

龜 거북 귀 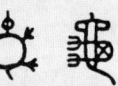 거북을 옆에서 본 모양으로 전형적인 상형문자이다.

龜	거북 귀	⺈ ⺈ ⺈ 龟 龜 龜 龜	龜	龜	龜
鑑	거울 감	ノ ト 釒 釒 釒 鑑 鑑 鑑	鑑	鑑	鑑
貴	귀할 귀	ヽ ロ ロ 虫 虫 虫 貴 貴	貴	貴	貴
賤	천할 천	丨 冂 月 貝 貝 貯 賤 賤	賤	賤	賤
歸	돌아올 귀	′ ⺈ 𠂆 𠂆 𠂆 𠂆 歸	歸	歸	歸
還	돌아올 환	冂 冂 四 罒 罒 景 景 還	還	還	還
閨	안방 규	⎾ ⎾ ⎾ 門 門 門 門 閨	閨	閨	閨
門	문 문	丨 ⎾ ⎾ 𠃌 門 門 門	門	門	門
規	법 규	一 二 チ 夫 刦 刦 担 規	規	規	規
範	법 범	′ ′ ′ 竹 竺 笛 節 範	範	範	範
均	고를 균	一 十 土 圴 均 均 均	均	均	均
適	맞을 적	亠 亠 产 商 商 商 商 適	適	適	適
克	이길 극	一 十 古 古 古 克 克	克	克	克
己	몸 기	𠃌 𠃌 己	己	己	己
根	뿌리 근	十 木 𣏓 𣏓 𣏓 根 根	根	根	根
幹	줄기 간	十 古 卓 卓 幹 幹 幹	幹	幹	幹

 근 겨우 人부 11획
 소 적을, 젊을 小부 1획

僅少(근소) 얼마 되지 않음.
僅僅(근근) 겨우.
少年(소년) 나이가 어린 사내아이.
少量(소량) 적은 분량.
少壯(소장) 젊고 씩씩함.

謹 근 삼갈 言부 11획
愼 신 삼갈 心부 10획

謹愼(근신) 언행을 삼가서 조심함.
謹嚴(근엄) 신중하고 점잖으며 엄격함.
謹呈(근정) 삼가 드리는 일.
愼重(신중) 매우 조심스러움.
愼口(신구) 함부로 말하지 않도록 삼가함.

勤 근 부지런할 力부 11획
怠 태 게으를 心부 5획

勤怠(근태) 부지런함과 게으름.
勤勉(근면) 꾸준하고 부지런함.
勤勞(근로) 부지런히 일함.
怠慢(태만) 게으르고 느림.
怠業(태업) 일을 게을리 하는 것.

金 금, 김 쇠, 성 金부 0획
塊 괴 덩어리 土부 10획

金塊(금괴) 금덩어리.
金貨(금화) 금으로 만든 돈.
金融(금융) 돈의 융통.
罰金(벌금) 못된 짓에 대한 징계로서 내는 돈.
塊石(괴석) 돌멩이.

 금 날짐승 肉부 8획
 수 길짐승 犬부 15획

禽獸(금수) 날짐승과 길짐승.
禽鳥(금조) 날짐승. 새.
猛獸(맹수) 사나운 짐승.
野獸(야수) 야생의 짐승.
獸醫師(수의사) 가축의 병을 진찰, 치료하는 의사.

禁 금 금할, 대궐 示부 8획
 욕 욕심 心부 11획

禁慾(금욕) 욕망을 억제하고 금함.
禁止(금지) 하지 못하게 함.
監禁(감금) 몸을 가두어 자유를 구속함.
慾望(욕망) 무엇을 가지거나 누리고자 탐하는 것.
食慾(식욕) 음식을 먹고 싶어하는 욕정.

錦 금 비단 金부 8획
貝 패 조개, 재물 貝부 0획

錦貝(금패) 빛깔이 누렇고 투명한 호박의 하나.
錦衣(금의) 비단옷. [예]~還鄕
錦上添花(금상첨화) 좋고 아름다운 일에 또 좋고 아름다운 일이 보태어짐을 이르는 말.
貝類(패류) 조개의 종류.

肯 긍 즐길 肉부 4획
定 정 정할 宀부 5획

肯定(긍정) 그렇다고 인정하거나 옳다고 찬성함.
首肯(수긍) 옳다고 인정함.
定着(정착) 일정한 곳에 머물러서 안주함.
定期(정기) 정한 시기 또는 기한.
定評(정평) 모든 사람이 인정하는 평판.

 적을 소      네 개의 작은 섬을 나타낸 모습이다. '많지 않다' 라는 의미로 쓰인다.

僅	겨우 근	亻	亻	仁	世	僅	僅	僅				
		借	借	僅	僅							
少	적을 소	丨	小	小	少	少	少	少				
謹	삼갈 근	丶	亠	言	言	謹	謹	謹				
		詳	諧	謹	謹							
愼	삼갈 신	丨	忄	忄	忙	愼	愼	愼				
		忙	愼	愼	愼							
勤	부지런할 근	丷	艹	艹	苩	勤	勤	勤				
		革	堇	勤	勤							
怠	게으를 태	丶	厶	台	台	怠	怠	怠				
		台	怠	怠	怠							
金	쇠 금	丿	人	今	今	金	金	金				
		全	余	金	金							
塊	덩어리 괴	土	圫	圫	坤	塊	塊	塊				
		坤	塊	塊	塊							
禽	날짐승 금	丿	人	今	全	禽	禽	禽				
		侴	禽	禽	禽							
獸	길짐승 수	口	品	品	單	獸	獸	獸				
		單	單	獸	獸							
禁	금할 금	一	十	木	村	禁	禁	禁				
		林	埜	林	禁							
慾	욕심 욕	丷	夕	谷	谷	慾	慾	慾				
		欲	欲	慾	慾							
錦	비단 금	人	今	全	金	錦	錦	錦				
		金	鈤	錦	錦							
貝	조개 패	丨	冂	月	目	貝	貝	貝				
		目	貝	貝								
肯	즐길 긍	丨	卜	止	止	肯	肯	肯				
		宁	肯	肯								
定	정할 정	丶	宀	宀	宀	定	定	定				
		宁	宇	定	定							

| 棄 기 버릴 | 却 각 물리칠 | 豈 기 어찌 | 敢 감 감히 |

木부 8획 / 刂부 5획 / 豆부 3획 / 攵부 8획

棄却(기각) 처리 안건 등을 도로 물림.
棄權(기권) 권리를 포기함.
廢棄物(폐기물) 못쓰게 되어 버리는 물건. 예)核~
却說(각설) 화제를 돌릴 때 쓰는 말.
賣却(매각) 물건을 팔아 없앰.

豈敢(기감) 어찌 감히.
敢行(감행) 과감하게 행함.
果敢(과감) 과단성 있고 용감함.
勇敢(용감) 용기가 있어 과감함.
敢然(감연) 용감하게 하는 모양.

| 紀 기 벼리 | 綱 강 벼리 대강 | 機 기 기계 기틀 | 械 계 기계 |

糸부 3획 / 糸부 8획 / 木부 12획 / 木부 7획

紀綱(기강) 규율과 질서.
紀元(기원) 나라를 세운 첫 해.
紀律(기율) 질서 유지를 위한 행동 규정.
綱領(강령) 일의 으뜸되는 줄거리.
要綱(요강) 중요한 줄거리.

機械(기계) 일정한 작업을 하는 장치.
機能(기능) 어떤 분야에서 하는 역할.
機微(기미) 낌새나 눈치.
機動(기동) 조직적이고 기민한 행동.
械機(계기) 기계나 기구.

| 奇 기 기이할 | 怪 괴 괴이할 | 祈 기 빌 | 求 구 구할 |

大부 5획 / 心부 5획 / 示부 4획 / 水부 2획

奇怪(기괴) 이상하고 야릇함.
奇岩(기암) 기이한 바위.
奇妙(기묘) 기이하고 묘함.
怪物(괴물) 괴상하게 생긴 물체.
妖怪(요괴) 요망스러운 마귀.

祈求(기구) 빌어 구하는 일.
祈願(기원) 바라는 일이 이루어지기를 빎.
祈雨祭(기우제) 가물 때에 비오기를 비는 제사.
求職(구직) 직업을 구함.
求乞(구걸) 남에게 달라고 청함.

| 企 기 꾀할 | 圖 도 그림 | 其 기 그 | 島 도 섬 |

人부 4획 / 囗부 11획 / 八부 6획 / 山부 7획

企圖(기도) 계획을 세움. 일을 꾀함.
企業(기업) 영리를 목적으로 경제활동을 하는 조직체.
圖書(도서) ①서적. ②그림과 책.
略圖(약도) 간략히 대충 그린 도면.

其島(기도) 그 섬.
其他(기타) 그 밖의 또 다른 것.
其實(기실) 실제의 형편.
島嶼(도서) 크고 작은 섬들을 통틀어 이르는 말.
孤島(고도) 외딴 섬.

| 棄 버릴 기 |  | 원래의 뜻은 '버리다'이다. 두 손으로 키에 들어 있는 갓난아이를 버리는 모습을 나타낸다. |

棄	버릴 기	亠 亠 亩 亩 亩 查 弃 棄	棄	棄	棄
却	물리칠 각	一 十 土 去 去 却 却	却	却	却
豈	어찌 기	丶 屮 屮 屮 豈 豈 豈 豈	豈	豈	豈
敢	감히 감	丁 工 干 耳 耳 耶 敢	敢	敢	敢
紀	벼리 기	幺 幺 幺 糸 糸 紀 紀	紀	紀	紀
綱	벼리 강	幺 幺 糸 糸 紅 細 綱 綱	綱	綱	綱
機	기계 기	一 十 木 木 杉 機 機	機	機	機
械	기계 계	一 十 木 木 杧 杫 械 械	械	械	械
奇	기이할 기	一 ナ 大 太 夼 夼 奇 奇	奇	奇	奇
怪	괴이할 괴	丨 丬 忄 忄 忆 忆 怪 怪	怪	怪	怪
祈	빌 기	丶 亍 亍 礻 礻 礽 祈 祈	祈	祈	祈
求	구할 구	一 十 寸 扌 求 求 求	求	求	求
企	꾀할 기	丿 人 仒 企 企 企	企	企	企
圖	그림 도	丨 冂 冋 罔 罔 圖 圖 圖	圖	圖	圖
其	그 기	一 十 廿 廿 甘 其 其 其	其	其	其
島	섬 도	丶 亠 白 白 鳥 鳥 島 島	島	島	島

騎 기 말탈	馬 마 말	起 기 일어날	伏 복 엎드릴
馬부8획	馬부0획	走부3획	人부4획

騎馬(기마) 말을 탐. 또는 그 말. 예~兵
騎士(기사) 말을 탄 무사.
騎手(기수) (경마 등에서) 말을 전문으로 타는 사람.
馬賊(마적) 말을 타고 떼를 지어 다니던 도적.

起伏(기복) ①성쇠(盛衰). ②변동.
起床(기상) 잠자리에서 일어남.
起工(기공) 공사를 시작함.
伏兵(복병) 요긴한 길목에 병사를 숨기는 것.
屈伏(굴복) 힘에 굴하여 복종함.

飢 기 주릴 흉년들	餓 아 주릴	技 기 재주	藝 예 재주
食부2획	食부7획	手부4획	艹부15획

飢餓(기아) 굶주림.
飢渴(기갈) 배고프고 목마름.
虛飢(허기) 굶어서 몹시 배고픈 증세.
餓鬼(아귀) 먹을 것을 몹시 탐하는 사람.
餓死(아사) 굶어 죽음.

技藝(기예) 기술상의 솜씨와 재주.
技能(기능) 기술상의 재능.
妙技(묘기) 교묘한 기술과 재주.
藝能(예능) 예술과 기능.
藝術(예술) 미를 표현하는 재주.

記 기 적을 기록	載 재 실을	寄 기 부칠 붙여살	贈 증 줄
言부3획	車부6획	宀부8획	貝부12획

記載(기재) 기록하여 실음.
記憶(기억) 잊지 않고 마음 속에 새겨둠.
史記(사기) 역사적인 사실을 적어 놓은 책.
搭載(탑재) (배·차량·비행기 등에) 물건을 싣는 것.

寄贈(기증) 물품을 보내어 증정함.
寄生(기생) 다른 식물이나 동물에 붙어서 삶.
贈與(증여) 재산을 무상으로 타인에게 양도하여 주는 행위.
贈呈(증정) 남에게 물건을 드림.

基 기 터	礎 초 주춧돌	忌 기 꺼릴 기일	避 피 피할
土부8획	石부13획	心부3획	辶부13획

基礎(기초) 기본이 되는 토대.
基盤(기반) 기초가 되는 지반. 사물의 토대.
基地(기지) 어떠한 활동의 근거지.
礎石(초석) 주춧돌. 머릿돌.
定礎(정초) 주춧돌을 놓음.

忌避(기피) 꺼리어 피함.
忌憚(기탄) 어렵게 여겨서 꺼림.
避暑(피서) 더위를 피해 시원한 곳으로 감.
避難(피난) 전쟁을 피해 안전한 곳으로 감.
逃避(도피) 도망하여 몸을 피함.

馬 말 마		말이 뒷발로 버티고 서서 목을 쳐들고 있는 모습이다.

騎	말탈 기	「 ｢ 馬 馬 駢 駢 駢 騎	騎 騎 騎
馬	말 마	一 厂 ｢ 馬 馬 馬 馬 馬	馬 馬 馬
起	일어날 기	十 土 キ 走 起 起 起	起 起 起
伏	엎드릴 복	ノ イ 仁 仆 伏 伏	伏 伏 伏
飢	주릴 기	ノ 人 ㅅ 今 今 食 食 飢	飢 飢 飢
餓	주릴 아	人 今 食 食 飠 飠 飢 餓	餓 餓 餓
技	재주 기	一 十 扌 扌 抆 技	技 技 技
藝	재주 예	一 艹 圭 封 埶 埶 蓺 藝	藝 藝 藝
記	적을 기	ㆍ 亠 ㆍ 主 言 言 言 記	記 記 記
載	실을 재	一 土 圭 車 載 載 載	載 載 載
寄	부칠 기	ㆍ 宀 宀 宁 寄 寄 寄	寄 寄 寄
贈	줄 증	l 冂 目 貝 貝 贈 贈 贈	贈 贈 贈
基	터 기	一 艹 甘 其 其 其 基	基 基 基
礎	주춧돌 초	石 砂 砵 砵 礎 礎 礎 礎	礎 礎 礎
忌	꺼릴 기	ㄱ 긛 己 忌 忌	忌 忌 忌
避	피할 피	ㆍ 尸 吕 阝 辟 辟 避 避	避 避 避

畿 기 경기	湖 호 호수	旣 기 이미	婚 혼 혼인할
田부 10획	水부 9획	旡부 7획	女부 8획

畿湖(기호) 경기도와 충청도.
近畿(근기) 서울에서 가까운 지방.
湖心(호심) 호수의 한가운데.
江湖(강호) 강과 호수.
湖南(호남) 전라 남북도를 일컫는 말.

旣婚(기혼) 이미 결혼함.
旣成(기성) 이미 이루어져 있는 일.
旣決(기결) 이미 결정했거나 해결했음.
婚姻(혼인) 남녀가 부부가 되는 일.
新婚(신혼) 새로 혼인함.

緊 긴 긴요할 줄	縮 축 줄	吉 길 길할	地 지 땅 자리
糸부 8획	糸부 11획	口부 3획	土부 3획

緊縮(긴축) 바싹 줄임.
緊急(긴급) 일이 아주 긴하고 급함.
緊密(긴밀) 아주 긴하고 가까움.
縮小(축소) 줄어서 작아지는 것. 또는 작게 하는 것.
伸縮(신축) 늘이고 줄임.

吉地(길지) 좋은 집터나 묏자리.
吉夢(길몽) 좋은 징조의 꿈.
吉凶(길흉) 좋은 일과 언짢은 일.
地形(지형) 땅이 생긴 형상.
地位(지위) 개인이 차지하는 사회적 위치.

那 나 어찌 저	邊 변 가	難 난 어려울 난리	忘 망 잊을
阝부 4획	辶부 15획	隹부 11획	心부 3획

那邊(나변) 어디, 어느곳.
邊境(변경) 국경에 가까운 지대.
海邊(해변) 바닷가. 또는 그 지방.
邊方(변방) 가장자리가 되는 쪽.
身邊(신변) 몸과 몸의 주위. 예~保護

難忘(난망) 잊기 어려움.
難色(난색) 어려워하여 꺼리는 기색.
忘却(망각) 잊어버림.
健忘(건망) 잘 잊어버림.
忘我(망아) 어떤 일에 마음을 빼앗겨 자기를 잊음.

男 남 사내	女 녀 계집	內 내 안	野 야 들 분야
田부 2획	女부 0획	入부 2획	里부 4획

男女(남녀) 남자와 여자.
男服(남복) 남자의 옷.
男性(남성) 남자의 성질 또는 체질.
女傑(여걸) 여자 호걸.
淑女(숙녀) 교양을 갖춘 얌전한 여자.

內野(내야) 야구에서, 본루·일루·이루·삼루 구역 안.
內通(내통) 남 몰래 적과 통하는 것.
野性(야성) 교양이 없는 거친 성질.
曠野(광야) 아득하게 너른 벌판.

男 사내 남  고대의 남자들에게 밭에서 농사짓는 일은 가장 중요했다. 밭(田) 밑의 力은 쟁기의 모습이 변한 것이다.

畿	경기 기	畿 획순	畿	畿	畿			
湖	호수 호	湖 획순	湖	湖	湖			
旣	이미 기	旣 획순	旣	旣	旣			
婚	혼인할 혼	婚 획순	婚	婚	婚			
緊	긴요할 긴	緊 획순	緊	緊	緊			
縮	줄 축	縮 획순	縮	縮	縮			
吉	길할 길	吉 획순	吉	吉	吉			
地	땅 지	地 획순	地	地	地			
那	어찌 나	那 획순	那	那	那			
邊	가 변	邊 획순	邊	邊	邊			
難	어려울 난	難 획순	難	難	難			
忘	잊을 망	忘 획순	忘	忘	忘			
男	사내 남	男 획순	男	男	男			
女	계집 녀	女 획순	女	女	女			
內	안 내	內 획순	內	內	內			
野	들 야	野 획순	野	野	野			

乃 내 이에 곧	至 지 이를 지극할	奈 내 어찌	何 하 어찌 누구
丿부 1획	至부 0획	大부 5획	人부 5획
乃至(내지) ①얼마에서 얼마까지. ②또는. 乃祖(내조) 그 할아버지. 至誠(지성) 지극한 정성. 至愛(지애) 지극한 사랑. 至當(지당) 이치에 맞고 지극히 당연함.		奈何(내하) 어찌하랴? 何故(하고) 무슨 까닭. 何如(하여) 어떠함. 何必(하필) 어찌 반드시. 何暇(하가) 어느 때. 어느 겨를.	

努 노 힘쓸	力 력 힘	奴 노 사내종	婢 비 계집종
力부 5획	力부 0획	女부 2획	女부 8획
努力(노력) 힘을 들여 애씀. 또는 그 힘. 力攻(역공) 힘써 공격함. 力量(역량) 어떤 일을 해낼 수 있는 힘. 力行(역행) 힘써 행함. 魔力(마력) 괴상한 힘. 매혹하는 힘.		奴婢(노비) 사내종과 계집종의 총칭. 守錢奴(수전노) 돈만 아는 사람의 비칭. 奴隸(노예) 종. 婢夫(비부) 계집종의 남편. 婢妾(비첩) 종으로 첩이 된 계집.	

怒 노 성낼	號 호 부르짖을	農 농 농사	耕 경 밭갈
心부 5획	虍부 7획	辰부 6획	耒부 4획
怒號(노호) 성내어 외침. 큰 소리를 냄. 怒髮(노발) 격노로 일어서는 머리카락. 號令(호령) ①지휘하여 명령함. ②큰 소리로 꾸짖음. 暗號(암호) 은밀한 신호나 부호.		農耕(농경) 논밭을 갈아 농사를 지음. 農期(농기) 농사철. 耕作(경작) 땅을 갈아서 농사를 지음. 耕地(경지) 농사를 짓는 땅. 勸農(권농) 농사를 장려함.	

濃 농 짙을	淡 담 묽을	腦 뇌 뇌	炎 염 불꽃 염증
水부 13획	水부 8획	肉부 9획	火부 4획
濃淡(농담) 짙음과 옅음. 濃厚(농후) 빛깔이 짙음. 濃度(농도) 용액 속에 있는 각 성분 비율. 淡水(담수) 민물. 예~魚 冷淡(냉담) 사물을 대하는 태도가 차가움.		腦炎(뇌염) 뇌에 염증이 생기는 병. 首腦(수뇌) 어떤 기관의 가장 중요한 위치의 사람. 炎涼(염량) 더위와 추위. 炎天(염천) 몹시 더운 날씨. 狂炎(광염) 미친 듯이 타오르는 불길.	

炎 불꽃 염		불 위에 불을 더하여 맹렬하게 불이 타는 것을 나타낸다. 원래의 뜻은 '불빛이 상승하다' '타다' 이다.

乃	이에 내	ノ 乃	乃	乃	乃			
至	이를 지	一 丆 玊 즈 조 至	至	至	至			
奈	어찌 내	一 ナ 大 太 ㅊ 夺 奈	奈	奈	奈			
何	어찌 하	ノ 亻 仁 仃 何 何 何	何	何	何			
努	힘쓸 노	く 夂 女 奴 奴 努 努	努	努	努			
力	힘 력	フ 力	力	力	力			
奴	사내종 노	く 夂 女 奴 奴	奴	奴	奴			
婢	계집종 비	く 夂 女 女' 女ᄼ 妠 婢 婢	婢	婢	婢			
怒	성낼 노	く 夂 女 奴 奴 奴 怒 怒	怒	怒	怒			
號	부르짖을 호	口 므 号 号 号¯ 號 號 號	號	號	號			
農	농사 농	冂 씨 曲 曲 芦 農 農 農	農	農	農			
耕	밭갈 경	三 丰 耒 耒 耒 耒 耕 耕	耕	耕	耕			
濃	짙을 농	丶 冫 氵 汁 沪 浬 濃	濃	濃	濃			
淡	묽을 담	丶 冫 氵 氵 汁 沙 淡	淡	淡	淡			
腦	뇌 뇌	ノ 几 月 肝 肝 腦 腦 腦	腦	腦	腦			
炎	염증 염	丶 丷 火 火 ㅆ 놋 炎	炎	炎	炎			

 능 능할 능력	率 솔, 률 거느릴 비율	泥 니 진흙	巖 암 바위
肉부 6획	玄부 6획	水부 5획	山부 20획

能率(능률) 일정한 동안에 이룰 수 있는 일의 비율.
能熟(능숙) 능하고 익숙함.
能力(능력) 어떤 일을 이룰 수 있는 힘.
率先(솔선) 남보다 앞장서서 함.
引率(인솔) 많은 사람을 이끌고 가는 것.

泥巖(이암) 진흙이 쌓여서 된 암석.
泥醉(이취) 술에 몹시 취함.
巖壁(암벽) 깎아지른 듯 높이 솟은 바위.
巖石(암석) 바위.
巖穴(암혈) 바위 굴.

多 다 많을	과 적을	茶 다 차	房 방 방
夕부 3획	宀부 11획	艹부 6획	戶부 4획

多寡(다과) 많고 적음.
多福(다복) 복이 많음.
寡占(과점) 소수의 기업이 시장의 대부분을 지배하는 상태.
寡婦(과부) 남편이 죽어 홀로 된 여자.

茶房(다방) 차를 마시며 쉴 수 있는 영업집.
茶菓(다과) 차와 과자.
房門(방문) 방으로 드나드는 문.
新房(신방) 첫날밤을 치르는 방.
獨房(독방) 혼자서 거처하는 방.

端 단 끝 바를	 서 실마리	旦 단 아침	夕 석 저녁
立부 9획	米부 9획	日부 1획	夕부 0획

端緒(단서) 일의 처음이나 실마리.
端正(단정) 얌전함.
極端(극단) 맨 끄트머리.
緒論(서론) 머리말. = 序論(서론)
情緒(정서) 사물에 부딪쳐 일어나는 온갖 감정.

旦夕(단석) 아침과 저녁.
元旦(원단) 설날 아침.
夕刊(석간) 저녁에 내는 신문.
夕照(석조) 저녁놀.
夕陽(석양) 저녁 해.

 단 끊을 결단할	續 속 이을	丹 단 붉을 약	장 단장할
斤부 14획	米부 15획	丹부 3획	米부 6획

斷續(단속) 끊어졌다 이어졌다 함.
斷乎(단호) (태도나 입장이) 과단성 있고 엄함.
勇斷(용단) 용기를 가지고 결단함.
續出(속출) 잇달아 나옴.
連續(연속) 끊이지 않고 죽 이어짐.

丹粧(단장) 얼굴 머리를 곱게 꾸밈.
丹靑(단청) 건물에 여러가지 빛깔로 그림과 무늬를 그리는 것.
粧飾(장식) 겉을 매만져 꾸밈.
粧刀(장도) 평복에 차는 작은 칼.

旦 아침 단　　초기의 자형은 태양이 막 올라와 아직 지면에서 떨어지지 않은 일출의 모습을 묘사한 것이 아랫부분이 선으로 바뀌었다.

能	능할 능	厶 牟 肯 育 肯 能 能 能	能	能	能				
率	비율 률	亠 玄 玄 玄 玄 玄 率	率	率					
泥	진흙 니	丶 氵 氵 氵 沪 沪 泥 泥	泥	泥					
巖	바위 암	山 屵 屵 岸 岸 巖 巖 巖	巖	巖					
多	많을 다	丿 ク 夕 多 多 多	多	多	多				
寡	적을 과	丶 宀 宀 宀 宀 宜 寡 寡	寡	寡					
茶	차 다	丶 丷 艹 艾 茶 茶 茶 茶	茶	茶					
房	방 방	丶 ㇀ ㇇ 戶 戶 房 房 房	房	房					
端	끝 단	丶 ㇀ 亠 立 站 岩 端 端	端	端					
緒	실마리 서	丿 幺 糹 糸 絆 絆 緒 緒	緒	緒					
旦	아침 단	丨 冂 日 日 旦	旦	旦					
夕	저녁 석	丿 ク 夕	夕	夕	夕				
斷	끊을 단	纟 丝 丝 丝 継 斷 斷 斷	斷	斷	斷				
續	이을 속	丿 幺 糹 糹 紵 紵 績 續	續	續	續				
丹	붉을 단	丿 几 丹 丹	丹	丹	丹				
粧	단장할 장	丷 丷 半 米 粧 粧 粧 粧	粧	粧					

 단 다만 人부5획	只 지 다만 口부2획	短 단 짧을 矢부7획	 침 바늘 침 金부2획
但只(단지) 다만. 但書(단서) 법률 조항이나 공식 문건 등에서 본문 다음에 예외나 조건 등을 밝힌 글. 非但(비단) 다만. 부정의 경우에 씀. 只今(지금) 이제. 시방.		短針(단침) 짧은 바늘. 시계의 시침. 短見(단견) 짧은 식견이나 소견. 短命(단명) 목숨이 짧음. 指針(지침) 사물의 방침. 針小棒大(침소봉대) 작은 일을 크게 불리어 말함.	
擔 담 멜 手부13획	 당 마땅할 당할 田부8획	踏 답 밟을 足부8획	査 사 조사할 木부5획
擔當(담당) 일을 맡음. 예~者 擔保(담보) 맡아서 보증함. 예~契約 當局(당국) 일을 직접 맡아 하는 기관. 當世(당세) 그 시대. 또는 그 세상. 堪當(감당) 일을 맡아 능히 해냄.		踏査(답사) 실지로 현장에 가서 조사함. 踏襲(답습) 선인의 행적을 따라 행함. 査定(사정) 심사하여 결정함. 搜査(수사) 범인을 찾거나 범죄에 관한 증거를 수집하는 것.	
糖 당 사탕 米부10획	류 무리 닮을 頁부10획	唐 당 당나라 갑자기 口부7획	詩 시 시 言부6획
糖類(당류) 당분의 종류. 糖分(당분) 당류(糖類)의 성분. 類類相從(유유상종) 같은 무리끼리 사귐. 類似(유사) 서로 비슷함. 種類(종류) 사물의 부분을 나누는 갈래.		唐詩(당시) 당나라 시인이 지은 시. 唐突(당돌) 올차서 꺼리는 마음이 없이 주제넘음. 詩想(시상) 시를 창작하기 위한 착상. 詩壇(시단) 시인들의 사회. 漢詩(한시) 한문으로 된 시.	
 대 대신할 人부3획	상 갚을 人부15획	大 대 큰 大부0획	 서 더위 日부9획
代償(대상) 남을 대신하여 갚아 줌. 代理(대리) 사람이나 직무를 대신함. 代替(대체) 다른 것으로 바꿈. 償還(상환) 갚거나 돌려주거나 물어 줌. 補償(보상) 남에게 끼친 손해를 갚는 것.		大暑(대서) ①큰 더위. ②24절기의 하나. 大望(대망) 큰 희망. 擴大(확대) 늘여서 크게 함. 避暑(피서) 더위를 피하는 일. 寒暑(한서) 추위와 더위.	

大 큰 대	𣖩 𣖪 𣖫	만물의 영장인 사람이 우뚝 서 있는 모습을 본뜬 문자로 '크다'라는 뜻이다.

但	다만 단	ノ 亻 亻 但 但 但
只	다만 지	丶 口 口 只 只
短	짧을 단	ノ ⺊ ⺊ 矢 矢 知 知 短 短
針	바늘 침	ノ 人 人 仐 仐 金 金 針
擔	멜 담	一 扌 扌 扩 扩 扩 挢 擔
當	마땅할 당	⺌ ⺌ 当 当 当 常 常 常 當
踏	밟을 답	丶 口 口 尸 趴 趴 跘 踏
査	조사할 사	一 十 才 木 木 杏 杏 査
糖	사탕 당	⺀ ⺀ 米 米 粐 粐 糖 糖 糖
類	무리 류	⺀ ⺀ 米 米 类 类 鮖 類 類
唐	당나라 당	丶 一 广 广 庐 唐 唐 唐
詩	시 시	⺀ 亠 言 言 言 計 計 詩
代	대신할 대	ノ 亻 仁 代 代
償	갚을 상	ノ 亻 亻 价 償 償 償 償
大	큰 대	一 ナ 大
暑	더위 서	丨 口 日 旦 몯 봇 몾 暑

 對 대 / 대할 / 짝 寸부 11획

對酌(대작) 마주 대하여 술을 마심.
對等(대등) 서로 견주어 낫고 못함이 없음.
應對(응대) 상대하여 응접함.

 酌 작 / 잔질할 / 짐작할 酉부 3획

酌定(작정) 짐작하여 결정함.
參酌(참작) 참고하여 알맞게 헤아림.

陶 도 / 질그릇 / 즐길 阝부 8획

陶工(도공) 옹기를 만드는 사람.
陶器(도기) 질그릇. 오지그릇.

工 공 / 장인 工부 0획

工役(공역) 토목 건축의 일.
工學(공학) 공업에 관한 학문.
細工(세공) 작은 물건을 만드는 수공.

到 도 / 이를 刀부 6획

到達(도달) 목적한 곳에 다다름.
到處(도처) 이르는 곳마다의 여러 곳.
到着(도착) 목적지에 다다르는 것.
達觀(달관) 세속을 벗어난 높은 식견.
達辯(달변) 막힘이 없이 잘하는 말.

達 달 / 통달할 / 이를 辶부 9획

 跳 도 / 뛸 / 솟구칠 足부 6획

跳梁(도량) 함부로 날뜀.
跳躍(도약) 뛰어오름.
梁上君子(양상군자) 도둑을 이르는 말.
橋梁(교량) 다리.
棟梁(동량) 마룻대와 들보.

 梁 량 / 들보 / 다리 木부 7획

桃 도 / 복숭아 木부 6획

桃李(도리) 복숭아와 자두.
桃源境(도원경) 무릉도원처럼 아름다운 지경.
桃花(도화) 복숭아꽃.
李花(이화) 자두꽃.
李杜(이두) 이백(李白)과 두보(杜甫).

李 리 / 오얏 木부 3획

 逃 도 / 달아날 辶부 6획

逃亡(도망) 피하거나 쫓기어 달아남.
逃避(도피) 도망하여 피함.
亡命(망명) 정치적 탄압으로 인해 외국으로 피함.
滅亡(멸망) 망하여 없어짐.
亡父(망부) 죽은 아버지.

 亡 망 / 망할 亠부 1획

渡 도 / 건널 / 나루 水부 9획

渡涉(도섭) 물을 건넘.
渡航(도항) 배를 타고 바다를 건넘.
渡美(도미) 미국으로 건너감.
涉外(섭외) 외부와 연락하여 교제함.
干涉(간섭) 남의 일에 참견함.

涉 섭 / 건널 / 관계할 水부 7획

稻 도 / 벼 禾부 10획

稻雲(도운) 넓은 들판을 뒤덮은 벼.
稻作(도작) 벼농사.
稻米(도미) 입쌀.
雲集(운집) 구름같이 모여듦.
浮雲(부운) 뜬구름. 덧없는 인생.

雲 운 / 구름 雨부 4획

工 장인 공   초기의 모양은 아랫부분이 활모양으로 되어 있는 절삭 공구로, 원래의 뜻은 '공구'이다.

漢字	訓音	筆順	쓰기 연습
對	대할 대	丵 丵 對 對	對 對 對
酌	잔질할 작	一 丆 丙 丙 酉 酌 酌 酌	酌 酌 酌
陶	질그릇 도	阝 阝 阝 阝 陶 陶 陶 陶	陶 陶 陶
工	장인 공	一 丅 工	工 工 工
到	이를 도	一 工 工 至 至 至 到 到	到 到 到
達	통달할 달	一 十 土 去 去 幸 幸 達	達 達 達
跳	뛸 도	口 묘 足 足 趴 跳 跳	跳 跳 跳
梁	들보 량	氵 汈 汈 汈 梁 梁 梁	梁 梁 梁
桃	복숭아 도	一 十 才 木 村 村 桃 桃	桃 桃 桃
李	오얏 리	一 十 才 木 李 李 李	李 李 李
逃	달아날 도	丿 丬 兆 兆 兆 逃 逃 逃	逃 逃 逃
亡	망할 망	丶 亠 亡	亡 亡 亡
渡	건널 도	丶 丶 氵 汇 沪 渡 渡 渡	渡 渡 渡
涉	건널 섭	丶 丶 氵 氵 沙 沙 沙 涉	涉 涉 涉
稻	벼 도	丿 千 禾 禾 秆 秆 稻 稻	稻 稻 稻
雲	구름 운	一 二 戸 雪 雪 雲 雲	雲 雲 雲

挑 도 돋울 戰 전 싸움
手부 6획 / 戈부 12획

挑戰(도전) 정면으로 맞서 싸움을 거는 것.
挑發(도발) 상대를 집적거려 일을 일으킴.
戰爭(전쟁) 국가간에 무기를 사용하여 싸우는 일.
決戰(결전) 승부를 일거에 결하는 싸움.
勝戰(승전) 싸움에 이김.

毒 독 독할, 해칠 蛇 사 뱀
毋부 4획 / 虫부 5획

毒蛇(독사) 독이 있는 뱀.
毒舌(독설) 남을 해치는 말.
消毒(소독) 병균을 죽임.
蛇足(사족) 군더더기.
蛇尾(사미) 뱀의 꼬리.

獨 독 홀로 創 창 비롯할, 상할
犬부 13획 / 刀부 10획

獨創(독창) 독자적으로 창조, 창안함.
獨裁(독재) 단독으로 사물을 처리함.
單獨(단독) 단하나. 혼자.
創案(창안) 새롭게 일을 생각해 냄.
創造(창조) 새로운 것을 고안하여 만드는 것.

督 독 감독할, 책망할 促 촉 재촉할
目부 8획 / 人부 7획

督促(독촉) 빨리 서둘러 하도록 재촉함.
督勵(독려) 감독하며 격려함.
總督(총독) 모든 일을 통할함.
促進(촉진) 재촉하여 빨리 나아가게 함.
促迫(촉박) 기한이 바싹 가깝게 닥쳐 있음.

豚 돈 돼지 犬 견 개
豕부 4획 / 犬부 0획

豚犬(돈견) 돼지와 개.
豚肉(돈육) 돼지고기.
養豚(양돈) 돼지를 먹여 기름.
犬齒(견치) 송곳니.
鬪犬(투견) 개끼리 싸움을 붙임. 또는 그 개.

敦 돈 도타울 篤 독 두터울, 병심할
攴부 8획 / 竹부 10획

敦篤(돈독) 인정이 두터움.
敦睦(돈목) 사이가 정이 두텁고 화목함.
篤實(독실) 열성있고 성실함.
篤行(독행) 독실한 행실.
危篤(위독) 병세가 중하여 생명이 위독함.

凍 동 얼 結 결 맺을, 엉길
冫부 8획 / 糸부 6획

凍結(동결) 얼어붙음. 예賃金~
凍傷(동상) 추위에 얼어서 살가죽이 상함.
冷凍(냉동) 냉각시켜서 얼림.
結託(결탁) 마음을 합하여 서로 의탁함.
結實(결실) 열매를 맺음.

冬 동 겨울 嶺 령 재
冫부 3획 / 山부 14획

冬嶺(동령) 겨울철의 재.
冬眠(동면) 냉혈동물의 겨울잠.
越冬(월동) 겨울을 남.
嶺西(영서) 강원도의 대관령 서쪽 땅.
銀嶺(은령) 눈 덮인 재나 산.

犬 개 견 위쪽으로 꼬리를 말아올린 개의 모습을 본떠서 만들었다.

挑	돋울 도	一 十 扌 扎 扎 扎 挑 挑	挑	挑	挑					
戰	싸움 전	丷 吅 吅 單 單 單 戰 戰	戰	戰	戰					
毒	독할 독	一 十 ヰ 圭 圭 青 毒 毒	毒	毒	毒					
蛇	뱀 사	丶 口 虫 虫 虫 虵 虵 蛇	蛇	蛇	蛇					
獨	홀로 독	丿 犭 犭 犳 犳 獨 獨 獨	獨	獨	獨					
創	비롯할 창	丿 人 今 今 倉 倉 倉 創	創	創	創					
督	감독할 독	丶 上 ナ 卡 卡 叔 叔 督 督	督	督	督					
促	재촉할 촉	丿 亻 仁 伊 伊 伊 促	促	促	促					
豚	돼지 돈	丿 几 月 月 肝 肝 豚 豚	豚	豚	豚					
犬	개 견	一 ナ 大 犬	犬	犬	犬					
敦	도타울 돈	丶 古 亯 亨 享 敦 敦 敦	敦	敦	敦					
篤	두터울 독	丶 ⺮ ⺮ 竹 竹 笁 笁 篤 篤	篤	篤	篤					
凍	얼 동	丶 冫 冫 冴 冴 凍 凍 凍	凍	凍	凍					
結	맺을 결	丿 幺 糸 糸 糾 結 結 結	結	結	結					
冬	겨울 동	丿 ク 夂 冬 冬	冬	冬	冬					
嶺	재 령	丶 山 屵 屵 岑 嶺 嶺 嶺	嶺	嶺	嶺					

洞 동, 통
골
통할

水부 6획

洞里〔동리〕 마을. 예~ 아이들
洞察〔통찰〕 밝게 살핌.
里程標〔이정표〕 각 곳 사이의 거리를 적어 세운 푯말.
鄕里〔향리〕 고향 마을. 시골.

里 리
마을
이수

里부 0획

東 동
동녘

木부 4획

東西〔동서〕 동쪽과 서쪽.
東邦〔동방〕 ①동쪽에 있는 나라. ②우리나라.
極東〔극동〕 동쪽의 맨 끝.
西天〔서천〕 서쪽 하늘.
西洋〔서양〕 유럽과 아메리카 주의 여러 나라.

西 서
서녘

西부 0획

銅 동
구리

金부 6획

銅錢〔동전〕 구리로 만든 돈.
銅器〔동기〕 구리와 청동으로 만든 그릇.
靑銅〔청동〕 구리와 주석의 합금.
口錢〔구전〕 흥정을 붙여주고 받는 돈.
換錢〔환전〕 돈을 바꿈.

 전
돈

金부 8획

動 동
움직일

力부 9획

動靜〔동정〕 사태가 벌어져 가는 낌새.
動員〔동원〕 사람이나 물건을 집중시키는 것.
發動〔발동〕 움직이기 시작함.
靜寂〔정적〕 고요함.
平靜〔평정〕 마음이 평안하고 잔잔한 것.

靜 정
고요할

靑부 8획

同 동
한가지

口부 3획

同胞〔동포〕 ①같은 겨레. ②형제 자매.
同僚〔동료〕 같은 직장이나 부서에서 일하는 사람.
同期〔동기〕 ①같은 시기. ②'동기생'의 준말.
僑胞〔교포〕 다른 나라에 살고 있는 자국민.
細胞〔세포〕 생물의 기본 구성 단위.

 포
태보
세포

肉부 5획

童 동
아이
민둥산

立부 7획

童話〔동화〕 어린이를 위해서 지은 이야기.
童謠〔동요〕 어린이를 위해서 지은 노래.
兒童〔아동〕 어린이.
話題〔화제〕 이야깃거리.
對話〔대화〕 이야기를 나눔.

話 화
말할

言부 6획

 두
콩
제기

豆부 0획

豆太〔두태〕 팥과 콩.
豆油〔두유〕 콩기름.
豆腐〔두부〕 콩을 갈아 제조한 식품.
太古〔태고〕 아주 오랜 옛날.
太平〔태평〕 나라가 편안함.

太 태
클
심할

大부 1획

得 득
얻을
깨달을

彳부 8획

得失〔득실〕 얻음과 잃음.
得意〔득의〕 뜻대로 이루어져 만족함. 예~揚揚
得票〔득표〕 투표에서 표를 얻음.
失踪〔실종〕 종적을 알 수 없이 없어짐.
失墜〔실추〕 명예나 위신을 떨어뜨려 잃음.

 실
잃을

大부 2획

西 서녘 서   새가 둥지 위에 있는 모양의 문자다. 해가 서쪽으로 기울 때 새가 둥지로 돌아가므로 서쪽을 나타내게 되었다.

洞	골 동	丶 氵 氵 氵 氵 洞 洞	洞	洞	洞
里	마을 리	丶 口 日 日 甲 甲 里	里	里	里
東	동녘 동	一 一 戸 戸 日 東 東 東	東	東	東
西	서녘 서	一 一 一 西 西 西	西	西	西
銅	구리 동	人 人 수 金 釒 釒 釒 銅	銅	銅	銅
錢	돈 전	人 수 金 金 釒 釒 錢 錢 錢	錢	錢	錢
動	움직일 동	一 一 一 亩 重 重 動 動	動	動	動
靜	고요할 정	十 主 青 青 靜 靜 靜 靜	靜	靜	靜
同	한가지 동	丨 冂 冂 同 同 同	同	同	同
胞	세포 포	丿 刀 月 月 肝 肝 肝 胞	胞	胞	胞
童	아이 동	丶 一 一 立 音 音 童 童	童	童	童
話	말할 화	一 一 言 言 言 訁 訁 話 話	話	話	話
豆	콩 두	一 一 戸 戸 豆 豆 豆	豆	豆	豆
太	클 태	一 ナ 大 太	太	太	太
得	얻을 득	丿 彳 彳 彳 彳 彳 得 得	得	得	得
失	잃을 실	丿 一 二 失 失	失	失	失

| 等 등 무리, 등급 | 級 급 등급, 목 | 登 등 오를 | 庸 용 떳떳할, 쓸 |

竹부 6획 　　　　　糸부 4획 　　　　　癶부 7획 　　　　　广부 8획

等級(등급) 높낮이의 차례.
等價(등가) 같은 가격. 또는, 같은 가치.
等閑(등한) 마음에 두지 아니함.
級友(급우) 같은 학급의 친구.
同級(동급) 같은 등급.

登用(등용) 인재를 골라 뽑아 씀.
登山(등산) 산에 오름.
登錄(등록) 문서에 올림.
庸劣(용렬) 변변하지 못하고 졸렬함.
中庸(중용) 어느 쪽도 치우침이 없이 바름.

| 羅 라 벌일, 새그물 | 列 렬 줄, 벌일 | 洛 락 물 | 花 화 꽃 |

罒부 14획 　　　　　刀부 4획 　　　　　水부 6획 　　　　　艹부 4획

羅列(나열) 죽 벌여 놓음.
網羅(망라) 통틀어 얽음.
修羅場(수라장) 싸움 등의 이유로 혼란에 빠진 곳.
列强(열강) 많은 강대한 나라.
整列(정렬) 가지런히 벌려 섬.

洛花(낙화) 모란의 다른 이름.
沒洛(몰락) 쇠하여 보잘것없이 되는 것.
花園(화원) ①꽃을 심은 동산. ②꽃가게.
花草(화초) 꽃이 피는 풀과 나무.
花環(화환) 꽃을 모아 고리같이 둥글게 만든 물건.

| 爛 란 빛날, 헐 | 漫 만 부질없을 | 濫 람 넘칠 | 用 용 쓸 |

火부 17획 　　　　　水부 11획 　　　　　水부 14획 　　　　　用부 0획

爛漫(난만) 꽃이 만발하여 아름다움.
漫評(만평) 일정한 체계 없이 생각나는 대로 비평함.
漫談(만담) 재미있는 이야기.
漫然(만연) 맺힘 없이 풀어진 모양.

濫用(남용) 함부로 마구 씀. 예 職權~
濫發(남발) 함부로 마구 발행함.
氾濫(범람) 물이 넘쳐 흐름.
用度(용도) 씀씀이. 드는 비용.
適用(적용) 어디에 맞추어 씀.

| 郞 랑 사내, 남편 | 君 군 임금, 그대 | 朗 랑 밝을 | 報 보 갚을, 알릴 |

阝부 7획 　　　　　口부 4획 　　　　　月부 7획 　　　　　土부 9획

郎君(낭군) 아내가 남편을 일컫는 말.
新郎(신랑) 갓 결혼한 남자.
令郎(영랑) 남의 아들에 대한 높임말.
君王(군왕) 임금.
暴君(폭군) 포악한 군주.

朗報(낭보) 반가운 소식.
朗誦(낭송) 소리내어 글을 읽음.
明朗(명랑) 밝고 쾌활함.
報恩(보은) 은혜를 갚음.
報道(보도) 소식을 일반에게 알림.

| 君 임금 군 |  | '尹'과 '口'로 이루어졌으며, '尹'은 한 손으로 권력을 상징하는 막대기를 잡고 입(口)으로 명령한다는 뜻을 나타낸다. |

等	무리 등	⺮ 竺 笁 笁 笁 竺 等 等	等	等	等		
級	등급 급	幺 糸 糸 紉 級 級	級	級	級		
登	오를 등	癶 癶 癶 癶 啓 登 登	登	登	登		
庸	쓸 용	广 庐 庐 肩 肩 肩 庸	庸	庸	庸		
羅	벌일 라	罒 罒 罒 罒 罪 羅	羅	羅	羅		
列	줄 렬	歹 歹 列 列	列	列	列		
洛	물 락	氵 氵 汐 汐 洛 洛	洛	洛	洛		
花	꽃 화	艹 艹 花 花	花	花	花		
爛	빛날 란	火 炏 炏 炏 爛 爛 爛	爛	爛	爛		
漫	부질없을 만	氵 氵 沪 温 漫 漫	漫	漫	漫		
濫	넘칠 람	氵 氵 汁 泙 濫 濫	濫	濫	濫		
用	쓸 용	丿 月 月 月 用	用	用	用		
郞	남편 랑	㇇ 亠 㐄 良 良 郎 郎	郞	郞	郞		
君	그대 군	㇇ 㐄 尹 尹 君 君	君	君	君		
朗	밝을 랑	㇇ 亠 㐄 良 良 朗 朗 朗	朗	朗	朗		
報	알릴 보	土 耂 幸 幸 郣 報 報	報	報	報		

 략 노략질할	奪 탈 빼앗을	糧 량 양식	穀 곡 곡식 좋을
手부 8획	大부 11획	米부 12획	禾부 10획

掠奪(약탈) 폭력을 써서 빼앗음.
虜掠(노략) 무리를 지어 재물을 빼앗음.
奪取(탈취) 빼앗아 가짐.
爭奪(쟁탈) 싸워서 빼앗음.
劫奪(겁탈) 남의 것을 폭력을 써서 강제로 빼앗음.

糧穀(양곡) 양식으로 쓸 곡식.
軍糧(군량) 군대의 양식. 예 ~米
食糧(식량) 식용인 곡식.
穀倉(곡창) ①곡식을 쌓아 두는 창고. ②곡식이 많이 나는 지방.

兩 량, 냥 두 냥	반 나눌 반	諒 량 살필	察 찰 살필
入부 6획	王부 6획	言부 8획	宀부 11획

兩班(양반) 지체나 신분이 높은 사람.
兩家(양가) 양쪽 집안.
兩立(양립) 둘이 함께 맞섬.
班常會(반상회) 반(班) 단위 주민 조직의 모임.
班長(반장) 반의 우두머리.

諒察(양찰) 생각하여 미루어 살핌.
諒解(양해) 사정을 참작하여 잘 이해함.
諒知(양지) 살펴서 앎.
考察(고찰) 깊이 생각하여 살펴봄.
診察(진찰) 병의 유무, 질병 등을 살핌.

旅 려 나그네 군대	館 관 집	 력 책력	法 법 법
方부 6획	食부 8획	日부 12획	水부 5획

旅館(여관) 돈을 받고 여객을 묶게 하는 집.
旅行(여행) 자기 집을 떠나 객지에 가는 일.
旅毒(여독) 여행의 피로함.
公館(공관) 공용 건물.
別館(별관) 본관 밖에 별도로 지은 건물.

曆法(역법) 책력에 관한 여러가지 법칙.
曆學(역학) 책력에 관한 학문.
法令(법령) 법률과 명령.
法則(법칙) 꼭 지켜야 할 규범.
憲法(헌법) 근본이 되는 법규.

連 련 연할	락 이을	聯 련 잇닿을 짝지을	盟 맹 맹세할
辶부 7획	糸부 6획	耳부 11획	皿부 8획

連絡(연락) 서로 관련을 가짐.
連結(연결) 잇대어 맺음.
連續(연속) 끊이지 않고 죽 이음.
脈絡(맥락) 사물의 서로 잇닿아 있는 관계나 연관.
籠絡(농락) 교묘한 꾀로 남을 놀림.

聯盟(연맹) 공동의 목적을 가진 조직체.
聯合(연합) 둘 이상이 서로 합동함.
盟邦(맹방) 동맹을 맺은 나라.
同盟(동맹) 동일한 행동을 취하기로 맹세하여 맺은 약속.

旅 나그네 려		원래의 뜻은 군대이다. 펄럭이는 군기 아래 두 사람의 병사가 서 있는 모습이다. 의미가 변하여 '나그네'라는 뜻이 되었다.

掠	노략질할 **략**	一 十 扌 扩 扩 抬 抡 掠	掠	掠	掠			
奪	빼앗을 **탈**	一 ナ 大 木 齐 夳 奪 奪	奪	奪	奪			
糧	양식 **량**	´ 丷 半 米 米 料 桿 糧	糧	糧	糧			
穀	곡식 **곡**	十 土 声 キ 幸 彔 訃 穀	穀	穀	穀			
雨	두 **량**	一 冂 冂 雨 雨 雨 雨 雨	雨	雨	雨			
班	나눌 **반**	一 ニ ド Ŧ 环 珃 班 班	班	班	班			
諒	살필 **량**	丶 二 言 言 訁 訪 訪 諒	諒	諒	諒			
察	살필 **찰**	丶 宀 宀 灾 灾 宛 察 察	察	察	察			
旅	나그네 **려**	一 亠 方 方 扩 扩 旅 旅	旅	旅	旅			
館	집 **관**	ノ 厶 今 食 飣 飣 館 館	館	館	館			
曆	책력 **력**	一 厂 厂 厈 屏 麻 曆 曆	曆	曆	曆			
法	법 **법**	丶 冫 氵 汁 汁 注 法 法	法	法	法			
連	연할 **련**	一 丆 市 亘 車 車 連 連	連	連	連			
絡	이을 **락**	ノ 幺 幺 糸 糸 紋 絡 絡	絡	絡	絡			
聯	잇닿을 **련**	厂 耳 耳 聃 聯 聯 聯 聯	聯	聯	聯			
盟	맹세할 **맹**	日 日 明 明 明 明 明 盟	盟	盟	盟			

戀 련 사모할	慕 모 사모할	鍊 련 단련할 쇠불릴	武 무 무기
心부 19획	心부 11획	金부 9획	止부 4획
戀慕(연모) 사랑하여 그리워함. 戀情(연정) 이성을 그리워하는 마음. 失戀(실연) 연애에 실패함. 追慕(추모) 죽은 사람을 사모함. 思慕(사모) 정들어 애틋하게 그리워함.		鍊武(연무) 무예를 단련함. 鍊金(연금) 쇠붙이를 불림. 鍛鍊(단련) 배운 것을 익숙하게 익힘. 武裝(무장) 전쟁에 필요한 무기나 장비를 갖춤. 武力(무력) 군사상의 힘.	
憐 련 가련할	憫 민 가련할	蓮 련 연	葉 엽, 섭 잎사귀 성
心부 12획	心부 12획	艸부 11획	艸부 9획
憐憫(연민) 불쌍히 여김. 可憐(가련) 신세가 딱하고 가엾음. 哀憐(애련) 가엾고 애처롭게 여김. 憫然(민연) 가엾이 여기는 모양. 憫迫(민박) 아주 절박함.		蓮葉(연엽) 연잎사귀. 蓮池(연지) 연못. 蓮根(연근) 연뿌리. 葉茶(엽차) 열매나 줄기가 아닌 잎을 따서 만든 차. 落葉(낙엽) 떨어진 나뭇잎.	
烈 렬 매울	士 사 선비 벼슬	廉 렴 청렴할 값쌀	恥 치 부끄러울
心부 6획	士부 0획	广부 10획	心부 6획
烈士(열사) 의를 굳게 지키는 사람. 烈女(열녀) 정절이 곧은 여자. 熾烈(치열) 세력이 불길같이 맹렬함. 士林(사림) 선비들의 사회. 義士(의사) 의협심이 있는 사람.		廉恥(염치) 깨끗하고 부끄러움을 앎. 廉探(염탐) 비밀히 살펴 조사함. 淸廉(청렴) 깨끗하고 물욕이 없음. 恥辱(치욕) 수치와 모욕. 國恥(국치) 나라의 수치.	
零 령 영 작을	細 세 가늘	靈 령 신령	魂 혼 넋
雨부 5획	糸부 5획	雨부 16획	鬼부 4획
零細(영세) 썩 작고 변변하지 못함. 零落(영락) 떨어져 시듦. 細密(세밀) 세세하고 조밀함. 細心(세심) 주의 깊게 마음을 씀. 微細(미세) 가늘고 작음.		靈魂(영혼) 넋. 靈感(영감) 신의 계시를 받은 듯한 느낌. 心靈(심령) 마음 속의 영혼. 忠魂(충혼) 충의를 위해 죽은 사람의 넋. 鎭魂(진혼) 죽은 사람의 영혼을 위로함.	

 武 무기 무 　 글자의 윗부분은 '戈(창 과)'이고, 아랫부분은 발을 나타내는 '止(그칠 지)'로서, 원래의 뜻은 '군사' '싸움' '강력함' 등이다.

戀	사모할 련	幺 糸 紅 結 / 縊 戀 戀 戀	戀 戀 戀
慕	사모할 모	一 艹 艹 甘 / 苜 莫 慕 慕	慕 慕 慕
鍊	단련할 련	人 仌 仐 金 / 金 釒 鋼 鍊	鍊 鍊 鍊
武	무기 무	一 二 干 于 / 产 正 武 武	武 武 武
憐	가련할 련	丨 忄 忄 忄 / 忰 怜 憐 憐	憐 憐 憐
憫	가련할 민	丨 忄 忄 忄 / 憫 憫 憫 憫	憫 憫
蓮	연 련	一 艹 艹 苗 / 苗 莗 葷 蓮	蓮 蓮
葉	잎사귀 엽	一 艹 艹 艹 / 苹 苹 荜 葉	葉 葉 葉
烈	매울 렬	一 厂 歹 歹 / 列 列 烈 烈	烈 烈 烈
士	선비 사	一 十 士	士 士 士
廉	청렴할 렴	亠 广 广 庁 / 庁 庙 廉 廉	廉 廉 廉
恥	부끄러울 치	一 厂 F 耳 / 耳 耳 恥 恥	恥 恥 恥
零	작을 령	一 二 干 于 / 雨 雩 雫 零	零 零 零
細	가늘 세	幺 糸 糸 / 紉 細 細 細	細 細 細
靈	신령 령	一 二 干 于 / 雨 雫 雫 靈	靈 靈 靈
魂	넋 혼	一 二 云 动 / 动 魂 魂 魂	魂 魂 魂

禮 례 예도 / 儀 의 거동, 본
示부 13획 / 人부 13획

禮儀(예의) 예절과 몸가짐.
禮物(예물) 사례의 뜻으로 주는 물건.
婚禮(혼례) 혼인의 예절.
儀式(의식) 예식을 갖추는 법식.
祝儀(축의) 축하하는 의식.

老 로 늙을, 익숙할 / 娘 낭 각시
老부 0획 / 女부 7획

老娘(노낭) ①부인. ②산파.
老鍊(노련) 오랫동안 경험을 쌓아 아주 익숙함.
老妄(노망) 늙어서 망령을 부림.
老衰(노쇠) 늙어서 쇠함.
娘子(낭자) 소녀.

勞 로 수고로울, 노곤할 / 賃 임 품팔이, 세낼
力부 10획 / 貝부 6획

勞賃(노임) 품삯. 예~ 支拂
勞動(노동) 마음과 몸을 써서 일을 함.
慰勞(위로) 괴로움을 어루만져 줌.
賃金(임금) 근로자가 노동을 하여 받는 보수.
運賃(운임) 운송에 대한 삯.

樓 루 다락 / 閣 각 누각, 내각
木부 11획 / 門부 6획

樓閣(누각) 사방이 트이게 지은 집.
城樓(성루) 성문 위에 세운 누각.
望樓(망루) 망보는 높은 대.
閣議(각의) 내각의 회의.
閣僚(각료) 내각을 구성하고 있는 각 장관.

累 루 여러, 폐끼칠 / 卵 란 알
糸부 5획 / 卩부 5획

累卵(누란) 포개어 쌓은 알. 매우 위태로운 형편.
累積(누적) 포개어 쌓임.
連累(연루) 남의 범죄에 관련됨.
卵黃(난황) 노른자위.
卵生(난생) 알로 태어남.

漏 루 샐, 물시계 / 電 전 번개, 전기
水부 11획 / 雨부 5획

漏電(누전) 새어 나가는 전류.
漏刻(누각) 물시계.
電話(전화) 전화기로 말을 통함.
電擊(전격) 번개처럼 급히 공격함.
停電(정전) 송전이 한 때 그침.

屢 루 자주 / 條 조 가지, 가닥
尸부 11획 / 木부 7획

屢條(누조) 여러 조목.
屢次(누차) 여러 차례. 예~의 勸告
條件(조건) 일을 규정하는 항목.
條約(조약) 국제적인 합의.
條理(조리) 일을 이루어 갈 도리.

六 륙 여섯 / 洲 주 물가, 대륙
八부 2획 / 水부 6획

六洲(육주) 육대륙.
六味(육미) 여섯가지의 맛.
六旬(육순) 예순 살.
三角洲(삼각주) 강 속의 모래산.
濠洲(호주) 오스트레일리아.

老 늙을 로

등이 굽고, 지팡이를 짚고 가는 노인의 모습이다. 원래의 뜻은 '나이가 많다'이고, '지나간 시간이 오래다' '낡다' 등의 뜻이 생겼다.

禮	예도 례	礻 礻 礻 祂 祂 禮 禮	禮	禮	禮					
儀	거동 의	亻 亻 伴 伴 伴 伴 儀 儀	儀	儀						
老	늙을 로	一 十 土 耂 耂 老	老	老						
娘	각시 낭	く 女 女 女 女 妒 娘 娘	娘	娘						
勞	수고로울 로	丶 火 炏 炏 炏 燮 勞	勞	勞						
賃	품팔이 임	丿 亻 仁 任 任 侃 賃 賃	賃	賃						
樓	다락 루	一 十 木 杓 梩 槓 樓 樓	樓	樓						
閣	누각 각	丨 卩 門 門 門 閃 閣 閣	閣	閣						
累	여러 루	丶 四 田 罒 罘 累 累	累	累						
卵	알 란	丿 亡 白 白 卵 卵	卵	卵						
漏	샐 루	氵 氵 沪 沪 沪 涓 漏 漏	漏	漏						
電	번개 전	一 雨 雨 雨 雪 雪 雷 電	電	電						
屢	자주 루	一 フ 尸 居 屄 屡 屢	屢	屢						
條	가지 조	丿 亻 伞 伖 伖 修 條	條	條						
六	여섯 륙	丶 亠 六 六	六	六						
洲	물가 주	丶 氵 氵 氵 沙 洲 洲	洲	洲						

栗 률 밤	梨 리 배	隆 륭 높을 성할	替 체 바꿀 쇠퇴할
木부6획	木부7획	阝부9획	日부8획

栗梨(율리) 밤과 배.
戰慄(전율) 몹시 두려워 몸이 벌벌 떨리는 것.
生栗(생률) 날밤. 생밤.
梨花(이화) 배나무꽃.
梨園(이원) 배나무를 심은 정원.

隆替(융체) 성함과 쇠함.
隆盛(융성) 힘이 성해짐.
交替(교체) 서로 번갈아 대신함.
代替(대체) 다른 것으로 바꿈.
替送(체송) 대신하여 보냄.

吏 리 관리 아전	屬 속 붙을 무리	隣 린 이웃	郡 군 고을
口부3획	尸부18획	阝부12획	阝부7획

吏屬(이속) 아전의 무리.
吏道(이도) 관리로서 마땅히 지켜야 할 도리.
官吏(관리) 관직에 있는 사람.
屬國(속국) 다른 나라에 종속된 나라.
專屬(전속) 오직 한 곳에만 속함.

隣郡(인군) 이웃 고을.
隣接(인접) 이웃해 있음. 예~地域
善隣(선린) 이웃과 사이좋게 지냄.
郡守(군수) 군 행정 기관의 우두머리.
郡民(군민) 그 고을의 사람들.

莫 막 아닐	上 상 위	蠻 만 오랑캐	勇 용 날랠
艹부7획	一부2획	虫부19획	力부7획

莫上(막상) 더 위는 없음.
莫强(막강) 더할 수 없이 강함.
索莫(삭막) 황폐하여 쓸쓸함.
上陸(상륙) 배에서 육지로 오름.
上等(상등) 윗등급. 반下等

蠻勇(만용) 주착없이 날뛰는 용기.
蠻行(만행) 야만스러운 행동.
野蠻(야만) 문화가 미개한 상태.
勇猛(용맹) 용감하고 사나움.
勇敢(용감) 씩씩하고 겁이 없음.

滿 만 찰	潮 조 조수	罔 망 없을 그물	極 극 지극할 끝
水부11획	水부12획	罒부3획	木부9획

滿潮(만조) 꽉 차게 들어왔을 때의 밀물.
滿足(만족) 마음이 흡족함.
豊滿(풍만) 풍족하여 그득함.
潮水(조수) 바닷물. 밀물·썰물.
思潮(사조) 사상의 흐름.

罔極(망극) 은혜나 슬픔이 그지없음.
罔夜(망야) 밤을 새움.
欺罔(기망) 남을 그럴듯하게 속임. 기만.
極致(극치) 더할 수 없는 경지나 정취.
北極(북극) 북쪽 끝. 반南極

莫 아닐 막		해질녘에 태양이 수풀 속으로 떨어지는 모습으로 '해가 지는 때'가 원래의 뜻이다. 후에 '~하지 말라'로 의미가 바뀌었다.

栗	밤 률	一 一 一 西 西 西 甲 栗	栗	栗	栗			
梨	배 리	一 二 千 禾 利 利 梨 梨	梨	梨	梨			
隆	성할 륭	ㅣ ㅏ ㅏ 阝 阝 阡 陊 陊 降 隆	隆	隆	隆			
替	쇠퇴할 체	一 二 ナ 夫 扶 扶 梦 替 替	替	替	替			
吏	아전 리	一 一 一 百 吏 吏	吏	吏	吏			
屬	무리 속	丿 尸 尸 尸 屈 屬 屬 屬	屬	屬	屬			
隣	이웃 린	ㅣ ㅏ ㅏ 阝 阡 阡 隊 隣 隣	隣	隣	隣			
郡	고을 군	ㄱ ㅋ 尹 君 君 君 郡 郡	郡	郡	郡			
莫	아닐 막	一 + + 甘 苜 苴 莫 莫	莫	莫	莫			
上	위 상	ㅣ ㅏ 上	上	上	上			
蠻	오랑캐 만	丶 糸 絲 綜 綜 蠻 蠻 蠻	蠻	蠻	蠻			
勇	날랠 용	一 一 丙 丙 西 甬 勇 勇	勇	勇	勇			
滿	찰 만	丶 氵 氵 汁 泄 滿 滿 滿	滿	滿	滿			
潮	조수 조	氵 氵 汁 涑 渲 潮 潮 潮	潮	潮	潮			
罔	없을 망	ㅣ ㄇ ㄇ 門 門 門 罔 罔	罔	罔	罔			
極	지극할 극	一 十 才 木 朽 柯 極 極	極	極	極			

妄 망 망녕될	言 언 말씀	梅 매 매화	蘭 란 난초
女부3획	言부0획	木부7획	艸부17획

妄言[망언] 망녕된 말.
妄想[망상] 이치에 어긋나는 망령된 생각.
妖妄[요망] 요사스럽고 망령됨.
言及[언급] 말이 거기에 미침.
言質[언질] 말의 꼬투리.

梅蘭[매란] 매화와 난초.
梅實[매실] 매화나무의 열매.
梅花酒[매화주] 매화로 빚은 술.
蘭交[난교] 뜻이 맞는 좋은 사귐.
木蘭[목란] 목련.

賣 매 팔	買 매 살	每 매 매양	樣 양 모양
貝부8획	貝부5획	毋부3획	木부11획

賣買[매매] 물건을 사고 팔고 함.
賣盡[매진] 남김없이 다 팔림.
賣官賣職[매관매직] 돈을 받고 벼슬자리를 줌.
買收[매수] 재물을 주거나 말로 꾀어 자기 편으로 끌어들임.

每樣[매양] 항상 그 모양으로.
每事[매사] 일마다. 모든 일.
樣式[양식] 일정한 형식.
紋樣[문양] 무늬의 모양.
多樣[다양] 여러 가지 모양.

埋 매 묻을	葬 장 장사	猛 맹 사나울	襲 습 엄습할
土부7획	艸부9획	犬부8획	衣부16획

埋葬[매장] 송장을 땅에 묻음.
埋伏[매복] 엎드려 숨음.
葬禮[장례] 장사 지내는 의식.
合葬[합장] 부부를 한 무덤에 장사함.
移葬[이장] 무덤을 옮김.

猛襲[맹습] 맹렬한 습격.
猛烈[맹렬] 기세가 몹시 사나움.
猛虎[맹호] 사나운 호랑이.
襲擊[습격] 갑자기 적을 덮쳐 공격함.
踏襲[답습] 선인의 행적을 따라 행함.

盲 맹 소경	信 신 믿을 참될	勉 면 힘쓸	勵 려 힘쓸
目부3획	人부7획	力부7획	力부15획

盲信[맹신] 덮어놓고 믿음.
盲啞[맹아] 소경과 벙어리.
文盲[문맹] 무식하여 글에 어두움.
信實[신실] 믿음성이 있고 참됨.
背信[배신] 신의를 저버림.

勉勵[면려] ①힘써 하는 것. ②(남을)힘쓰게 하는 것.
勉學[면학] 학문에 힘씀.
勸勉[권면] 알아듣도록 타일러 힘쓰게 함.
勵行[여행] ①힘써 행함. ②행하기를 장려함.
奬勵[장려] 권하여 북돋아 줌.

買 살 매		글자의 윗부분인 '罒(그물 망)'으로 재물을 나타내는 '貝(조개 패)'를 모으는 모양이다. 원래의 뜻은 '재물을 모으는 것'이다.

妄	망령될 망	、亠亡妄妄	妄	妄	妄			
言	말씀 언	、亠亠言言言言	言	言	言			
梅	매화 매	一十才朽柠梅梅梅	梅	梅	梅			
蘭	난초 란	一艹艹芦芦門蘭蘭	蘭	蘭	蘭			
賣	팔 매	一士吉吉吉壺壺賣賣	賣	賣	賣			
買	살 매	丶冂罒罒罒胃胃買	買	買	買			
每	매양 매	ノ厂勹每每每	每	每	每			
樣	모양 양	一十才朽样样様樣	樣	樣	樣			
埋	묻을 매	一十土圹坪坪埋埋	埋	埋	埋			
葬	장사 장	艹艹莎莎蕋蕋葬	葬	葬	葬			
猛	사나울 맹	ノ犭犭犴犴猛猛猛	猛	猛	猛			
襲	엄습할 습	亠立青青龍龔襲襲	襲	襲	襲			
盲	소경 맹	亠亡亡亡育育盲	盲	盲	盲			
信	믿을 신	ノ亻亻亻亻信信信	信	信	信			
勉	힘쓸 면	ノクタ名免勉勉	勉	勉	勉			
勵	힘쓸 려	一厂厂严严厲厲勵	勵	勵	勵			

綿 면 / 솜, 잇닿을 糸부 8획	**延** 연 / 끌, 이을 廴부 4획	**冥** 명 / 어두울, 저승 冖부 8획	**鬼** 귀 / 귀신 鬼부 0획

綿延〔면연〕 끊임없이 이어 늘임.
綿密〔면밀〕 찬찬하고 세밀함.
綿織〔면직〕 무명실로 짠 피륙의 총칭.
延期〔연기〕 기한을 물려서 늘림.
延命〔연명〕 겨우 목숨을 이어서 살아감.

冥鬼〔명귀〕 저승에 있는 귀신.
冥想〔명상〕 눈을 감고 조용히 생각함.
冥福〔명복〕 죽은 후의 행복.
鬼才〔귀재〕 귀신같이 뛰어난 재주.
鬼神〔귀신〕 죽은 사람의 영혼.

名 명 / 이름, 이름날 口부 3획	**譽** 예 / 기릴 言부 14획	**謀** 모 / 꾀할 言부 9획	**叛** 반 / 배반할 又부 7획

名譽〔명예〕 사람의 사회적 평가.
名單〔명단〕 관계자의 이름을 적은 것.
匿名〔익명〕 본이름을 숨김. 또는, 그 이름.
令譽〔영예〕 좋은 명성이나 명예. 영명(令名).
榮譽〔영예〕 영광스러운 명예.

謀叛〔모반〕 반역을 꾀함.
謀免〔모면〕 꾀를 써서 벗어남.
謀士〔모사〕 계략을 잘 꾸미는 사람.
叛逆〔반역〕 나라와 겨레를 배반하는 것.
背叛〔배반〕 믿음과 의리를 저버림.

模 모 / 법, 본뜰 木부 11획	**倣** 방 / 본받을 人부 8획	**募** 모 / 모을 力부 11획	**兵** 병 / 군사 八부 5획

模倣〔모방〕 본뜨거나 본받음.
模範〔모범〕 본받을 만한 본보기.
規模〔규모〕 ①본보기가 될 일. ②물건의 짜임새.
倣古〔방고〕 옛 것을 본뜨는 것.
倣此〔방차〕 이것과 같이 본떠서 함.

募兵〔모병〕 병정을 뽑음.
募集〔모집〕 널리 구하여 모음. 예~ 定員
應募〔응모〕 모집에 응함.
兵力〔병력〕 군대의 역량.
步兵〔보병〕 도보로 전투하는 군대.

矛 모 / 창 矛부 0획	**盾** 순 / 방패 目부 4획	**沐** 목 / 머리감을 水부 4획	**浴** 욕 / 목욕할 水부 7획

矛盾〔모순〕 ①창과 방패. ②말의 앞뒤가 서로 맞지 않음.
矛戈〔모과〕 창.
矛戟〔모극〕 창날의 끝이 두 갈래로 된 창.
盾鼻〔순비〕 방패의 손잡이.

沐浴〔목욕〕 머리를 감고 몸을 씻음.
沐恩〔목은〕 은혜를 입음.
浴室〔욕실〕 목욕탕.
浴客〔욕객〕 목욕하는 손님.
海水浴〔해수욕〕 바닷물에서 수영하는 일.

兵 병사 **병**		글자의 윗부분은 도끼 모양으로 무기를 나타내고, 아랫부분은 무기를 잡은 두 손이다. 원래의 뜻은 '무기'이고, 뒤에 '병사' 라는 뜻이 되었다.

綿	잇닿을 면	綿	綿	綿	
延	이을 연	延	延	延	
冥	저승 명	冥	冥	冥	
鬼	귀신 신	鬼	鬼	鬼	
名	이름날 명	名	名	名	
譽	기릴 예	譽	譽	譽	
謀	꾀할 모	謀	謀	謀	
叛	배반할 반	叛	叛	叛	
模	본뜰 모	模	模	模	
倣	본받을 방	倣	倣	倣	
募	모을 모	募	募	募	
兵	군사 병	兵	兵	兵	
矛	창 모	矛	矛	矛	
盾	방패 순	盾	盾	盾	
沐	머리감을 목	沐	沐	沐	
浴	목욕할 욕	浴	浴	浴	

| 木 목 나무 | 材 재 재목 재능 | 牧 목 목동 다스릴 | 笛 적 피리 |

木부 0획 / 木부 3획 / 牛부 4획 / 竹부 5획

木材〔목재〕 재료로서의 나무.
木石〔목석〕 ①나무와 돌. ②'매우 감정이 없는 사람'을 비유하여 이르는 말.
古木〔고목〕 오래된 나무.
材料〔재료〕 물건을 만드는 감.

牧笛〔목적〕 목동이 부는 피리.
牧童〔목동〕 가축에 풀을 뜯기는 아이.
放牧〔방목〕 가축을 놓아 기름.
汽笛〔기적〕 기관차의 고동.
草笛〔초적〕 풀피리.

| 沒 몰 빠질 죽을 | 我 아 나 우리 | 卯 묘 토끼 | 酉 유 닭 |

水부 4획 / 戈부 3획 / 卩부 3획 / 酉부 0획

沒我〔몰아〕 자기를 잊고 있는 상태.
沒頭〔몰두〕 어떤 한 가지 일에 열중함.
沈沒〔침몰〕 물에 빠져 잠김.
我執〔아집〕 소아에 집착하여 자기만 내세움.
我見〔아견〕 자기 멋대로의 생각.

卯酉〔묘유〕 동과 서. 동서(東西).
卯酒〔묘주〕 아침 술.
卯時〔묘시〕 12시의 네째 시각.
酉年〔유년〕 태세가 '유'인 해. 곧 '닭띠'의 해.
乙酉〔을유〕 육십갑자의 스물두째.

| 茂 무 무성할 | 盛 성 성할 | 戊 무 천간 | 戌 술 개 |

艹5획 / 皿부 7획 / 戈부 1획 / 戈부 2획

茂盛〔무성〕 풀이나 나무가 우거짐.
茂才〔무재〕 재능이 뛰어난 사람.
盛衰〔성쇠〕 성함과 쇠함.
盛業〔성업〕 사업이 번창함.
全盛〔전성〕 가장 성함.

戊戌〔무술〕 육십갑자의 쉰다섯째.
戊午〔무오〕 육십갑자의 서른다섯째.
戊夜〔무야〕 오전 3시에서 5시까지.
戌時〔술시〕 오후 7시부터 9시 사이.
乙酉〔을유〕 육십갑자의 스물두째.

| 貿 무 무역할 장사 | 易 역, 이 바꿀 쉬울 | 默 묵 말없을 | 念 념 생각 |

貝부 5획 / 日부 4획 / 黑부 4획 / 心부 4획

貿易〔무역〕 국제간에 상품을 매매하는 경제 활동.
貿米〔무미〕 쌀을 무역함.
改易〔개역〕 고쳐서 딴 것으로 바꿈.
簡易〔간이〕 간단하고 쉬움.
便易〔편이〕 편리하고 쉬움.

默念〔묵념〕 묵묵히 생각에 잠김.
默過〔묵과〕 잘못을 알고도 모르는 체 그대로 넘김.
默讀〔묵독〕 소리 없이 글을 읽음.
念願〔염원〕 늘 생각하고 간절히 바람.
餘念〔여념〕 딴생각.

| 易 바꿀 역 |  | 글자의 윗부분은 도마뱀의 머리, 아랫부분은 꼬리와 다리이며, 글자의 원래 뜻은 '도마뱀'이나 후에 '고치다' '교역하다' 등의 의미로 쓰인다. |

木	나무 목	一 十 才 木								
材	재목 재	一 十 才 木 木 村 材								
牧	목동 목	' ㄴ ㅕ 牛 牜 牝 牡 牧								
笛	피리 적	' ㄴ ㅊ 竹 竹 笛 笛 笛								
沒	빠질 몰	' ㅊ ㅊ ㅊ ㅊ 汐 沒								
我	나 아	' 二 千 手 我 我 我								
卯	토끼 묘	' ㄴ ㄷ 卯 卯								
酉	닭 유	一 丆 丙 西 酉 酉 酉								
茂	무성할 무	' 一 ㄴ ㅛ ㅛ 芒 茂 茂								
盛	성할 성	一 厂 丆 成 成 成 盛 盛								
戊	천간 무	ノ 厂 穴 戊 戊								
戌	개 술	ノ 厂 匚 氏 戌 戌								
貿	무역할 무	' ㄴ 卬 卬 卯 卯 留 貿								
易	바꿀 역	' 冂 日 日 月 月 易 易								
默	말없을 묵	口 日 甲 里 里 黑 默 默								
念	생각 념	ノ 人 今 今 今 念 念 念								

 문 물을 口부 8획	 답 대답할 竹부 6획	聞 문 들을 耳부 8획	 음 소리 소식 音부 0획

問答(문답) 서로 묻고 대답하고 함.
問安(문안) 웃어른께 안부를 여쭘.
問議(문의) 물어서 서로 의논함.
答狀(답장) 회답 편지.
答辯(답변) 물음에 대하여 대답함.

聞音(문음) 소리를 들음.
新聞(신문) 새로운 소식과 정보를 전하는 정기 간행물.
音樂(음악) 소리를 바탕으로 하는 예술.
發音(발음) 소리를 냄.

勿 물 말 아닐 勹부 2획	 론 논의할 言부 8획	微 미 작을 묘할 彳부 10획	妙 묘 묘할 젊을 女부 4획

勿論(물론) 더 말할 것 없이.
勿驚(물경) 엄청난 것을 말할 때 '놀라지 말라' 의 뜻을 나타내는 말.
論理(논리) 생각하여 분별하는 이치.
議論(의논) 서로 일을 상의함.

微妙(미묘) 야릇하게 묘함.
微笑(미소) 소리내지 않고 빙긋이 웃음.
微官末職(미관말직) 자리가 낮고 변변치 않은 벼슬.
妙技(묘기) 오묘한 재주.
奧妙(오묘) 심오하고 미묘함.

美 미 아름다울 羊부 3획	 추 더러울 酉부 10획	迷 미 미혹할 辶부 6획	惑 혹 미혹할 心부 8획

美醜(미추) 아름다움과 추악함.
美貌(미모) 아름다운 얼굴.
美觀(미관) 아름다운 광경.
醜聞(추문) 추잡한 소문.
醜態(추태) 수치스런 몰골.

迷惑(미혹) 홀려서 정신을 못차림.
迷路(미로) 방향을 잡을 수 없는 길.
迷信(미신) 이치에 어긋난 것을 망령되게 믿음.
惑世(혹세) 세상을 현혹함.
誘惑(유혹) 나쁜 길로 꾐.

拍 박 손뼉칠 장단 手부 5획	 수 손 재주 手부 0획	返 반 돌이킬 辶부 4획	納 납 들일 糸부 4획

拍手(박수) 손뼉을 침. 예起立~
拍子(박자) 곡조의 진행 단위.
手腕(수완) 일을 꾸미고 치러 나가는 재간.
手工(수공) 손끝을 써서 만드는 공예.
敵手(적수) 재주나 힘이 맞서는 사람.

返納(반납) 꾼 것을 돌려 줌.
返信(반신) 회답하는 편지나 전보. 비回信
納涼(납량) 더위를 피하여 바람을 쐼.
納稅(납세) 세금을 관청에 바침.
出納(출납) 내어줌과 받아들임.

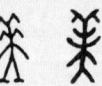 아름다울 미		머리 위에 양의 뿔이나 깃털 등의 장식물을 쓰고 예쁘게 꾸민 사람의 모습이다. '아름답다' '훌륭하다'의 뜻이다.

問	물을 문	丨 冂 冂 門 門 門 問 問	問	問	問
答	대답할 답	⺮ ⺮ ⺮ ⺮ ⺮ ⺮ 答 答	答	答	
聞	들을 문	丨 冂 冂 門 門 門 問 聞	聞	聞	聞
音	소리 음	ㆍ 亠 亠 立 产 音 音 音	音	音	音
勿	말 물	ノ 勹 勹 勿	勿	勿	勿
論	논의할 론	亠 言 言 訁 訟 訟 論 論	論	論	論
微	작을 미	ノ 彳 彳 彳 彶 微 微 微	微	微	微
妙	묘할 묘	ㄑ ㄡ 女 女 妙 妙 妙	妙	妙	妙
美	아름다울 미	ㆍ ㆍ 亠 羊 羊 羊 美 美	美	美	美
醜	더러울 추	一 丆 酉 酉 酉 醜 醜 醜	醜	醜	醜
迷	미혹할 미	ㆍ ㆍ 丷 丷 米 米 迷 迷	迷	迷	迷
惑	미혹할 혹	一 口 豆 戓 或 或 惑 惑	惑	惑	惑
拍	손뼉칠 박	一 十 扌 扌 扣 拍 拍 拍	拍	拍	拍
手	손 수	一 二 三 手	手	手	手
返	돌이킬 반	ㆍ 厂 反 反 返 返 返	返	返	返
納	들일 납	ㆍ ㄠ ㄠ 糸 紒 納 納	納	納	納

盤 반 쟁반 받침	石 석 돌 섬	飯 반 밥 먹을	湯 탕 끓일
皿부 10획	石부 0획	食부 4획	水부 9획

盤石(반석) 넓고 편편한 큰 돌.
盤據(반거) 넓고 견고한 땅을 차지하고 지킴.
礎盤(초반) 주춧돌.
石器(석기) 원시인이 쓰던 돌 연장.
寶石(보석) 보배로운 옥돌.

飯湯(반탕) 숭늉.
飯饌(반찬) 밥에 곁들여 먹는 야채·고기 등의 음식.
白飯(백반) 흰밥.
湯水(탕수) 더운 물.
溫湯(온탕) 온천의 뜨거운 물.

反 반 돌이킬 반대할	響 향 울릴	發 발 필 떠날	着 착 붙을 입을
又부 2획	音부 13획	癶부 7획	目부 7획

反響(반향) 반사되어 울리는 현상.
反應(반응) 작용에 따라 일어나는 현상.
違反(위반) 어기어 지키지 아니함. [비]違背
響應(향응) 소리에 마주쳐서 그 소리와 같이 울림.
影響(영향) 다른 것에 힘이 미침.

發着(발착) 출발과 도착.
發覺(발각) 숨긴 것이 드러남.
發信(발신) 소식이나 우편 전신을 보냄.
着心(착심) 어떤 일에 마음을 붙임.
逢着(봉착) 서로 맞닥뜨려 만남.

傍 방 곁	觀 관 볼 경치	放 방 놓을	恣 자 방자할
人부 10획	見부 18획	攵부 4획	心부 6획

傍觀(방관) 곁에서 보고만 있는 것. [예]袖手~
傍系(방계) 직계에서 갈려나온 계통.
近傍(근방) 가까운 곳.
觀念(관념) 생각.
樂觀(낙관) 모든 형편을 좋게 봄.

放恣(방자) 태도가 제멋대로 교만함.
放課(방과) 그 날의 학과를 끝냄.
放浪(방랑) 정처 없이 떠돌아 다님.
恣行(자행) 방자하게 행동함.
恣意(자의) 제멋대로의 생각.

芳 방 꽃다울	草 초 풀 초잡을	方 방 모 방위	寸 촌 마디 치
艸부 4획	艸부 6획	方부 0획	寸부 0획

芳草(방초) 향기롭고 꽃다운 풀.
芳年(방년) 한창 젊은 나이.
草原(초원) 풀이 난 들.
草家(초가) 지붕을 이엉으로 이은 집.
雜草(잡초) 저절로 나서 자라는 여러 가지 풀.

方寸(방촌) ①사방 한 치. ②마음.
方案(방안) 일을 처리할 방법이나 방도에 관한 안.
向方(향방) 향하는 곳.
寸步(촌보) 몇 발자국 안 되는 걸음.
寸劇(촌극) 아주 짧은 단편적인 연극.

石 돌 석  글자의 뜻은 '돌'이다. 낭떠러지(厂) 옆에 돌(口)이 있는 모습이다.

盤	받침 반	ノ 亻 舟 舟 舟 舫 舫 盤	盤	盤	盤						
石	돌 석	一 ア ズ 石 石	石	石	石						
飯	밥 반	ノ 人 今 今 食 食 飵 飯 飯	飯	飯	飯						
湯	끓을 탕	丶 氵 汀 汩 湯 湯 湯	湯	湯	湯						
反	돌이킬 반	一 厂 反 反	反	反	反						
響	울릴 향	乡 乡 纟 绅 绅 鄉 鄉 響	響	響	響						
發	떠날 발	ノ ナ ダ ダ 癶 癶 癶 發 發	發	發	發						
着	붙을 착	丶 ソ 竝 羊 羊 着	着	着	着						
傍	곁 방	亻 伫 伫 伫 伫 倅 傍 傍	傍	傍	傍						
觀	볼 관	艹 艹 艹 萅 萅 萅 觀 觀	觀	觀	觀						
放	놓을 방	丶 亠 方 方 扩 放 放	放	放	放						
恣	방자할 자	丶 冫 次 次 次 恣 恣	恣	恣	恣						
芳	꽃다울 방	一 艹 艹 芋 芳	芳	芳	芳						
草	풀 초	一 艹 艹 艻 苩 苩 草 草	草	草	草						
方	모 방	丶 亠 方 方	方	方	方						
寸	마디 촌	一 十 寸	寸	寸	寸						

 방 방해할

女부 4획

妨害(방해) 훼살을 놓아 해를 끼침.
無妨(무방) 방해될 것이 없음.
害毒(해독) 어떤 일을 망치거나 파괴하여 손해를 끼치는 요소.
損害(손해) 해를 봄. 반利益

해, 갈 해칠 어찌

宀부 7획

倍 배 곱 더할

人부 8획

倍加(배가) 갑절이 되게 더함.
倍數(배수) 배가 되는 수.
加減(가감) 보태거나 덞.
加護(가호) (신이) 돌보아 줌.
附加(부가) 덧붙임. 예~價値稅

加 가 더할 들

力부 3획

 배 등 어길

肉부 5획

背泳(배영) 위를 향해 반듯이 누워서 하는 헤엄.
背恩忘德(배은망덕) 은덕을 잊고 배반함.
背景(배경) 뒷 경치.
違背(위배) 약속한 바를 어김.
水泳(수영) 헤엄.

泳 영 헤엄칠

水부 5획

排 배 물리칠 내칠

手부 8획

排斥(배척) 반대하여 물리침.
排除(배제) 물리쳐서 제외함.
排水管(배수관) 안의 물을 빼내는 관.
斥候(척후) 적의 상황을 정찰함.
斥和(척화) 화의(和議)하는 일을 배격함.

斥 척 벌일 망볼

斥부 1획

配 배 짝 나눌

酉부 3획

配匹(배필) 부부로 되는 짝.
配給(배급) 일정하게 나누어 공급함.
配慮(배려) 이리저리 마음을 씀.
匹敵(필적) 걸맞아서 견줄 만함.
匹夫匹婦(필부필부) 평범한 남녀.

匹 필 짝 하나

匚부 2획

白 백 흰

白부 0획

白髮(백발) 허옇게 센 머리털.
白晝(백주) 대낮.
白骨難忘(백골난망) 백골이 되어도 잊지 못함. 곧 남의 은혜에 감사하는 말.
削髮(삭발) 머리털을 깎음.

 발 머리털

髟부 5획

 백 일백

白부 1획

百姓(백성) 일반 국민. 平民.
百科(백과) 학과의 온갖 분과.
百年(백년) 오랜 세월. 예~偕老
姓名(성명) 성과 이름.
稀姓(희성) 희귀한 성.

姓 성 성

女부 5획

伯 백 맏

人부 5획

伯氏(백씨) 남의 맏형의 높임말.
伯仲(백중) ①맏이와 둘째. ②서로 팽팽히 맞섬.
畵伯(화백) 화가의 경칭.
氏族(씨족) 같은 조상을 가진 혈족.
氏譜(씨보) 씨족의 계보. 비族譜

氏 씨 각시 성

氏부 0획

| 흰 백 | | 글자의 모양은 촛불의 형상이고, 가운데 부분은 심지를 나타낸다. 원래의 뜻은 '빛남' '분명함'이지만 후에는 '흰색'으로만 쓰인다. |

妨	방해할 방	〈 夕 女 女 / 女' 圹 妨 妨	妨	妨	妨				
害	해칠 해	丶 宀 宁 宝 宝 害 害 害	害	害	害				
倍	더할 배	ノ 亻 亻 亻 亻 伫 倍 倍	倍	倍	倍				
加	더할 가	フ カ 加 加 加	加	加					
背	등 배	丨 ㅓ ㅕ 볼 北 北 背 背	背	背	背				
泳	헤엄칠 영	丶 氵 氵 汀 汈 汴 泳	泳	泳	泳				
排	물리칠 배	一 十 扌 扌 押 排 排 排	排	排	排				
斥	벌일 척	丿 厂 斤 斥 斥	斥	斥	斥				
配	짝 배	一 冂 酉 酉 酉 酌 酊 配	配	配	配				
匹	짝 필	一 丆 兀 匹	匹	匹	匹				
白	흰 백	丿 亻 白 白 白	白	白	白				
髮	머리털 발	厂 ㅌ 镸 镸 髟 髳 髮 髮	髮	髮	髮				
百	일백 백	一 丅 了 百 百 百	百	百	百				
姓	성 성	〈 夕 女 女 奼 奼 姓 姓	姓	姓	姓				
伯	맏 백	ノ 亻 亻 伯 伯 伯	伯	伯	伯				
氏	성씨 씨	丿 ㄷ ㄸ 氏	氏	氏	氏				

煩 번 번거로울	惱 뇌 괴로워할	飜 번 펄럭일 번역할	譯 역 통역할
火부 9획	心부 9획	飛부 12획	言부 13획
煩惱(번뇌) 마음이 시달려서 괴로움. 煩雜(번잡) 번거롭고 복잡함. 煩悶(번민) 번거롭고 답답하여 괴로워하는 것. 惱神(뇌신) 정신을 괴롭게 함. 苦惱(고뇌) 괴로워하고 번뇌함.		飜譯(번역) 어떤 글을 다른 나라의 언어로 옮김. 飜案(번안) 남의 작품을 원안으로 하여 고쳐 지음. 예 ~曲 譯者(역자) 번역한 저자. 對譯(대역) 원문과 대조하여 번역함.	
繁 번 번성할	昌 창 창성할	汎 범 뜰 넓을	愛 애 사랑
糸부 11획	日부 4획	水부 3획	心부 9획
繁昌(번창) 번화하고 창성함. 繁榮(번영) 번성하고 영화롭게 되는 것. 繁殖(번식) 불어나고 늘어서 많이 퍼짐. 昌運(창운) 번창할 운수. 隆昌(융창) 기운차게 높이 일어남.		汎愛(범애) 차별 없이 널리 사랑함. 汎濫(범람) 물이 넘쳐 흐름. 愛情(애정) 사랑하는 정이나 마음. 愛憎(애증) 사랑함과 미워함. 寵愛(총애) 남달리 귀엽게 여겨 사랑함.	
碧 벽 푸를	溪 계 시내	辨 변 분별할	理 리 다스릴 도리
石부 9획	水부 10획	辛부 9획	玉부 7획
碧溪(벽계) 물빛이 푸른 맑은 시내. 碧眼(벽안) 눈동자가 파란 눈. 碧海(벽해) 깊고 푸른 바다. 溪流(계류) 산골짜기에 흐르는 시냇물. 溪谷(계곡) 물이 흐르는 골짜기.		辨理(변리) 일을 분별하여 처리함. 辯明(변명) 잘못에 대하여 구실을 내놓고 그 이유를 밝힘. 理髮(이발) 머리털을 다듬어 깎음. 處理(처리) 일을 다스려 갈무리함.	
變 변 변할	貌 모 모양	辯 변 말잘할 따질	才 재 재주
言부 16획	豸부 7획	辛부 14획	才부 0획
變貌(변모) 달라진 모양. 變化(변화) 변하여 다르게 됨. 異變(이변) 괴이한 변고. 貌樣(모양) 사물의 겉에 나타난 꼴. 風貌(풍모) 풍채와 용모.		辯才(변재) 말을 잘하는 재주. 辯論(변론) 사리를 밝혀 옳고 그름을 말함. 雄辯(웅변) 기세 좋게 거침이 없는 변설. 才德(재덕) 재주와 덕기. 才能(재능) 재주와 능력.	

才 재주 재	十 十 才	지면(地面)을 표시하는 가로 획과 땅 밑으로부터 자라 나오는 새싹을 나타낸다. 원래의 뜻은 '초목의 시초'이나 지금은 '재주'로 쓰인다.

煩	번거로울 번	丶丷火灯 灯炉煩煩	煩	煩	煩			
惱	괴로워할 뇌	丨忄忄忄 忄忄惱惱	惱	惱	惱			
飜	번역할 번	乎番番飜 飜飜飜飜	飜	飜	飜			
譯	통역할 역	丶亠言䛿 譯譯譯譯	譯	譯	譯			
繁	번성할 번	亡方每敏 敏繁繁繁	繁	繁	繁			
昌	창성할 창	丨冂日日 曰昌昌昌	昌	昌	昌			
汎	넓을 범	丶丶氵氵 汎汎	汎	汎	汎			
愛	사랑 애	丶丷爫愛 愛愛愛愛	愛	愛	愛			
碧	푸를 벽	一T王王 玡珀琕碧	碧	碧	碧			
溪	시내 계	丶氵氵氵 溪溪溪溪	溪	溪	溪			
辨	분별할 변	丶亠立辛 辛辛辨辨	辨	辨	辨			
理	다스릴 리	一T王王 理理理理	理	理	理			
變	변할 변	丶亠𢇾結 結結變變	變	變	變			
貌	모양 모	丶丷豸豸 豸豹貌貌	貌	貌	貌			
辯	말잘할 변	丶亠立辛 辛辯辯辯	辯	辯	辯			
才	재주 재	一十才	才	才	才			

 병 병　 균 버섯 곰팡이

疒부 5획　　　　　　　艹부 8획

病菌(병균) 병을 일으키는 세균.
病弊(병폐) 병통과 폐단. = 병패(病敗)
疾病(질병) 신체의 온갖 기능 장애.
細菌(세균) 미세한 균.
殺菌(살균) 약품이나 햇볕으로 세균을 죽임.

竝 병 아우를　立 립 설

立부 5획　　　　　　　立부 0획

竝立(병립) 나란히 함께 섬.
竝行(병행) 나란히 같이 감.
立法(입법) 법령을 제정함.
立證(입증) 증거를 세움.
孤立(고립) 원조가 없어 외톨이 되는 것.

 병 남녘　 인 동방

一부 4획　　　　　　　宀부 8획

丙寅(병인) 육십갑자의 하나.
丙科(병과) 과거에서, 성적으로 나눈 등급의 세째.
丙亂(병란) 병자년에 일어난 난리.
寅年(인년) 태세가 '인'인 해, 곧 '범띠'의 해.
甲寅(갑인) 육십갑자의 쉰한째.

屛 병 병풍 숨죽일　 풍 바람 풍속

尸부 8획　　　　　　　風부 0획

屛風(병풍) 둘러치는 물건.
屛氣(병기) 숨을 죽이고 가슴을 졸임.
風浪(풍랑) 바람과 물결.
風紀(풍기) 풍속이나 사회 도덕에 관한 기율.
暴風(폭풍) 몹시 세게 부는 바람.

 보 보배　 검 칼

宀부 17획　　　　　　刀부 13획

寶劍(보검) 보배로운 검.
寶庫(보고) 보물고.
家寶(가보) 한 집안의 보배.
劍道(검도) 검술을 닦는 무도의 한 부분.
短劍(단검) 짧은 칼.

普 보 널리　及 급 미칠

日부 8획　　　　　　　又부 2획

普及(보급) 세상에 널리 퍼지게 함.
普遍(보편) 두루 미치거나 통함.
普通(보통) 일반적이고 보편적임.
及其也(급기야) 필경에는.
言及(언급) 어떤 일에 대해 말함.

 보 지킬　 위 지킬

人부 7획　　　　　　　行부 10획

保衛(보위) 보호하고 방위함.
保障(보장) 장애가 없도록 보증함.
確保(확보) 확실히 보존함.
衛生(위생) 건강을 보호 증진하는 일.
守衛(수위) 경비를 맡아 보는 이.

補 보 기울　 좌 도울

衣부 7획　　　　　　　人부 5획

補佐(보좌) 웃사람의 일을 도와 줌.
補助(보조) 보태어 도움.
補血(보혈) 약을 먹어 피를 보충함.
佐車(좌거) 보좌관이 타는 수레.
小佐(소좌) 옛 일본군의 소령.

立 설 립　

사람이 다리를 벌리고 땅 위에 곧게 서 있는 모양을 본떠서 만든 글자이다. 원래의 뜻은 '서다'이다.

病	병 **병**	丶亠广疒 疒疒病病病			
菌	버섯 **균**	一艹艹芍 芍茵菌菌			
竝	아우를 **병**	丶亠卉立 立竝竝竝			
立	설 **립**	丶亠亠立 立			
丙	남녘 **병**	一冂丙丙 丙			
寅	동방 **인**	丶宀宀宀 宁宙宙寅			
屛	병풍 **병**	フ尸尸尸 屛屛屛屛			
風	바람 **풍**	丿几凡风 风風風風			
寶	보배 **보**	丶宀宀宀 宁宵寶寶			
劍	칼 **검**	人亼亼合 佥僉劍劍			
普	널리 **보**	丷丷並並 並普普普			
及	미칠 **급**	丿乃及			
保	지킬 **보**	丿亻伫伫 伫伫俘保			
衛	지킬 **위**	丶彳彳衍 衍衍衞衞			
補	기울 **보**	丶衤衤衤 衤補補補			
佐	도울 **좌**	丿亻仁佐 佐佐佐			

復 복, 부 / 회복할 / 다시 彳부 9획 復舊[복구] 본래의 상태로 회복함. 報復[보복] 앙갚음. 復興[부흥] 쇠했던 것이 다시 일어남. 舊面[구면] 이전부터 알고 있는 사람. 舊官[구관] 전번의 벼슬아치. **舊** 구 / 예·옛 艸부 12획	**卜** 복 / 점 卜부 0획 卜術[복술] 점을 치는 방술(方術). 卜債[복채] 점을 쳐준 값으로 주는 돈. 術數[술수] 꾀. 계략. 話術[화술] 말재주. 技術[기술] 공예의 재주. **術** 술 / 재주 / 꾀 行부 5획
複 복 / 겹칠 衣부 9획 複雜[복잡] 여러 내용이 뒤얽혀 있음. 複數[복수] 둘 이상의 단위로 된 수. 重複[중복] 겹침. 거듭함. 雜貨[잡화] 여러 가지 상품. 粗雜[조잡] 잡스러워 품위가 없음. **雜** 잡 / 섞일 隹부 10획	**峯** 봉 / 봉우리 山부 7획 峯頭[봉두] 산봉우리의 맨 꼭대기. 頭角[두각] ①머리의 끝. ②뛰어난 학식·재능·기예. 出頭[출두] 어떤 곳에 몸소 나감. 埠頭[부두] 배를 대는 선창. **頭** 두 / 머리 頁부 7획
蜂 봉 / 벌 虫부 7획 蜂蜜[봉밀] 꿀벌의 꿀. 蜂蝶[봉접] 벌과 나비. 蜂起[봉기] 벌떼처럼 세차게 일어남. 蜜語[밀어] 남녀간의 달콤한 말. 密接[밀접] 서로 가까운 관계에 놓임. **蜜** 밀 / 꿀 虫부 8획	**逢** 봉 / 만날 辶부 7획 逢別[봉별] 만남과 헤어짐. 逢變[봉변] 변을 당함. 相逢[상봉] 서로 만남. 別居[별거] 한 집안 식구인데 따로 나가 삶. 惜別[석별] 서로 헤어지기를 애틋하게 여김. **別** 별 / 다를 / 헤어질 刀부 5획
封 봉 / 봉할 / 쌓을 寸부 6획 封墳[봉분] 흙을 쌓아 무덤을 만듦. 封印[봉인] 봉한 자리에 도장을 찍음. 開封[개봉] 봉한 것을 떼어 열어 봄. 同封[동봉] 같이 넣어 함께 봉함. 墳墓[분묘] 무덤. **墳** 분 / 무덤 土부 12획	**奉** 봉 / 받들 大부 5획 奉仕[봉사] 남을 위하여 일함. 奉養[봉양] 부모를 받듦. 信奉[신봉] 옳은 줄로 믿고 받듦. 仕進[사진] 벼슬아치가 출근함. 給仕[급사] 관공서 등에서 심부름하는 아이. **仕** 사 / 섬길 人부 3획

卜 점 복	ㅏ ㅏ ㅏ	고대에는 거북의 껍질을 불로 가열하여 파열된 무늬 모양으로 점을 쳤는데, 그 파열된 모양에서 나온 글자이다. '추측하다' '예상하다'의 뜻.

復	회복할 복	丿 亻 彳 衤 衪 徉 復 復	復	復	復				
舊	예 구	艹 犲 犲 犲 雈 雚 舊 舊	舊	舊	舊				
卜	점 복	丨 卜	卜	卜	卜				
術	재주 술	丿 亻 彳 彳 徉 徍 術 術	術	術	術				
複	겹칠 복	丶 衤 衤 衦 衦 袍 複 複	複	複	複				
雜	섞일 잡	亠 ナ 立 卒 杂 剎 雜 雜	雜	雜	雜				
峯	봉우리 봉	丶 屮 山 屶 峯 峯 峯 峯	峯	峯	峯				
頭	머리 두	一 冂 豆 豆 豆 豆 頭 頭 頭	頭	頭	頭				
蜂	벌 봉	丨 口 中 虫 蚁 蚁 蜂 蜂	蜂	蜂	蜂				
蜜	꿀 밀	宀 宀 宀 宓 宓 宓 宻 蜜	蜜	蜜	蜜				
逢	만날 봉	丿 ク 夂 夂 峯 峯 逢 逢	逢	逢	逢				
別	헤어질 별	丶 口 另 另 別 別	別	別	別				
封	쌓을 봉	一 十 土 圭 圭 圭 封 封	封	封	封				
墳	무덤 분	一 丨 土 圹 圹 圻 墳 墳	墳	墳	墳				
奉	받들 봉	一 二 三 丰 夫 表 奉 奉	奉	奉	奉				
仕	섬길 사	丿 亻 仁 什 仕	仕	仕	仕				

 봉 / 봉새 鳥부 3획	枕 침 / 베개 木부 4획	 부 / 버금 刀부 9획	官 관 / 벼슬 / 기관 宀부 5획
鳳枕(봉침) 봉황을 수놓은 베개. 鳳凰(봉황) 상상의 상서로운 새. 枕木(침목) ①괴목. ②철도 레일 밑을 괴는 나무나 콘크리트 따위의 토막. 木枕(목침) 나무토막으로 만든 베개.		副官(부관) 일정한 중요 간부에게 딸려 호위나 비서 등의 일을 맡아보는 장교. 副賞(부상) 상장 외에 따로 주는 상. 副業(부업) 본업 외에 갖는 직업. 官吏(관리) 관직에 있는 사람. 벼슬아치.	
父 부 / 아버지 父부 0획	모 / 어머니 / 모체 毋부 1획	夫 부 / 사내 / 남편 大부 1획	婦 부 / 며느리 / 아내 女부 8획
父母(부모) 아버지와 어머니. 父子(부자) 아버지와 아들. 母性愛(모성애) 자식에 대한 어머니의 사랑. 母體(모체) 근본이 되는 물체. 母國(모국) 본국.		夫婦(부부) 남편과 아내. 예~同伴 丈夫(장부) 장성한 남자. 婦女子(부녀자) 부인 또는 일반 여자. 婦德(부덕) 부녀가 지켜야 할 덕행. 新婦(신부) 갓 결혼한 색시.	
府 부 / 고을 / 관청 广부 5획	使 사 / 하여금 / 사신 人부 6획	部 부 / 떼 / 거느릴 阝부 8획	 서 / 관청 / 쓸 罒부 9획
府使(부사) 고려와 조선 때의 지방 관직. 政府(정부) 국가 기관. 使臣(사신) 임금의 명을 받고 외국에 가는 신하. 使命(사명) 주어진 임무. 使用(사용) 물건을 씀.		部署(부서) 사업 체계에 따라 갈라진 사업 부문의 단위. 部隊(부대) 한 단위의 군대. 署名(서명) 자기의 이름을 적음. 署理(서리) 직무를 대리함.	
賦 부 / 구실 / 줄 貝부 8획	役 역 / 부릴 / 일 彳부 4획	 부 / 다다를 走부 2획	 임 / 맡길 人부 4획
賦役(부역) 국민에게 의무적으로 책임지우는 노역. 賦課(부과) 세금·부담금 등을 매기어 부담하게 함. 天賦(천부) 선천적으로 가지고 있음. 役事(역사) 토목이나 건축 등의 공사. 苦役(고역) 몹시 힘들고 괴로운 일.		赴任(부임) 배치된 직장으로 처음 감. 赴難(부난) 나아가서 국난을 구함. 任意(임의) 마음 내키는 대로 함. 責任(책임) 도맡아 해야 할 임무. 委任(위임) 타인에게 맡김.	

夫 남편 부		바로 서 있는 남자의 정면 모습이다. 윗쪽의 짧은 가로획은 성년이 된 남자가 비녀로 머리를 묶은 표시이고, '결혼한 남자'의 뜻이다.

鳳	봉새 봉	ノ 凡 凡 凡 凡 凰 鳳 鳳
枕	베개 침	一 十 才 木 朴 朼 枕
副	버금 부	一 亍 畐 畐 畐 畐 副 副
官	벼슬 관	` ´ 宀 宀 宁 宁 官 官
父	아버지 부	` ´ 八 父
母	어머니 모	ㄴ 乃 母 母 母
夫	남편 부	一 二 丰 夫
婦	아내 부	く 女 女 女 妒 婦 婦 婦
府	고을 부	` 一 广 广 庁 庁 府 府
使	사신 사	ノ 亻 亻 亻 亻 使 使
部	떼 부	` 亠 立 咅 咅 咅 咅 部 部
署	관청 서	ㄇ 罒 罒 罒 署 署 署 署
賦	줄 부	丨 冂 貝 貯 貯 賦 賦
役	부릴 역	ノ ク 彳 彳 役 役
赴	다다를 부	一 十 土 キ キ 走 走 赴
任	맡길 임	ノ 亻 亻 仁 任 任

符 부 부신/부적 　　**籍** 적 서적/호적 竹부5획　　　　　　竹부14획 符籍(부적) 악귀, 재앙을 물리친다고 하는, 괴상한 글자 모양을 적은 종이. 符合(부합) 둘이 서로 틀림없이 맞음. 除籍(제적) 소속에서 빼 버림. 國籍(국적) 국가의 구성원이 되는 자격.	**扶** 부 도울　　**助** 조 도울 手부4획　　　　　　力부5획 扶助(부조) 남을 물질적으로 도와 줌. 扶養(부양) 생활 능력이 없는 사람을 돌봄. 助力(조력) 힘을 써 도와 줌. 援助(원조) 도와 줌. 救助(구조) 곤경에 빠진 자를 건져 줌.
付 부 줄/붙일　　**紙** 지 종이 人부3획　　　　　　糸부4획 付紙(부지) 종이를 여러 겹으로 붙임. 付送(부송) 물건을 부쳐 보냄. 交付(교부) 내어 줌. 紙上(지상) 신문의 지면 위. 紙幣(지폐) 종이에 인쇄해 만든 화폐.	**浮** 부 뜰　　**沈** 침,심 잠길/성 水부7획　　　　　　水부4획 浮沈(부침) 물에 떴다 잠겼다 함. 浮上(부상) 표면으로 떠오름. 浮生(부생) 덧없는 인생. 沈沒(침몰) 물 속에 가라앉음. 沈默(침묵) 말없이 조용히 있음.
分 분 나눌　　**裂** 렬 찢을/흩어질 刀부2획　　　　　　衣부6획 分裂(분열) 갈라져 나뉨. 分擔(분담) 일을 갈라서 맡음. 分明(분명) 밝고 똑똑함. 裂傷(열상) 피부가 찢어진 상처. 破裂(파열) 터져 갈라짐.	**粉** 분 가루/분　　**末** 말 끝/가루 米부4획　　　　　　木부1획 粉末(분말) 가루. 粉乳(분유) 가루우유. 鉛粉(연분) 얼굴 화장에 바르는 흰 가루. 末路(말로) 망하여 가는 마지막 길. 終末(종말) 맨 나중의 끝.
奔 분 달아날/달릴　　**忙** 망 바쁠 大부6획　　　　　　心부3획 奔忙(분망) 매우 바쁨. 奔放(분방) 제멋대로임. 예自由~ 狂奔(광분) 미친 듯이 날뜀. 忙殺(망쇄) 매우 바쁨. 忙中閑(망중한) 바쁜 가운데 잠깐 짜낸 겨를.	**紛** 분 어지러울　　**爭** 쟁 다툴 糸부4획　　　　　　爪부4획 紛爭(분쟁) 복잡하게 얼크러진 다툼질. 紛失(분실) 잃어버림. 爭議(쟁의) 의견 차이로 서로 다투는 것. 爭點(쟁점) 다투는 중심이 되는 점. 競爭(경쟁) 서로 겨루어 다툼.

分 나눌 분　　칼로 하나의 물건을 반으로 가르는 모습이다. 글자의 뜻은 '나누다'이다.

符	부적 부	⺮ 符 符	符	符	
籍	서적 적	⺮ 笜 笜 笜 莱 莱 耤 籍	籍	籍	
扶	도울 부	一 十 扌 扌 扶 扶	扶	扶	
助	도울 조	丨 冂 月 且 助 助	助	助	
付	붙일 부	丿 亻 仁 付 付	付	付	
紙	종이 지	幺 幺 糸 糸 紅 紙 紙	紙	紙	
浮	뜰 부	氵 氵 氵 浮 浮 浮	浮	浮	
沈	잠길 침	氵 氵 氵 沙 沈	沈	沈	
分	나눌 분	丶 八 今 分	分	分	分
裂	흩어질 렬	一 歹 列 列 列 裂 裂	裂	裂	
粉	가루 분	⺌ 丬 米 米 籵 粉	粉	粉	粉
末	가루 말	一 二 丰 才 末	末	末	末
奔	달릴 분	一 ナ 大 本 本 本 本 奔	奔	奔	奔
忙	바쁠 망	丨 忄 忄 忙 忙	忙	忙	忙
紛	어지러울 분	幺 幺 糸 糸 糽 紛	紛	紛	
爭	다툴 쟁	丶 丿 爫 爫 刍 刍 争 爭	爭	爭	

 不 불,부 아닐 一부 3획	敏 민 민첩할 예민할 攵부 7획	 佛 불 부처 人부 5획	寺 사, 시 절 내시 寸부 3획

不敏(불민) 슬기롭지 못하고 둔함.
不法(불법) 법에 어긋남.
不況(불황) 경기가 좋지 못함. 반 好況
敏感(민감) 느낌이 예민함.
銳敏(예민) 행동·감각 등이 민첩함.

佛寺(불사) 절.
佛徒(불도) 불교를 믿는 사람.
佛供(불공) 부처 앞에 공양하는 일.
山寺(산사) 산 속에 있는 절.
寺人(시인) 임금 곁에서 섬기는 소신.

崩 붕 무너질 죽을 山부 8획	 壞 괴 무너질 土부 16획	朋 붕 벗 月부 4획	友 우 벗 又부 2획

崩壞(붕괴) 무너짐.
崩御(붕어) 임금의 죽음.
壞滅(괴멸) 파괴되어 멸망함.
壞亂(괴란) 파괴하고 문란하게 함.
破壞(파괴) 때려부수거나 헐어버림.

朋友(붕우) 벗. 예 ~有信
朋輩(붕배) 지위나 나이가 비슷한 벗.
友邦(우방) 우의적 관계를 가진 나라.
友情(우정) 벗 사이의 정.
友愛(우애) 동기나 친구간의 사랑.

比 비 견줄 比부 0획	 較 교 견줄 車부 6획	鼻 비 코 처음 鼻부 0획	祖 조 할아비 示부 5획

比較(비교) 서로 견주어 봄.
比例(비례) 물량의 값의 비율이 일정함.
比日(비일) 날마다. 매일.
較差(교차) 최고와 최저와의 차.
較量(교량) 비교하여 헤아림.

鼻祖(비조) 시조. 예 儒敎의 ~
鼻笑(비소) 코웃음.
鼻炎(비염) 코에서 나는 염증.
祖業(조업) 조상 때부터 내려오는 가업.
祖國(조국) 자기의 조상이 대대로 살아온 나라.

肥 비 살찔 거름 肉부 4획	 料 료 헤아릴 감 斗부 6획	碑 비 비석 石부 8획	銘 명 새길 새긴글 金부 6획

肥料(비료) 거름. 예 化學~
肥滿(비만) 살이 쪄서 몸이 뚱뚱함.
料理(요리) 음식을 조리함.
料金(요금) 어떤 대가로 셈하는 돈.
資料(자료) 바탕이 되는 재료.

碑銘(비명) 비석에 새겨져 있는 글.
碑閣(비각) 안에 비를 세워 놓은 집.
墓碑(묘비) 무덤 앞에 세운 비석.
銘心(명심) 마음 깊이 새겨 둠.
銘記(명기) 명심하여 기억함.

比 비할 비	𠤎 𠤎 𠤎	두 사람이 앞뒤로 서 있는 모습이다. 본래의 뜻은 '나란히 서다'이며, '붙어 있다'의 뜻도 있다.

不	아닐 불	一 ア 不 不	不 不 不
敏	민첩할 민	ノ ニ 亡 与 每 每 每 敏	敏 敏 敏
佛	부처 불	ノ イ 仁 仁 仴 佛 佛	佛 佛 佛
寺	절 사	一 十 土 士 寺 寺	寺 寺 寺
崩	무너질 붕	' 屮 山 屵 屵 岸 崩 崩	崩 崩 崩
壞	무너질 괴	一 十 土 圹 圹 塘 塘 壞 壞	壞 壞 壞
朋	벗 붕	ノ 刀 月 月 月 朋 朋 朋	朋 朋 朋
友	벗 우	一 ナ 方 友	友 友 友
比	견줄 비	一 卜 比 比 比	比 比 比
較	견줄 교	一 一 一 車 車 軐 軐 較	較 較 較
鼻	처음 비	' 白 白 自 自 鼻 鼻	鼻 鼻 鼻
祖	할아비 조	' ラ 礻 礻 和 和 祖 祖	祖 祖 祖
肥	거름 비	ノ 月 月 月 肝 肥 肥 肥	肥 肥 肥
料	헤아릴 료	' 一 半 米 米 米 米 料 料	料 料 料
碑	비석 비	一 丆 石 石 砃 碑 碑 碑	碑 碑 碑
銘	새길 명	ノ 𠂉 亼 金 釤 鈖 銘 銘	銘 銘 銘

祕 비 숨길	密 밀 빽빽할 비밀할	悲 비 슬플	愁 수 근심
示부5획	宀부8획	心부8획	心부9획

祕密(비밀) 남에게 알려서는 안되는 일의 속내. 예~片紙
神祕(신비) 보통을 초월한 일.
密林(밀림) 나무가 빽빽히 들어선 숲.
密告(밀고) 남에게 넌지시 일러 바침.

悲愁(비수) 슬픔과 근심.
悲痛(비통) 몹시 슬프고 가슴이 아픔.
喜悲(희비) 기쁨과 슬픔.
鄕愁(향수) 고향이 그리워 느끼는 슬픔.
哀愁(애수) 가슴에 스며드는 슬픈 시름.

批 비 비평할	評 평 평론할	飛 비 날	火 화 불 급할
手부5획	言부5획	飛부0획	火부0획

批評(비평) 시비·장단 등을 들어 말함.
批判(비판) 옳고 그름을 평가, 판단함.
評價(평가) 가치를 측정함.
評判(평판) 세상 사람들의 평.
定評(정평) 일반에게 퍼진 좋은 평판.

飛火(비화) 튀어 박히는 불똥.
飛禽(비금) 날짐승.
雄飛(웅비) 기세 좋게 씩씩히 활동함.
火急(화급) 매우 급함.
燈火(등화) 등잔불. 예~管制

貧 빈 가난할	富 부 가멸	頻 빈 자주	數 수, 삭, 촉 셀 자주 촘촘할
貝부4획	宀부9획	頁부7획	攵부11획

貧富(빈부) 가난함과 넉넉함.
貧弱(빈약) 보잘것없고 변변하지 못함.
淸貧(청빈) 청백하여 가난함.
富裕(부유) 재산이 넉넉함.
富貴(부귀) 재력의 많음과 지위의 높음.

頻數(빈삭) 횟수가 매우 잦음.
頻發(빈발) 자주 일어남.
數數(삭삭) 자주자주.
數量(수량) 수효와 분량.
倍數(배수) 갑절이 되는 수.

冰 빙 얼음	炭 탄 숯	事 사 일 섬길	件 건 사건
水부1획	火부5획	亅부7획	人부4획

冰炭(빙탄) 얼음과 숯, 곧 서로 용납되지 않는 관계.
冰庫(빙고) 얼음을 넣어 두는 창고.
結冰(결빙) 물이 얼어 얼음이 됨.
炭田(탄전) 석탄이 묻혀 있는 땅.
塗炭(도탄) 몹시 곤궁함.

事件(사건) 일어나거나 드러난 사회적인 일.
事緣(사연) 사정과 연유.
行事(행사) 어떤 일을 행함.
件名(건명) 일이나 물건의 이름.
條件(조건) 무슨 일을 어떻게 규정한 항목.

火 불 화		불더미의 모양을 형상화 하여 그 윤곽선으로 표현한 것이다. '불'을 뜻한다.

秘	숨길 비	丶 ㇆ ㇈ 衤 衤 衫 祕 祕	祕	祕	祕				
密	비밀할 밀	丶 宀 宀 宓 宓 密 密	密	密	密				
悲	슬플 비	丨 ㇈ ㇈ 非 非 悲 悲 悲	悲	悲	悲				
愁	근심 수	㇀ 千 禾 秋 愁 愁 愁	愁	愁	愁				
批	비평할 비	一 ㇀ 扌 扌 批 批 批	批	批	批				
評	평론할 평	丶 二 言 言 言 評 評	評	評	評				
飛	날 비	㇟ ㇟ ㇟ ㇟ 飛 飛 飛	飛	飛	飛				
火	불 화	丶 丶 ㇒ 火	火	火	火				
貧	가난할 빈	ノ 八 分 分 貧 貧 貧 貧	貧	貧	貧				
富	가멸 부	丶 宀 宀 冨 冨 富 富	富	富	富				
頻	자주 빈	丨 止 步 步 步 頻 頻 頻	頻	頻	頻				
數	자주 삭	㇇ 口 婁 婁 數 數 數	數	數	數				
冰	얼음 빙	丶 冫 氺 氷	冰	冰	冰				
炭	숯 탄	ノ 山 山 屵 屵 屵 炭 炭	炭	炭	炭				
事	일 사	一 ㇆ 写 写 事 事	事	事	事				
件	사건 건	ノ 亻 亻 件 件	件	件	件				

| 邪 사, 야 / 간사할 / 어조사 | 見 견, 현 / 볼 / 뵈올 | 斯 사 / 이 | 界 계 / 지경 / 세계 |

阝부 4획 · 見부 0획 · 斤부 8획 · 田부 4획

邪見(사견) 요사스러운 생각. 나쁜 의견.
邪念(사념) 바르지 못한 생각.
見解(견해) 자기의 의견과 해석.
豫見(예견) 일이 있기 전에 미리 앎.
謁見(알현) 지체가 높은 사람을 만나 뵘.

斯界(사계) 이 분야.
斯道(사도) 이 길. 성인의 길.
界標(계표) 경계를 나타내는 표지.
境界(경계) 서로 맞닿는 자리.
限界(한계) 사물이 정하여 놓은 범위.

| 詐 사 / 속일 | 欺 기 / 속일 | 沙 사 / 모래 | 漠 막 / 사막 / 아득할 |

言부 5획 · 欠부 8획 · 水부 4획 · 水부 11획

詐欺(사기) 나쁜 꾀로 남을 속임.
詐稱(사칭) 성명·직함 등을 속여서 일컬음.
詐取(사취) 속여서 남의 것을 빼앗음.
欺世(기세) 세상을 속임.
欺瞞(기만) 남을 속임.

沙漠(사막) 생물이 자라지 않는 모래 벌판. 예 사하라~
白沙場(백사장) 강이나 바닷가의 흰 모래밭.
漠然(막연) 아득한 모양.
索漠(삭막) 황폐하여 쓸쓸함.

| 私 사 / 사사 | 腹 복 / 배 | 寫 사 / 베낄 | 本 본 / 근본 / 책 |

禾부 2획 · 肉부 9획 · 宀부 12획 · 木부 1획

私腹(사복) 사리만을 차리는 뱃속.
私見(사견) 자기 개인의 생각이나 의견.
私有(사유) 개인의 소유.
腹案(복안) 마음 속에 생각하고 있는 안.
空腹(공복) 아무 것도 먹지 아니한 배.

寫本(사본) 원본을 그대로 베껴 쓴 것.
寫實(사실) 있는 그대로 그려냄.
寫眞(사진) 사진기로 찍은 형상.
本心(본심) 본마음.
標本(표본) 본보기가 되는 물건.

| 賜 사 / 줄 | 宴 연 / 잔치 / 편안할 | 絲 사 / 실 | 雨 우 / 비 |

貝부 8획 · 宀부 7획 · 糸부 6획 · 雨부 0획

賜宴(사연) 임금이 잔치를 베풀어 줌.
賜田(사전) 임금이 내려 준 밭.
下賜(하사) 임금이 신하에게 물건을 줌.
宴樂(연락) 잔치를 벌이고 즐김.
送別宴(송별연) 떠나는 이를 위한 잔치.

絲雨(사우) 실처럼 가늘게 내리는 비.
絹絲(견사) 비단 따위를 짜는 명주실.
雨量(우량) 비가 내린 분량.
豪雨(호우) 줄기차게 내리 퍼붓는 비.
雨後(우후) 비가 온 뒤. 예 ~竹筍

| 絲 실 사 | 〈고문〉 | 두 묶음의 가는 실 '糸(가는실 멱)'으로 이루어진 글자다. 본래의 뜻은 '명주실'이며, 견직물을 가리키기도 한다. |

邪	간사할 사	一 二 干 牙 牙 邪 邪	邪	邪	邪
見	볼 견	丨 冂 冃 目 目 見	見	見	見
斯	이 사	一 十 艹 甘 其 斯 斯 斯	斯	斯	斯
界	세계 계	丨 口 四 田 田 甼 界 界	界	界	界
詐	속일 사	亠 言 言 言 許 許 許 詐	詐	詐	詐
欺	속일 기	一 十 艹 甘 其 其 欺 欺	欺	欺	欺
沙	모래 사	丶 氵 氵 沙 沙 沙	沙	沙	沙
漠	사막 막	丶 氵 氵 沌 沌 淎 漠	漠	漠	漠
私	사사 사	一 二 千 禾 禾 私 私	私	私	私
腹	배 복	月 月 肝 胪 胪 脃 腹 腹	腹	腹	腹
寫	베낄 사	丶 宀 宀 宀 宀 宵 寫 寫	寫	寫	寫
本	근본 본	一 十 オ 木 本	本	本	本
賜	줄 사	丨 冂 目 貝 賏 賏 賜 賜	賜	賜	賜
宴	잔치 연	丶 宀 宀 宴 宴 宴 宴	宴	宴	宴
絲	실 사	丨 幺 幺 糸 糸 絲 絲 絲	絲	絲	絲
雨	비 우	一 冂 冃 雨 雨 雨 雨	雨	雨	雨

|  社 사 모일 토지신 | 員 원 관원 사람 | 思 사 생각 생각할 | 惟 유 생각할 오직 |

示부 3획 　　　口부 7획　　　心부 5획　　　心부 8획

社員(사원) 회사에 근무하는 직원.
社會(사회) 공동 생활을 하는 인류의 집단.
公社(공사) 공공 기업체.
員外(원외) 정원 밖.
滿員(만원) 정한 인원이 다 참.

思惟(사유) 생각. 생각함. 비思考
思慕(사모) 몹시 생각하고 그리워함.
焦思(초사) 애를 태우며 하는 생각. 예勞心~
惟獨(유독) 오직 홀로.
伏惟(복유) 삼가 생각하건대.

|  謝 사 사례할 | 恩 은 은혜 | 史 사 역사 문필가 | 蹟 적 자취 |

言부 10획　　　心부 6획　　　口부 2획　　　足부 11획

謝恩(사은) 받은 은혜에 대해 사례함.
謝意(사의) 감사히 여기는 뜻.
厚謝(후사) 후하게 사례함.
恩惠(은혜) 베풀어 주는 혜택.
報恩(보은) 은혜를 갚음.

史蹟(사적) 역사상 사실의 유적.
史料(사료) 역사 연구의 자료.
野史(야사) 민간에서 지은 역사.
古蹟(고적) 남아 있는 옛날의 물건이나 건물.
遺蹟(유적) 유물이 남은 옛 터전. 예~踏査

|  射 사, 석, 역 쏠 맞힐 싫어할 | 亭 정 정자 곧을 | 師 사 스승 군사 | 弟 제 아우 |

寸부 7획　　　亠부 7획　　　巾부 7획　　　弓부 4획

射亭(사정) 활터에 지은 정자.
射殺(사살) 쏘아 죽임.
亂射(난사) 총·활 등을 함부로 갈겨 쏨.
亭子(정자) 경치 좋은 곳에 지은 집.
亭然(정연) 우뚝 솟은 모양.

師弟(사제) 스승과 제자. 예~之間
師範(사범) 스승이 될 만한 모범.
敎師(교사) 학술·기예를 가르치는 스승.
弟子(제자) 스승의 가르침을 받는 사람.
兄弟(형제) 형과 아우. 예~姉妹

|  四 사 넉 | 柱 주 기둥 | 死 사 죽을 | 活 활 살 |

口부 2획　　　木부 5획　　　夕부 2획　　　水부 6획

四柱(사주) 사람의 난 해·달·날·시의 4가지.
四苦(사고) 사람의 네가지 고통. 곧 삶·늙음·앓음·죽음.
柱石(주석) 기둥과 주춧돌.
柱身(주신) 기둥의 몸.

死活(사활) 죽기와 살기.
死力(사력) 죽음을 무릅쓰고 쓰는 힘.
客死(객사) 객지에서 죽음.
活氣(활기) 싱싱한 원기.
復活(부활) 죽었다가 다시 되살아남.

| 死 죽을 사 |  | 글자의 왼쪽은 죽은 사람의 뼈이고, 오른쪽은 살아 있는 사람이 꿇어앉아 애도하는 모습이다. 본 뜻은 '목숨을 잃다'이다. |

社	모일 사	丶ㅜㅊ礻 礻社社	社	社	社	
員	사람 원	丶口口口 月月員員	員	員	員	
思	생각할 사	丶口田田 田田思思	思	思	思	
惟	생각할 유	丨忄忄忄 忄忙惟惟	惟	惟	惟	
謝	사례할 사	丶亠言言 訃訒謝謝	謝	謝	謝	
恩	은혜 은	丨口月囗 因因恩恩	恩	恩	恩	
史	역사 사	丶口口中 史	史	史	史	
蹟	자취 적	口足足足 趺趺蹟蹟	蹟	蹟	蹟	
射	쏠 사	丿亻勺身 身身射射	射	射	射	
亭	정자 정	丶亠六古 古古高亭	亭	亭	亭	
師	스승 사	丿亻卩自 自帥帥師	師	師	師	
弟	아우 제	丶丷丷 丷弟弟	弟	弟	弟	
四	넉 사	丨冂冂四 四	四	四	四	
柱	기둥 주	一十木木 朴柱柱柱	柱	柱	柱	
死	죽을 사	一ㄱㄅ歹 死	死	死	死	
活	살 활	丶丶氵氵 氵汗活活	活	活	活	

司 사 맡을 벼슬	會 회 모을	山 산 뫼 무덤	頂 정 정수리
口부 2획	曰부 9획	山부 0획	頁부 2획

司會(사회) 회의나 예식을 맡아 집행함.
司法(사법) 법의 집행.
上司(상사) 윗 등급의 기관이나 사람.
會心(회심) 마음에 흐뭇하게 들어맞음.
集會(집회) 모임. 회합.

山頂(산정) 산꼭대기.
山積(산적) 물건이나 일이 산더미같이 쌓임.
山水(산수) 자연의 산천.
頂上(정상) 꼭대기. 예~會談
絶頂(절정) 사물의 발달과정이 최고에 달한 상태.

霜 상 서리	菊 국 국화	森 삼 빽빽할 엄숙할	林 림 수풀
雨부 9획	艸부 8획	木부 8획	木부 4획

霜菊(상국) 서리 올 때 핀 국화.
霜露(상로) 서리와 이슬.
霜葉(상엽) 서리를 맞아 붉어진 잎.
菊花酒(국화주) 국화로 담근 술.
黃菊(황국) 누런 빛깔을 띤 국화.

森林(삼림) 나무가 우거진 숲.
森嚴(삼엄) 질서가 바로 서고 무서우리 만큼 엄숙함.
林野(임야) 산림과 벌판.
密林(밀림) 빽빽히 들어선 수풀.

三 삼 석	杯 배 잔	參 삼, 참 석 참여할	與 여 줄 참여할
一부 2획	木부 4획	ㅅ부 9획	臼부 7획

三杯(삼배) 석 잔
三昧(삼매) 하나의 대상에 집중하여 동요되지 않는 경지. 예讀書~境
乾杯(건배) 서로 술잔을 들어 기원하며 마시는 것.
祝杯(축배) 축하하는 뜻으로 드는 술.

參與(참여) 무슨 일에 참가하여 관계함.
參考(참고) 참조하여 생각함.
與野(여야) 여당과 야당.
貸與(대여) 빌려 줌.
與世推移(여세추이) 세상과 더불어 변함.

祥 상 상서로울 조짐	夢 몽 꿈	嘗 상 맛볼 일찍	味 미 맛
示부 6획	艸부 11획	口부 11획	口부 5획

祥夢(상몽) 상서로운 꿈.
祥瑞(상서) 즐겁고 길한 일이 있을 징조.
嘉祥(가상) 경사로운 조짐.
夢想(몽상) 꿈속 같은 헛된 생각.
夢寐(몽매) 잠을 자며 꿈을 꿈.

嘗味(상미) 맛을 봄.
嘗膽(상담) 쓸개를 맛을 봄. 예臥薪~
味覺(미각) 맛에 대한 감각.
珍味(진미) 썩 좋은 맛. 예山海~
興味(흥미) 흥취를 느끼는 재미.

| 山 뫼 산 |  | 세 개의 나란히 있는 산봉우리의 모양을 본떠서 만든 글자이다. 원래의 뜻은 '육지 위에 높이 솟은 부분'이다. |

司	맡을 사	丁 丁 司 司 / 司	司	司	司			
會	모을 회	ノ 八 △ 合 / 侖 佥 會 會	會	會	會			
山	뫼 산	丨 屮 山	山	山	山			
頂	정수리 정	一 丁 丅 厂 / 圹 佰 佰 頂	頂	頂	頂			
霜	서리 상	一 宀 币 雨 / 雫 雫 霏 霜	霜	霜	霜			
菊	국화 국	艹 艹 艻 芍 / 芍 茍 菊 菊	菊	菊	菊			
森	빽빽할 삼	一 十 木 本 / 查 查 森 森	森	森	森			
林	수풀 림	一 十 才 木 / 木 朴 材 林	林	林	林			
三	석 삼	一 二 三	三	三	三			
杯	잔 배	一 十 才 木 / 木 杠 杯 杯	杯	杯	杯			
參	참여할 참	厶 厸 叅 / 叅 叅 叄 參	參	參	參			
與	참여할 여	ノ 亻 F 臼 / 舁 與 與 與	與	與	與			
祥	상서로울 상	丶 ブ 亣 礻 / 礻 ネ 祥 祥	祥	祥	祥			
夢	꿈 몽	艹 艹 芍 苗 / 苗 夢 夢 夢	夢	夢	夢			
嘗	맛볼 상	⺌ ⺌ 尚 / 嘗 嘗 嘗	嘗	嘗	嘗			
味	맛 미	丨 口 口 口 / 叮 吀 呀 味	味	味	味			

喪 상 잃을 상입을	服 복 옷 복종할	相 상 서로	似 사 같을
口부 9획	月부 4획	木부 4획	人부 5획

喪服(상복) 상중에 입는 예복.
喪輿(상여) 시체를 운반하는 제구.
服裝(복장) 옷차림. 예~端正
服從(복종) 명령대로 좇음.
服用(복용) 약을 먹음.

相似(상사) 모양이 서로 비슷함.
相應(상응) ①서로 응함. ②서로 기맥을 통함.
相逢(상봉) 서로 만남.
似而非(사이비) 비슷한 듯하면서 다름.
類似(유사) 서로 비슷함.

象 상 코끼리 형상	牙 아 어금니	賞 상 상 구경할	狀 장, 상 문서 형상
豕부 5획	牙부 0획	貝부 8획	犬부 4획

象牙(상아) 코끼리의 어금니.
象徵(상징) 추상적으로 특징을 표시함.
象形(상형) 모양을 본뜸. 예~文字
牙城(아성) 대장군이 있는 성.
齒牙(치아) 이빨.

賞狀(상장) 상 주는 뜻을 쓴 증서.
賞罰(상벌) 상과 벌.
受賞(수상) 상을 받음.
狀況(상황) 일이 되어 가는 형편.
狀態(상태) 사물의 형편이나 모양.

商 상 장사	店 점 가게	色 색 빛	彩 채 채색 빛날
口부 8획	广부 5획	色부 0획	彡부 8획

商店(상점) 상품을 파는 가게.
商街(상가) 가게가 죽 늘어선 거리.
商權(상권) 상업상의 권리.
店員(점원) 상점에서 일을 하는 사람.
店鋪(점포) 가게를 벌인 집.

色彩(색채) ①빛깔. ②빛깔과 문채.
色盲(색맹) 색의 구별을 못하는 시각.
染色(염색) 물을 들임.
彩度(채도) 빛의 진한 정도.
光彩(광채) ①찬란한 빛. ②빛의 무늬.

書 서 글 책	架 가 시렁	庶 서 여러 거의	幾 기 몇 거의
曰부 6획	木부 5획	广부 8획	幺부 9획

書架(서가) 책을 얹어 두는 선반.
書籍(서적) 책.
書店(서점) 책을 파는 가게.
架設(가설) 공중에 매어 늘여 시설함.
架橋(가교) 다리를 놓음.

庶幾(서기) ①거의. ②바람. 예~之望
庶民(서민) 일반 평민. 예~階級
庶務(서무) 일반적인 여러 가지 사무.
幾何(기하) ①얼마. ②기하학. 예~級數
幾至死境(기지사경) 거의 사경에 이름.

象 코끼리 상  코끼리의 긴 코와 거대한 몸집을 강조한 상형문자이다.

喪	복입을 상	一 十 艹 卉	喪 喪 喪			喪	喪	喪	
服	옷 복	ノ 刀 月 月	月 月 服 服			服	服	服	
相	서로 상	一 十 木 利	相 相 相			相	相	相	
似	같을 사	ノ 亻 仏 仏	仏 似 似			似	似	似	
象	코끼리 상	ノ ク 台 台	争 免 象 象			象	象	象	
牙	어금니 아	一 二 于 牙				牙	牙	牙	
賞	상 상	丶 ⺌ 严 严	严 严 賞 賞			賞	賞	賞	
狀	문서 장	ㅣ ㅑ 爿 爿	爿一 爿 狀 狀			狀	狀	狀	
商	장사 상	丶 亠 立 产	产 商 商 商			商	商	商	
店	가게 점	丶 亠 广 广	庐 庐 店 店			店	店	店	
色	빛 색	ノ ク 夕 色	色 色			色	色	色	
彩	채색 채	ノ ⺌ 凸 平	采 采 彩 彩			彩	彩	彩	
書	책 서	フ コ 肀 肀	聿 書 書 書			書	書	書	
架	시렁 가	フ カ 加 加	架 架 架 架			架	架	架	
庶	거의 서	丶 亠 广 庐	庐 庐 庶 庶			庶	庶	庶	
幾	거의 기	ノ 幺 玄 幺幺	丝 丝 幾 幾			幾	幾	幾	

| 徐 서 천천히할 | 步 보 걸음 | 敍 서 펼 | 述 술 지을 펼 |

彳부 7획 　　　　 止부 3획 　　　　 攵부 7획 　　　　 辶부 5획

徐步(서보) 천천히 걷는 걸음.
徐行(서행) 차가 느린 속도로 가는 것.
步行(보행) 타지 않고 걸어서 감.
步道(보도) 사람이 걸어서만 다니는 길.
步武(보무) 활발하게 걷는 걸음.

敍述(서술) 차례를 좇아 말하거나 적음.
敍勳(서훈) 훈공의 차례대로 훈장을 줌.
敍情(서정) 자기의 감정을 나타내는 일.
述懷(술회) 마음에 서린 생각을 진술함.
述語(술어) 풀이말. 서술어.

| 恕 서 용서할 | 之 지 갈 | 惜 석 아까울 | 敗 패 패할 썩을 |

心부 6획 　　　　 부 3획 　　　　 心부 8획 　　　　 攵부 7획

恕之(서지) 용서하여 줌.
恕免(서면) 죄를 용서하여 면해 줌.
容恕(용서) 관용을 베풀어 꾸짖거나 벌하지 않음.
忠恕(충서) 충실하고 인정 많음.
之次(지차) 다음. 버금.

惜敗(석패) 약간의 차로 애석하게 짐.
惜別(석별) 서로 헤어지기를 아쉬워함.
哀惜(애석) 슬프고 아깝게 여김.
敗因(패인) 패배의 원인.
敗戰(패전) 싸움에서 짐.

| 旋 선 돌 돌아올 | 律 률, 율 법 음률 | 鮮 선 고울 드물 | 明 명 밝을 |

方부 7획 　　　　 彳부 6획 　　　　 魚부 6획 　　　　 日부 4획

旋律(선율) 가락. 멜로디. 음악적 소리의 연속.
旋回(선회) 둘레를 빙빙 도는 것.
凱旋(개선) 싸움에서 이기고 돌아옴.
律動(율동) 규율에 따라 움직임. 춤.
法律(법률) 법으로 정해 놓은 규칙.

鮮明(선명) 산뜻하고 밝음.
新鮮(신선) 새롭고 깨끗함.
生鮮(생선) 말리거나 소금에 절이지 않은 물고기.
明暗(명암) 밝음과 어두움.
明確(명확) 아주 뚜렷하여 틀림이 없음.

| 先 선 먼저 앞설 | 輩 배 무리 | 船 선 배 | 積 적 쌓을 |

儿부 4획 　　　　 車부 8획 　　　　 舟부 5획 　　　　 禾부 11획

先輩(선배) 학문, 경험, 나이 등이 자기보다 앞선 사람.
先見(선견) 앞으로 일어날 일을 미리 내다봄.
輩出(배출) 인재가 연달아 많이 나옴.
年輩(연배) 서로 비슷한 나이.

船積(선적) 배에 화물을 적재하는 일.
乘船(승선) 배를 탐.
滿船(만선) 물고기 따위를 많이 잡아 배 가득히 실음.
積金(적금) 적립저금(積立貯金).
積極(적극) 대상을 긍정하고 능동적으로 활동함.

明 밝을 명 　 　 낮의 해(日)와 밤의 달(月)을 합한 문자로 '밝다'라는 뜻이다.

徐	천천히할 서	ノ 彳 彳 祄 徐 徐 徐 徐	徐	徐	徐
步	걸음 보	丨 卜 ㅏ 止 少 步 步	步	步	步
敍	펼 서	ノ 人 스 今 余 針 敍 敍	敍	敍	敍
述	지을 술	一 十 才 朮 求 沭 述	述	述	述
恕	용서할 서	乚 夕 女 如 如 恕 恕 恕	恕	恕	恕
之	갈 지	丶 亠 之	之	之	之
惜	아까울 석	丨 十 忄 忄 忄 惜 惜 惜	惜	惜	惜
敗	패할 패	丨 冂 目 貝 貝 貯 敗 敗	敗	敗	敗
旋	돌아올 선	亠 ㅗ 方 扩 扩 旂 旋 旋	旋	旋	旋
律	을률 율	ノ ク 彳 彳 律 律 律 律	律	律	律
鮮	고울 선	ノ ク 备 备 魚 魚 鮮 鮮	鮮	鮮	鮮
明	밝을 명	丨 冂 日 日 明 明 明 明	明	明	明
先	먼저 선	ノ 누 ㅗ 生 先 先	先	先	先
輩	무리 배	丨 ㄱ 크 非 非 輩 輩 輩	輩	輩	輩
船	배 선	ノ 月 月 月 舟 舟 舩 船	船	船	船
積	쌓을 적	ノ 二 千 禾 秆 積 積 積	積	積	積

 宣 선 베풀 心부 6획	布 포 베 베풀 巾부 2획	城 성 재 土부 6획	 郭 곽 외성 阝부 8획
宣布(선포) 세상에 널리 알림. 宣揚(선양) 드러내어 널리 떨치게 함. 宣敎(선교) 종교를 널리 폄. 布告(포고) 일반에 널리 알림. 分布(분포) 여러 곳으로 퍼져 있음.		城郭(성곽) 내성과 외성을 아울러 이르는 말. 城主(성주) ①성의 우두머리. ②고을의 원. 築城(축성) 성을 쌓음. 外郭(외곽) 바깥 테두리. 輪郭(윤곽) 사물의 대강의 모양.	

省 성, 생 살필 덜 目부 4획	 墓 묘 무덤 土부 11획	聲 성 소리 耳부 11획	調 조 고를 言부 8획
省墓(성묘) 조상의 산소를 찾아 돌봄. 省察(성찰) (자기의 마음을) 반성하여 살핌. 反省(반성) 잘못을 뉘우침. 墓碑(묘비) 무덤 앞에 세운 비석. 墓地(묘지) 무덤이 있는 땅.		聲調(성조) 목소리의 가락. 銃聲(총성) 총쏘는 소리. 音聲(음성) 목소리. 調和(조화) 서로 고르게 잘 어울리는 것. 調査(조사) 분명히 알기 위하여 살펴봄.	

歲 세 해 세월 止부 9획	 費 비 쓸 貝부 5획	洗 세 씻을 水부 6획	濯 탁 빨래할 水부 14획
歲費(세비) 일년 동안의 경비. 歲暮(세모) 한 해의 마지막 때. 연말. 歲月(세월) 흘러가는 시간. 費用(비용) 일하는 데 필요한 돈. 食費(식비) 식사의 비용.		洗濯(세탁) 빨래. 洗腦(세뇌) 사상을 고침. 洗練(세련) 능숙하고 미끈하게 함. 洗面(세면) 얼굴을 씻음. 🅱洗手 洗車(세차) 차체의 먼지나 흙을 씻음.	

騷 소 시끄러울 馬부 10획	 客 객 손 과거 宀부 6획	所 소 바 戶부 4획	期 기 기약할 기간 月부 8획
騷客(소객) 시인과 문사(文士). 騷亂(소란) 왁자하고 야단스러움. 騷動(소동) 수선거리며 움직임. 客觀(객관) 자기 의식의 대상이 되는 모든 것. 賀客(하객) 축하하는 손님.		所期(소기) 마음 속으로 기대한 바. 所望(소망) 바라는 바. 所得(소득) 일의 결과로 생긴 이익. 期約(기약) 기일을 약속함. 期限(기한) 미리 정한 시기.	

宣 베풀 선		원래의 뜻은 '고대 제왕의 큰 궁실'이다. 대체로 커다란 집을 가리키며, '宀'은 궁실을 표시하고 '亘(뻗칠 긍)'은 구름이 성기게 떠 있는 모습이다 궁궐이 몹시 커서 구름이 중간에 걸린 것 같다는 의미이다.

宣	베풀 선	丶	宀	宀	宣 宣	宣	宣	宣			
		宀	宁	盲	宣						
布	베풀 포	ノ	ナ	才	右 布	布	布	布			
城	재 성	一	十	土	圠	城	城	城			
		圻	坊	城	城						
郭	외성 곽	亠	亠	古	亯	郭	郭	郭			
		亨	享	享	郭						
省	살필 성	丿	小	少	少	省	省	省			
		少	半	省	省						
墓	무덤 묘	一	艹	艹	苗	墓	墓	墓			
		苩	草	莫	墓						
聲	소리 성	士	声	声	殸	聲	聲	聲			
		殸	殸	殸	聲						
調	고를 조	丶	亠	言	訂	調	調	調			
		訊	訊	調	調						
歲	해 세	丶	止	止	庐	歲	歲	歲			
		崖	歲	歲	歲						
費	쓸 비	一	二	弓	弗	費	費	費			
		弗	弗	費	費						
洗	씻을 세	丶	丶	氵	氵	洗	洗	洗			
		沪	泮	泮	洗						
濯	빨래할 탁	丶	氵	汀	汩	濯	濯	濯			
		濯	濯	濯	濯						
騷	시끄러울 소	厂	日	馬	馬	騷	騷	騷			
		駗	駱	騷	騷						
客	손 객	丶	宀	宀	灾	客	客	客			
		安	宏	客	客						
所	바 소	丶	厂	戶	戶	所	所	所			
		戶	所	所	所						
期	기약할 기	卄	卄	其	其	期	期	期			
		其	期	期	期						

 소 부를	 명 명령할	素 소 흴 본디	朴 박 순박할
口부 2획	口부 5획	糸부 4획	木부 2획

召命(소명) 신하를 부르는 임금의 명.
召集(소집) 불러서 모음.
召喚(소환) 관청에서 오라고 부름.
命令(명령) 윗사람이 아랫사람에게 내리는 분부.
運命(운명) 타고난 운수.

素朴(소박) 꾸밈없이 순진함.
素質(소질) 본디부터 타고난 성질.
儉素(검소) 사치하지 않고 수수함.
平素(평소) 평상시.
淳朴(순박) 꾸밈없이 소박함.

昭 소 밝을	상 자세할	蘇 소 깨어날	生 생 날 살
日부 5획	言부 6획	艸부 16획	生부 0획

昭詳(소상) 자세하고 분명함.
昭蘇(소소) 뚜렷이 되살아남.
詳細(상세) 작은 일까지 자세함.
未詳(미상) 알려지지 않음.
仔詳(자상) 자세하고 친절함.

蘇生(소생) 죽어가던 상태에서 다시 일어남.
蘇聯(소련) 소비에트 연방. 지금의 러시아.
生計(생계) 살아나가는 방도나 형편.
生涯(생애) 살아있는 동안.
生疎(생소) 익숙하지 못하여 낯이 섦.

 소 하소연할	 송 송사할	消 소 끌	息 식 숨쉴 쉴 자식
言부 5획	言부 4획	水부 7획	心부 6획

訴訟(소송) 법률상의 판결을 법원에 요구하는 절차. 예 ~事件
告訴(고소) 피해자가 피해 사실을 신고함.
訟事(송사) 백성끼리의 분쟁의 판결을 관청에 호소하는 일.

消息(소식) 안부나 새로운 사실의 기별.
消耗(소모) 써서 없앰.
消滅(소멸) 사라져 없어짐.
窒息(질식) 숨이 막힘.
休息(휴식) 잠깐 쉼.

 소 작을	신 신하	 소 쓸	除 제 덜
小부 0획	臣부 0획	手부 8획	阝부 7획

小臣(소신) 신하가 임금에게 '자기'를 낮추어 이르는 말.
小康(소강) 분란이 잠시 잠잠함.
臣民(신민) 군주국의 국민.
忠臣(충신) 충성스러운 신하.

掃除(소재) 털어 쓸고 닦아서 깨끗이 함. 비 淸掃
掃蕩(소탕) 휩쓸어 없애 버림.
掃滅(소멸) 없애 버림.
除去(제거) (그 자리에서) 덜어 없앰.
排除(배제) 물리쳐서 치워 냄.

명령할 명		원래의 뜻은 '명령하다'이다. 지붕이 있는 자리에 한 사람이 앉아 있고, 앞의 '口'는 입으로 명령한다는 의미이다. 후에 '목숨' 등의 의미가 생겼다.

召	부를 소	フ刀 召召	召	召	召		
命	명령할 명	ノ 人 今 令 命 命	命	命	命		
素	흴 소	一 十 主 主 丰 夫 素 素	素	素	素		
朴	순박할 박	一 十 才 木 朴 朴	朴	朴	朴		
昭	밝을 소	丨 冂 日 旫 昭 昭 昭	昭	昭	昭		
詳	자세할 상	一 二 言 言 詳 詳 詳	詳	詳	詳		
蘇	깨어날 소	艹 苎 芭 苗 蕾 鮮 蘇	蘇	蘇	蘇		
生	날 생	ノ ㄧ 二 牛 生	生	生	生		
訴	하소연할 소	一 二 言 訂 訂 訴 訴	訴	訴	訴		
訟	송사할 송	一 二 言 言 言 訂 訟 訟	訟	訟	訟		
消	끌 소	、 冫 氵 沙 沁 消 消	消	消	消		
息	숨쉴 식	ノ 亻 冂 自 自 息 息	息	息	息		
小	작을 소	亅 小 小	小	小	小		
臣	신하 신	一 厂 厂 匚 臣 臣	臣	臣	臣		
掃	쓸 소	扌 扌 扚 扩 护 掃 掃	掃	掃	掃		
除	덜 재	ㄱ 阝 阝 阡 阽 除 除	除	除	除		

疎 소 성길	忽 홀 문득 소홀할	粟 속 조	米 미 쌀
疋부 7획	心부 4획	米부 6획	米부 0획

疏忽(소홀) 대수롭지 않고 예사임.
疎外(소외) 물리쳐서 멀리함.
疎通(소통) 막히지 않고 서로 통함.
忽然(홀연) 느닷없이. 갑자기.
忽待(홀대) 푸대접.

粟米(속미) 좁쌀.
粟散(속산) 산산이 흩어짐.
米穀(미곡) 쌀을 포함한 여러가지 곡식.
精米(정미) 기계로 벼를 찧어 입쌀을 만듦.
玄米(현미) 벼의 껍질만 벗긴 쌀.

損 손 상할	益 익 더할 이익	誦 송 욀	讀 독, 두 읽을 구절
手부 10획	皿부 5획	言부 7획	言부 15획

損益(손익) 손해와 이익. 예~計算
損害(손해) 해를 입음. 예~保險
損失(손실) 축나서 없어짐.
共益(공익) 공동의 이익.
有益(유익) 이익이 있음.

誦讀(송독) ①소리내어 읽음. ②외워서 읽음.
暗誦(암송) 책을 보지 않고 욈.
讀書(독서) 책을 읽음.
購讀(구독) 책이나 신문, 잡지 등을 사서 읽음.
通讀(통독) 처음부터 끝까지 내리 달아 읽음.

松 송 솔	柏 백 잣나무	送 송 보낼	迎 영 맞을
木부 4획	木부 5획	辶부 6획	辶부 4획

松柏(송백) 소나무와 잣나무.
松林(송림) 소나무 숲.
老松(노송) 늙은 소나무.
松竹(송죽) 소나무와 대나무.
冬柏(동백) 동백나무의 열매.

送迎(송영) 가는 이를 보내고 오는 이를 맞음.
送金(송금) 돈을 부쳐 보냄.
送年(송년) 한 해를 보냄.
迎接(영접) 손님을 맞아서 대접함.
歡迎(환영) 즐거운 뜻을 표해 맞음.

衰 쇠, 최 쇠할 상복	殘 잔 남을 모질	需 수 구할 쓸	給 급 줄
衣부 4획	歹부 8획	雨부 6획	糸부 6획

衰殘(쇠잔) 쇠퇴하여 다 없어짐.
衰弱(쇠약) 몸이 쇠하여 약해짐.
盛衰(성쇠) 성함과 쇠퇴함.
殘忍(잔인) 악착스럽고 모짊.
殘額(잔액) 나머지 액수.

需給(수급) 수요와 공급.
需要(수요) 필요해서 얻고자 함.
必需(필수) 반드시 필요함.
給料(급료) 월급이나 일급 등의 품삯.
供給(공급) 수요에 응해 물품을 제공함.

米 쌀 미	川 米 米	흩어진 쌀알을 본떠서 만들어진 글자이며, 가운데의 가로선은 쌀을 넣는 용기의 가로막이를 나타낸다. 시간이 지나면서 가운데 부분이 '十'자 모양이 되었다.

疏	성길 소	疏
忽	소홀할 홀	忽
粟	조 속	粟
米	쌀 미	米
損	상할 손	損
益	더할 익	益
誦	욀 송	誦
讀	읽을 독	讀
松	솔 송	松
柏	잣나무 백	柏
送	보낼 송	送
迎	맞을 영	迎
衰	쇠할 쇠	衰
殘	남을 잔	殘
需	구할 수	需
給	줄 급	給

 수 닦을  료 마칠 깨달을

人부8획   亅부1획

修了(수료) 일정한 학과를 다 배움.
修飾(수식) 겉을 꾸밈.
修練(수련) 힘이나 정신을 닦아 기름.
完了(완료) 완전히 끝을 냄.
終了(종료) 일을 마쳐서 끝냄.

誰 수 누구   某 모 아무

言부8획   木부5획

誰某(수모) 아무개.
誰何(수하) 누구.
某年(모년) 어느 해.
某處(모처) 어떤 곳.
某種(모종) 어떠한 종류. 예~의 事件

首 수 머리 첫째   尾 미 꼬리 끝

首부0획   尸부4획

首尾(수미) 머리와 꼬리. 즉, 사물의 시작과 끝.
首腦(수뇌) 중요한 자리에 있는 사람.
首席(수석) 맨 윗자리.
尾行(미행) 사람의 뒤를 몰래 따라감.
後尾(후미) ①뒤쪽의 끝. ②대열의 맨 뒤.

隨 수 따를   想 상 생각

阝부13획   心부9획

隨想(수상) 그때 그때 떠오르는 생각.
隨感(수감) 마음에 느껴지는 그대로.
隨伴(수반) 함께 감.
想念(상념) 마음속에 품은 여러 생각.
感想(감상) 마음속에 느끼어 일어나는 생각.

 수 줄   受 수 받을

手부8획   又부6획

授受(수수) 주고 받음.
授業(수업) 학예를 가르쳐 줌.
授乳(수유) 어린아이나 새끼에게 젖을 줌.
受賞(수상) 상을 받음.
受諾(수락) 요구를 받아들여 승낙함.

雖 수 비록   然 연 그럴

隹부9획   火부8획

雖然(수연) 비록 그러하나.
雖孰(수숙) 비록 누구라 하여도.
超然(초연) 범위 밖으로 벗어나 아랑곳하지 않음.
隱然(은연) 모르게 모양이 드러남.
浩然(호연) 넓고 큰 모양. 예~之氣

收 수 거둘    확 거둘

攴부2획   禾부14획

收穫(수확) 농작물을 거둬들임.
收錄(수록) 모아서 기록함.
收復(수복) 잃은 땅을 다시 찾음.
回收(회수) 도로 거둬들임.
秋穫(추확) 농작물의 가을걷이.

熟 숙 익을 익숙할   練 련 익힐

火부11획   糸부9획

熟練(숙련) 능숙하도록 익힘.
熟知(숙지) 익히 앎.
熟眠(숙면) 깊이 잠을 잠.
訓練(훈련) 가르침을 받아 단련함.
鍊磨(연마) 힘써 배우고 닦음.

 꼬리 미

한 사람의 꽁무니에 꼬리 모양의 장식을 붙인 모습이다. 옛날 사람들은 종족의 토템을 나타내기 위해서 춤을 추거나 잔치를 벌일 때 짐승을 흉내내기도 한 것에서 유래되었다.

修	닦을수	ノ 亻 亻 亻 亻 攸 修 修	修	修					
了	마칠료	一 了	了	了					
誰	누구수	丶 亠 亠 言 訁 訁 誰 誰	誰	誰					
某	아무모	一 甘 甘 甘 甘 革 某 某	某	某					
首	머리수	丶 丷 丷 丷 宀 首 首	首	首					
尾	꼬리미	ㄱ ㄱ 尸 尸 尸 尾 尾	尾	尾					
隨	따를수	丶 阝 阝 陏 陏 陏 隨 隨	隨	隨					
想	생각상	一 十 木 相 相 相 想 想	想	想					
授	줄수	一 十 扌 扩 扩 扩 授 授	授	授					
受	받을수	丶 爫 爫 爫 受	受	受					
雖	비록수	口 吕 吊 虽 虽 虽 虽 雖	雖	雖					
然	그럴연	ノ ク タ タ 夘 妖 妖 然	然	然	然				
收	거둘수	ㅣ ㅐ 屮 収 収 收	收	收					
穫	거둘확	ノ 二 禾 耒 耒 稚 穫 穫	穫	穫					
熟	익숙할숙	亠 古 亨 享 享 孰 熟 熟	熟	熟	熟				
練	익힐련	ノ 幺 糸 糹 糸 細 紳 練	練	練					

 宿 숙,수 / 잘 / 별 ∽부8획	昔 석 / 옛 日부4획	孰 숙 / 누구 子부8획	哉 재 / 어조사 口부6획
宿昔(숙석) 좀 오래된 옛날. 宿泊(숙박) 여관이나 어떤 곳에 묵음. 宿命(숙명) 선천적으로 타고난 운명. 宿願(숙원) 오래 전부터의 소원. 昔日(석일) ①옛날. ②이전 날.		孰哉(숙재) 누구이겠느냐? 孰能(숙능) 누가 능히 할 수 있겠는가? 孰知(숙지) 누가 ~을 알 것인가? 快哉(쾌재) 일이 잘되어 만족스럽게 여김. 哀哉(애재) 슬프도다.	
叔 숙 / 아재비 又부6획	 姪 질 / 조카 女부6획	瞬 순 / 눈깜짝할 目부12획	間 간 / 사이 門부4획
叔姪(숙질) 아저씨와 조카. 叔母(숙모) 숙부의 아내. 堂叔(당숙) 아버지의 사촌 형제. 甥姪(생질) 누이의 아들. 姪女(질녀) 조카딸.		瞬間(순간) 눈 깜짝할 사이. 一瞬(일순) 지극히 짧은 시간. 間或(간혹) 이따금. 간간이. 間食(간식) 끼니 외에 먹는 음식. 空間(공간) 비어 있어 아무것도 없는 곳.	
殉 순 / 따라죽을 歹부6획	 敎 교 / 가르칠 攵부7획	旬 순 / 열흘 / 십년 日부2획	朔 삭 / 초하루 / 북쪽 月부6획
殉敎(순교) 종교를 위하여 목숨을 바침. 殉職(순직) 직무를 위해 목숨을 바침. 殉國(순국) 나라를 위하여 목숨을 바침. 敎育(교육) 지식을 가르치며 품성을 기름. 說敎(설교) 단단히 타일러 가르침.		旬朔(순삭) 초열흘과 초하루. 旬刊(순간) 열흘 만에 한 번씩 발행함. 七旬(칠순) 나이 일흔 살. 朔望(삭망) 음력 초하루와 보름. 朔風(삭풍) 북풍.	
巡 순 / 순행할 / 두루돌 巛부4획	視 시 / 볼 示부5획	順 순 / 순할 / 좇을 頁부3획	逆 역 / 거스를 辶부6획
巡視(순시) 순회하면서 살핌. 巡禮(순례) 성지를 차례로 예배하며 돌아다님. 視線(시선) 눈길. 예~을 돌리다. 無視(무시) 눈여겨 보지 않음. 輕視(경시) 가볍게 봄. 반重視		順逆(순역) 순종과 거역. 순리와 역리. 順風(순풍) 가는 방향으로 부는 바람. 柔順(유순) 성질이 부드럽고 온순함. 逆說(역설) 뒤집히는 이론. 反逆(반역) 배반하여 모역을 꾀함.	

 잘 숙  원래의 뜻은 '자다'이다. 집 안에 한 사람이 자리를 깔고 누워서 자고 있는 모습을 본떠서 만든 글자이다.

漢字	훈음	필순									
宿	잘 숙	宿									
昔	옛 석	昔									
孰	누구 숙	孰									
哉	어조사 재	哉									
叔	아재비 숙	叔									
姪	조카 질	姪									
瞬	눈깜짝할 순	瞬									
間	사이 간	間									
殉	따라죽을 순	殉									
敎	가르칠 교	敎									
旬	열흘 순	旬									
朔	초하루 삭	朔									
巡	순행할 순	巡									
視	볼 시	視									
順	순할 순	順									
逆	거스를 역	逆									

純 순 / 순수할 糸부 4획	**乎** 호 / 어조사 丿부 4획	**循** 순 / 돌·좇을 彳부 9획	**環** 환 / 고리·두를 王부 13획

純乎〔순호〕 섞임이 없이 제대로 온전함.
純情〔순정〕 순결한 애정.
純潔〔순결〕 순수하고 깨끗함.
溫純〔온순〕 온화하고 단순함.
斷乎〔단호〕 결심을 과단성 있게 처리함.

循環〔순환〕 주기적으로 반복하여 돎.
循次〔순차〕 차례를 좇음.
環境〔환경〕 둘러싸고 있는 주위의 정황.
環狀〔환상〕 고리처럼 생긴 형상.
花環〔화환〕 꽃을 모아 둥글게 만든 것.

崇 숭 / 높일 山부 8획	**尙** 상 / 오히려 小부 5획	**拾** 습, 십 / 주울·열 手부 6획	**遺** 유 / 잃을·끼칠 辶부 12획

崇尙〔숭상〕 높이어 소중하게 여김.
崇拜〔숭배〕 높이 우러러 존경함.
崇高〔숭고〕 존귀하고 고상함.
尙志〔상지〕 뜻을 고상히 여김.
高尙〔고상〕 뜻과 몸가짐이 점잖고 높음.

拾遺〔습유〕 ①남이 버린 것을 주움. ②빠진 글을 뒤에 보충함.
收拾〔수습〕 흩어진 물건을 주어 거둠.
遺憾〔유감〕 마음에 섭섭함.
遺家族〔유가족〕 사망한 사람의 가족.

昇 승 / 오를 日부 4획	**降** 강, 항 / 내릴·항복할 阝부 6획	**勝** 승 / 이길 力부 10획	**負** 부 / 짐질·패할 貝부 2획

昇降〔승강〕 오르고 내림. 예~機
昇格〔승격〕 어떤 표준으로 자격이 오름.
昇進〔승진〕 직위가 오름.
降神〔강신〕 신의 강림을 빎.
降服〔항복〕 적에게 굴복함.

勝負〔승부〕 이김과 짐.
勝戰〔승전〕 싸움에서 이김.
連勝〔연승〕 잇달아 이김. 반連敗
負債〔부채〕 빚을 짐. 또는 진 빚.
抱負〔포부〕 마음속에 지닌 생각. 계획.

僧 승 / 중 人부 12획	**俗** 속 / 풍속·속될 人부 7획	**乘** 승 / 탈 丿부 9획	**醉** 취 / 취할 酉부 8획

僧俗〔승속〕 승려와 속인.
高僧〔고승〕 학덕이 높은 중.
帶妻僧〔대처승〕 아내를 둔 중.
俗世〔속세〕 속된 세상.
民俗〔민속〕 민간의 풍속.

乘醉〔승취〕 취흥을 탐.
乘車〔승차〕 차를 탐.
乘客〔승객〕 차를 타는 손님.
陶醉〔도취〕 어떤 것에 마음이 끌림.
心醉〔심취〕 깊이 빠져 마음이 도취함.

降 내릴 강 　글자의 왼쪽은 흙산의 모습이고, 오른쪽은 아래를 향하고 있는 두 개의 발을 나타낸 것이다. 후에 '투항하다' '항복하다'의 뜻도 생겼다.

純	순수할 순	纟 纟 纟 纟 紅 紅 純	純	純				
乎	어조사 호	ノ ヽ ハ 平 乎	乎	乎				
循	돌 순	ノ イ 彳 彳 彳 彳 循 循	循	循				
環	고리 환	王 玨 珋 瑁 瑁 環 環 環	環	環				
崇	높일 숭	` 山 山 山 出 出 崇 崇	崇	崇				
尚	오히려 상	` ¹ ⁰ ⁰ 尙 尙 尙 尙	尙	尙				
拾	주울 습	一 十 扌 扌 扒 扐 拾 拾	拾	拾				
遺	잃을 유	口 虫 串 貴 貴 貴 遺 遺	遺	遺				
昇	오를 승	` ㄇ 曰 曰 尸 尸 昇 昇	昇	昇				
降	내릴 강	` ⻖ ⻖ ⻖ 陊 降 降 降	降	降				
勝	이길 승	ノ 月 月 月 肸 朕 勝 勝	勝	勝				
負	패할 부	ノ ク 久 负 角 角 負 負	負	負	負			
僧	중 승	ノ イ 亻 亻 伫 伫 僧 僧	僧	僧	僧			
俗	속될 속	ノ イ 亻 亻 伀 伀 俗 俗	俗	俗	俗			
乘	탈 승	ノ 二 千 千 乒 乗 乗 乘	乘	乘	乘			
醉	취할 취	一 一 一 酉 酉 醉 醉 醉	醉	醉				

市 시 저자	街 가 거리	是 시 옳을	非 비 아닐 그를
巾부 2획	行부 6획	日부 5획	非부 0획

市街(시가) 도시의 큰 길거리.
市廳(시청) 시의 행정 사무를 맡아 보는 곳.
市場(시장) 상품의 매매를 위하여 설치한 곳.
街頭(가두) 시가지의 길거리.
街道(가도) 넓고 큰 길.

是非(시비) ①옳고 그름. ②말다툼.
是認(시인) 옳다고 인정함.
是正(시정) 잘못된 것을 바로잡음.
非夢似夢(비몽사몽) 꿈을 꾸는지 잠이 깨어 있는지 어렴풋한 상태.

施 시 베풀	設 설 베풀	侍 시 모실	從 종 좇을
方부 5획	言부 4획	人부 6획	彳부 8획

施設(시설) (설비·장치 등을) 베풀어 설비함.
施工(시공) 공사를 착수하여 진행함.
設計(설계) 계획을 세움.
設備(설비) 시설을 베풀어 갖춤.
建設(건설) 건물이나 시설 등을 새로 세우는 것.

侍從(시종) 임금을 모시는 신하.
侍下(시하) 부모를 모시고 있는 사람.
從軍(종군) 군대를 따라 전장에 나감.
順從(순종) 순순히 복종함.
盲從(맹종) 따지지 않고 덮어놓고 따름.

始 시 비로소 처음	終 종 마칠	試 시 시험할	驗 험 시험할 보람
女부 5획	糸부 5획	言부 6획	馬부 13획

始終(시종) 처음과 끝. 예~一貫
始作(시작) 어떤 일의 처음.
始初(시초) 처음. 애초.
終末(종말) 끝판. 나중의 끝.
臨終(임종) 죽음에 임함.

試驗(시험) 재능·실력 등을 검열 하는 일.
試鍊(시련) 겪기 어려운 단련이나 고비.
考試(고시) 공무원 임용의 시험.
經驗(경험) 몸소 겪어 봄.
效驗(효험) 일의 공·보람. 효력.

食 식, 사 밥 먹을	堂 당 집 번듯할	植 식 심을	樹 수 나무 세울
食부 0획	土부 8획	木부 8획	木부 12획

食堂(식당) 식사와 요리를 파는 음식점.
食事(식사) 음식을 먹음. 또는 그 음식.
會食(회식) 여럿이 모여 함께 음식을 먹음.
講堂(강당) 강의나 의식을 행하는 큰 방.
祠堂(사당) 신주를 모셔 놓은 집.

植樹(식수) 나무를 심음.
植物(식물) 뿌리가 땅이나 혹은 다른 물건에 착생하여 사는 나무, 풀의 총칭.
果樹(과수) 식용을 목적으로 심는 나무.
樹立(수립) (국가·계획 따위를) 세움.

食 먹을 식		원래의 뜻은 '음식'이다. 글자의 모양은 뚜껑이 있는, 음식을 담는 그릇을 나타낸다. '먹다'의 뜻이고 '음식을 남에게 먹이다'라는 뜻으로 쓰일 때에는 '사'로 읽는다.

漢字	訓音	筆順	쓰기
市	저자 시	丶 一 亠 亍 市	
街	거리 가	丿 彳 彳 彳 彳 徍 徍 街 街	
是	옳을 시	丨 口 日 旦 早 昰 昰 是	
非	그를 비	丨 ㅓ ㅋ 非 非	
施	베풀 시	丶 一 亠 方 方 方 㐲 施 施	
設	베풀 설	丶 亠 言 言 言 訐 設 設	
侍	모실 시	丿 亻 仁 仕 仕 侍 侍 侍	
從	좇을 종	丿 彳 彳 彳 彳 徉 徉 從	
始	처음 시	乚 乄 女 女 女 妒 始 始	
終	마칠 종	丿 幺 幺 糸 糹 終 終 終	
試	시험할 시	丶 亠 言 言 言 訁 試 試	
驗	시험할 험	丆 丆 馬 馬 馭 馲 驗 驗	
食	밥 식	丿 人 人 今 今 今 食 食	
堂	집 당	丨 ㅛ 凸 当 当 常 堂 堂	
植	심을 식	一 十 木 朾 朾 柿 植 植	
樹	나무 수	一 十 木 朾 朾 植 樹 樹	

申 신 납 펼	告 고 알릴	辛 신 매울 천간	未 미 아닐
田부 0획	口부 4획	辛부 0획	木부 1획

申告(신고) 일정한 사실을 보고함.
申請(신청) 관가나 기관에 청구함.
告別(고별) 작별을 고함.
豫告(예고) 미리 알림.
報告(보고) 알리어 바침.

辛未(신미) 육십갑자의 하나.
辛苦(신고) 고생스럽게 애를 씀.
未洽(미흡) 아직 넉넉하지 못함.
未然(미연) 아직 그렇게 되지 않음.
未達(미달) 아직 목표점에 이르지 못함.

神 신 귀신	仙 선 신선	辰 진 별	韓 한 나라이름
示부 5획	人부 3획	辰부 0획	韋부 8획

神仙(신선) 선계에 산다는 사람.
神秘(신비) 어림하여 알기 어렵게 신기함.
神靈(신령) 신통하고 영묘함.
仙境(선경) 경치가 아주 좋은 곳.
仙女(선녀) 선경에 사는 여자 신선.

辰韓(진한) 경상도에 위치했던 삼한의 하나. 예 ~과 馬韓
辰時(진시) 오전 7시부터 9시 사이.
辰砂(진사) 중국 송·명 때에 만든 붉은 색의 자기.
韓服(한복) 우리나라 고래의 의복.

晨 신 새벽	昏 혼 어두울	深 심 깊을	潭 담 못
日부 7획	日부 4획	水부 8획	水부 12획

晨昏(신혼) 새벽과 황혼.
晨星(신성) 샛별.
昏睡(혼수) 의식이 없고 인사불성임.
昏困(혼곤) 까라지거나 노그라져서 곤함.
黃昏(황혼) 해가 질 때.

深潭(심담) (흐르는 강 중의) 깊은 소.
深夜(심야) 한밤중.
深奧(심오) 깊고 오묘함.
潭水(담수) 깊은 물.
碧潭(벽담) 푸른 빛이 감도는 깊은 못.

尋 심 찾을 보통	訪 방 찾을	審 심 살필 밝힐	判 판 판단할
寸부 9획	言부 4획	宀부 12획	刀부 5획

尋訪(심방) 방문하여 찾아봄.
推尋(추심) 찾아내서 가지거나 받아내는 것.
訪慰(방위) 찾아가서 위문함.
訪問(방문) 남을 찾아봄.
探訪(탐방) 어떤 일의 진상을 탐문함.

審判(심판) ①운동 경기의 승부를 판단하는 일. ②죄과를 심리하여 판결함.
審問(심문) 자세히 따져 물음.
判斷(판단) 시비·선악 등을 가리어 냄.
判明(판명) 사실이 똑똑하게 드러남.

昏 어두울 혼		글자의 모양은 태양이 사람의 팔뚝 높이 정도까지 떨어진 모습이다. 원래의 뜻은 '날이 저물 때'이다. '어둡다' '어리석다' 등의 뜻으로 쓰인다.

申	납 신	丨 口 日 日 申	申	申			
告	알릴 고	丿 一 牛 生 告	告	告			
辛	매울 신	丶 亠 六 立 立 辛	辛	辛			
未	아닐 미	一 二 丰 未	未	未			
神	귀신 신	礻 礽 祁 神	神	神			
仙	신선 선	丿 亻 仙 仙	仙	仙			
辰	별 진	一 厂 厂 厅 辰 辰 辰	辰	辰			
韓	나라이름 한	古 卓 卓 龺 韩 韓 韓	韓	韓			
晨	새벽 신	丨 口 日 旦 尸 尸 晨 晨	晨	晨			
昏	어두울 혼	一 匚 氏 氏 氐 昏 昏	昏	昏			
深	깊을 심	氵 汀 深 深 深 深	深	深			
潭	못 담	氵 汀 沪 潭 潭 潭 潭	潭	潭			
尋	찾을 심	彐 尹 尹 君 寻 尋 尋	尋	尋			
訪	찾을 방	亠 言 訂 訪 訪	訪	訪			
審	살필 심	宀 宀 宝 宷 審 審	審	審			
判	판단할 판	丷 亠 半 判 判	判	判			

十 십 열	升 승 되 오를	亞 아 버금	流 류 흐를
十부0획	十부2획	二부6획	水부7획

十升(십승) 열 되. 곧 한 말.
十分(십분) 넉넉히. 부족함이 없이.
十年之計(십년지계) 십 년을 목표로 한 계획.
升麻(승마) 성탄꽃과의 다년초.
斗升(두승) 말과 되.

亞流(아류) ①무리. ②둘째가는 사람이나 사물.
亞聖(아성) 성인 다음가는 사람.
亞細亞(아세아) 아시아의 음역.
流通(유통) 거침없이 흘러 통함.
流浪(유랑) 헤매어 떠돌아 다님.

阿 아 언덕 아첨할	附 부 붙을	眼 안 눈	鏡 경 거울
阝부5획	阝부5획	目부6획	金부11획

阿附(아부) 남의 비위를 맞추어 알랑거림.
阿世(아세) 세상에 아첨함.
附着(부착) 떨어지지 않게 딱 들어붙음.
附屬(부속) 주체에 딸려 붙어 있음.
寄附(기부) 보조의 목적으로 내어 줌.

眼鏡(안경) 눈에 덧쓰게 만든 물건.
眼光(안광) 눈의 정기.
眼目(안목) 사물을 보고 분별함.
鏡面(경면) 거울의 비치는 쪽의 바닥.
破鏡(파경) 사이가 좋지 않아 이별함.

謁 알 뵈올	聖 성 성인 지존할	暗 암 어두울	黑 흑 검을
言부9획	耳부7획	日부9획	黑부0획

謁聖(알성) 임금이 문묘에 참배함. 예~及第
拜謁(배알) 만나 뵘.
聖域(성역) 신성한 지역.
聖恩(성은) 임금의 거룩한 은혜.
聖君(성군) 덕이 뛰어난 어진 임금.

暗黑(암흑) 아주 캄캄한 어둠.
暗行(암행) 정체를 숨기고 다님.
暗礁(암초) 물 속에 숨어 있는 바위.
黑鉛(흑연) 탄소로 된 광물.
黑幕(흑막) 겉으로 드러나지 않는 내막.

仰 앙 우러를	請 청 청할	涯 애 물가 가	際 제 가 사귈
人부4획	言부8획	水부8획	阝부11획

仰請(앙청) 우러러 청함.
信仰(신앙) 믿고 받듦. 예~告白
請婚(청혼) 결혼하기를 청함.
請求(청구) 청하여 요구함.
懇請(간청) 간절히 청함.

涯際(애제) ①물가. ②끝 근처.
天涯(천애) 하늘 끝. 예~孤兒
際會(제회) 뜻이 맞게 잘 만남.
交際(교제) 서로 사귐.
國際(국제) 나라와 나라와의 교제.

聖 성인 성  원래의 뜻은 '총명한 사람'이다. 글자의 모습은 '耳' '口' '人'으로 이루어진다. 후에 '최고의 지혜와 도덕을 갖춘 사람'을 가리키게 되었다.

十	열 십	一 十	十 十
升	되 승	ノ 二 于 升	升 升
亞	버금 아	一 T T 됴 됴 됴 亞	亞 亞
流	흐를 류	丶 氵 氵 汁 浐 浐 流	流 流
阿	아첨할 아	ˈ ß ßˈ 阝 阿 阿 阿	阿 阿
附	붙을 부	ˈ ß ßˈ 阝 阝ˈ 附 附	附 附
眼	눈 안	丨 冂 目 目ˈ 目ˈ 盯 眼 眼	眼
鏡	거울 경	ノ 冬 金 釒 釒 銷 錆 鏡	鏡 鏡
謁	뵈올 알	ㆍ 言 言 訐 訋 謁 謁 謁	謁 謁
聖	성인 성	「 F F 耳 即 聖 聖 聖	聖 聖
暗	어두울 암	丨 冂 日 日ˈ 晦 暗 暗 暗	暗 暗
黑	검을 흑	丶 冂 日 甲 甲 里 黑 黑	黑 黑
仰	우러를 앙	ノ 亻 亻ˈ 化 仰 仰	仰 仰
請	청할 청	ㆍ 言 言 計 詰 請 請	請 請
涯	물가 애	丶 氵 氵 汀 沪 涯 涯	涯 涯
際	가 제	ˈ ß ßˈ 阝 阝ˈ 陘 際 際	際 際

哀 애 슬플	歡 환 기뻐할	也 야 어조사	矣 의 어조사
口부 6획	欠부 18획	乙부 2획	矢부 2획

哀歡(애환) 슬픔과 기쁨.
哀願(애원) 애절하게 바람.
哀乞(애걸) 슬피 하소연하며 빎.
歡談(환담) 즐겁게 하는 이야기.
歡呼(환호) 기뻐서 부르짖음.

也矣(야의) 어조사로 쓰이는 '也'와 '矣'.
也乎(야호) 뜻을 강하게 하는 어조사.
也無妨(야무방) 별로 해로울 것이 없음.
矣哉(의재) 영탄의 뜻을 나타내는 어조사.
矣夫(의부) 영탄의 조사.

耶 야 어조사	兮 혜 어조사	若 약 같을 만약	玆 자 이
耳부 3획	八부 2획	艸부 5획	艸부 6획

耶兮(야혜) 어조사로 쓰이는 '耶'와 '兮'.
耶蘇(야소) '예수'의 취음.
有耶無耶(유야무야) 있는 듯 없는 듯함.
耶孃(야양) 아버지와 어머니.
兮矣(혜의) 어조사로 쓰이는 '兮'와 '矣'.

若玆(약자) 이와 같음.
若干(약간) 얼마 안됨. 얼마쯤.
萬若(만약) 혹 그러한 경우에는.
玆其(자기) 농기구의 이름. 호미.
今玆(금자) ①금년. ②이제.

楊 양 버들	柳 류 버들	揚 양 날릴 올릴	陸 륙 뭍 잇달
木부 9획	木부 5획	手부 9획	阝부 8획

楊柳(양류) 버들.
楊枝(양지) 버들가지.
白楊(백양) 버들과의 낙엽 교목.
柳腰(유요) 몸매가 가날픈 여인의 허리.
細柳(세류) 가지가 몹시 가는 양류.

揚陸(양륙) 배에 실은 짐을 육지로 올림.
揚水(양수) 물을 자아 올림.
引揚(인양) 끌어 올림.
陸戰(육전) 육지에서 싸우는 전쟁.
離陸(이륙) 비행기 등이 육지에서 떠오름.

羊 양 양	毛 모 털 식물	養 양 기를	蠶 잠 누에
羊부 0획	毛부 0획	食부 6획	虫부 18획

羊毛(양모) 양털.
羊皮(양피) 양의 가죽.
毛髮(모발) 사람의 머리털.
毛布(모포) 담요.
毛織(모직) 털실로 짠 피륙.

養蠶(양잠) 누에를 침.
養育(양육) 어린이를 길러 자라게 함.
培養(배양) 식물을 북돋아 기름.
蠶食(잠식) 갉아먹어 들어감.
蠶業(잠업) 누에를 치는 직업.

羊 양 양   ∀ 羊 羊   정면에서 본 양의 머리 모양으로 두 뿔이 아래로 구부러졌고 아래는 뾰족한 입이 있는 모양이다.

哀	슬플 애	亠 六 宀 宕 庀 亨 哀	哀	哀				
歡	기뻐할 환	艹 茳 荁 諎 萪 歡 歡 歡	歡					
也	어조사 야	丿 也 也	也	也				
矣	어조사 의	厶 亾 夽 矣 矣 矣	矣	矣				
耶	어조사 야	一 丆 丆 丆 耳 耳 耶 耶	耶	耶				
兮	어조사 혜	丿 八 公 兮	兮	兮				
若	같을 약	丶 亠 艹 艹 艹 芋 若 若	若					
玆	이 자	丶 亠 艹 艹 玄 玆 玆 玆	玆	玆				
楊	버들 양	一 十 木 木 杧 柯 棉 楊	楊	楊				
柳	버들 류	一 十 木 木 朾 柯 柳 柳	柳	柳				
揚	올릴 양	一 扌 扌 扫 担 担 捐 揚	揚	揚				
陸	뭍 륙	阝 阝 阝 阝 阹 陸 陸 陸	陸	陸				
羊	양 양	丶 丷 丷 兰 兰 羊	羊	羊				
毛	털 모	丿 二 三 毛	毛	毛				
養	기를 양	丷 丷 兰 羊 养 养 養 養	養	養				
蠶	누에 잠	一 屵 兓 兓 替 替 蠶 蠶	蠶					

洋 양 / 바다 / 서양	畵 화, 획 / 그림 / 그을	御 어 / 거느릴	床 상 / 평상
水부 6획	田부 7획	彳부 8획	广부 4획

洋畵(양화) 서양화. 반東洋畵
東洋(동양) 동쪽 아시아.
洋洋(양양) 앞날의 희망이 많고 큼.
畵家(화가) 그림을 전문으로 그리는 사람.
畵廊(화랑) 그림 등 미술품을 진열, 전시하는 곳.

御床(어상) 임금의 음식을 차린 상.
御命(어명) 임금의 명령.
御前(어전) 임금의 앞.
東床(동상) 남의 '새사위'를 점잖게 이르는 말.
病床(병상) 병자가 누워있는 침상.

於 어, 오 / 어조사 / 탄식할	焉 언 / 어찌 / 어조사	語 어 / 말씀	節 절 / 마디 / 절약할
方부 4획	火부 7획	言부 7획	竹부 9획

於焉(어언) 어느덧.
於焉間(어언간) 알지 못하는 동안에 어느덧.
於是乎(어시호) 이제야.
焉敢(언감) 어찌 감히.
終焉(종언) 최후. 마지막.

語節(어절) 문장을 이루는 말의 도막.
語源(어원) 단어가 성립된 근원.
節槪(절개) 기개 있는 지조.
音節(음절) 말소리가 잇달아 날 때에 그 하나하나 토막진 소리의 한 마디. 비소리마디

漁 어 / 고기잡을	獲 획 / 얻을	億 억	萬 만 / 일만
水부 11획	犬부 14획	人부 13획	艸부 9획

漁獲(어획) 수산물을 잡음.
漁業(어업) 고기잡이 또는 양어하는 일.
出漁(출어) 물고기를 잡으러 나감.
獲得(획득) 얻어내거나 얻어 가짐.
捕獲(포획) 짐승이나 물고기를 잡음.

億萬(억만) 억. 아주 많은 수효.
億臺(억대) 억으로 헤아릴 만한.
萬有(만유) 우주 만물.
萬能(만능) 모든 사물에 다 능통함.
萬感(만감) 여러 가지의 감회.

抑 억 / 누를	壓 압 / 누를	嚴 엄 / 엄할	肅 숙 / 엄숙할 / 삼갈
手부 4획	土부 14획	口부 17획	聿부 8획

抑壓(억압) 남의 자유를 강제로 누름.
抑留(억류) 억지로 머무르게 함.
壓倒(압도) 아주 우세하여 남을 누름.
壓力(압력) 누르는 힘.
鎭壓(진압) 강압적인 힘으로 진정시켜 억누름.

嚴肅(엄숙) 정중하고 위엄이 있음.
嚴責(엄책) 엄하게 꾸짖음.
謹嚴(근엄) 점잖고 엄함.
肅然(숙연) 고요하고 엄숙함.
肅淸(숙청) 부정적인 대상을 치워 없앰.

畵 그림 화

한 손으로 붓을 잡고 무늬의 그림을 그리는 모습을 본떠서 만들어졌다. 후에 그림 부분이 '田'으로 바뀌었는데, 이것은 글자의 의미가 '논밭의 경계를 그린다'는 것이었음을 의미한다.

洋	서양 양	丶 氵	氵 氵	泮 洋		洋	洋					
畫	그림 화	一 ⺺ ⺻	書 書 畫 畫			畫	畫					
御	거느릴 어	丶 彳 什	件 徉 御 御			御	御					
床	평상 상	丶 一 广	庐 庄 床			床	床					
於	어조사 어	丶 一 方	方 於 於 於			於	於					
焉	어찌 언	一 丅 下 正	正 正 焉 焉			焉	焉					
語	말씀 어	丶 言 言 言	訂 評 語 語			語	語					
節	마디 절	丶 竹 竹 竹	笳 節 節 節			節	節					
漁	고기잡을 어	丶 氵 氵 沪	沿 渔 渔 漁			漁	漁					
獲	얻을 획	丶 犭 犭 犭	狞 狞 獲 獲			獲	獲					
億	억 억	亻 亻 伫 伫	倍 倍 億 億			億	億					
萬	일만 만	丶 艹 芢 苜	苜 萬 萬 萬			萬	萬					
抑	누를 억	一 十 扌 扌	扚 扚 抑			抑	抑					
壓	누를 압	一 厂 厃 厃	厣 厭 厭 壓			壓	壓					
嚴	엄할 엄	口 吅 吅 严	严 严 嚴 嚴			嚴	嚴					
肅	엄숙할 숙	一 ㅋ 긔	肀 肀 肅 肅			肅	肅					

 업 / 업 木부 9획
 적 / 길쌈할 糸부 11획

業績(업적) 사업에서 거둔 공적.
業務(업무) 직업으로 하는 일.
操業(조업) 작업을 실시함.
就業(취업) 직업을 얻음.
紡績(방적) 섬유를 가공해 실을 만드는 일.

輿 여 / 수레 / 여럿 車부 10획
望 망 / 바랄 / 보름 月부 7획

輿望(여망) 여러 사람들의 기대.
輿論(여론) 여러 사람의 공통된 평론.
望鄕(망향) 고향을 바라봄.
野望(야망) 큰 소망. 특히 분에 넘치는 희망.
希望(희망) 어떤 일을 이루고자 바람.

 여 / 너 水부 3획
 여 / 나 人부 5획

汝余(여여) 너와 나.
汝等(여등) 너희들.
汝墻折角(여장절각) 자기가 잘못으로 입은 손해를 남에게 씌우려고 억지씀을 이르는 말.
余等(여등) 우리들.

 여 / 나 亅부 3획
曰 왈 / 가로 曰부 0획

予曰(여왈) 내가 말하기를.
予奪(여탈) 주는 것과 빼앗는 것.
曰可曰否(왈가왈부) 어떤 일에 대하여 옳다거나 그르다거나 말함.
曰字(왈자) 언행이 수선스러운 사람.

 여 / 남을 食부 7획
 운 / 운 / 운치 音부 10획

餘韻(여운) 가시지 않고 남아 있는 운치.
餘裕(여유) 넉넉하고 남음이 있음.
餘生(여생) 나머지의 목숨.
韻致(운치) 고상하고 우아한 풍치.
韻律(운율) 시의 음악적 음조.

亦 역 / 또 亠부 4획
如 여 / 같을 / 어찌 女부 3획

亦如(역여) 또한 같음.
亦是(역시) 또한. 마찬가지로.
如何(여하) 어떠함.
如實(여실) 사실과 꼭 같음.
缺如(결여) 빠져서 없음.

 역 / 염병 疒부 4획
 질 / 병 / 빠를 疒부 5획

疫疾(역질) 천연두.
防疫(방역) 전염병의 발생·침입을 미리 막음.
疾風(질풍) 빠르고 센 바람.
疾病(질병) 신체의 온갖 기능 장애.
痼疾(고질) 고치기 어려운 병.

鉛 연 / 납 金부 5획
鑛 광 / 쇳돌 金부 15획

鉛鑛(연광) 납을 캐내는 광산.
鉛筆(연필) 글씨를 쓰는 도구의 한 가지.
鑛山(광산) 광물을 캐내는 산.
鑛夫(광부) 광산에서 일하는 노동자.
金鑛(금광) 금을 캐내는 광산.

輿 수레 여

원래의 뜻은 '수레를 만드는 사람'으로, 수레바퀴 주위에 네 개의 손이 힘을 합쳐 수레를 만드는 모양이다. 후에 '수레'를 지칭하는 말이 되었고, '여러 사람'의 뜻이다.

業	업**업**
績	길쌈할**적**
輿	수레**여**
望	바랄**망**
汝	너**여**
余	나**여**
予	나**여**
曰	가로**왈**
餘	남을**여**
韻	운**운**
亦	또**역**
如	같을**여**
疫	염병**역**
疾	병**질**
鉛	납**연**
鑛	쇳돌**광**

研 연 / 갈 / 연구할
石부 6획

究 구 / 궁구할 / 끝
穴부 2획

研究(연구) 과학적으로 분석, 관찰함.
研磨(연마) 갈고 닦음.
究明(구명) 깊이 연구하여 밝힘.
探究(탐구) 더듬어 연구함.
追究(추구) 근본을 캐어들어 규명함.

演 연 / 설명할 / 행할
水부 11획

壇 단 / 제터 / 단
土부 13획

演壇(연단) 연설자, 강연자가 서는 단.
演藝界(연예계) 연예인들의 사회.
公演(공연) 음악이나 극 등을 공개함.
文壇(문단) 작가들의 사회적 분야.
敎壇(교단) 교실에서 선생이 강의하는 단.

燕 연 / 제비
火부 12획

麥 맥 / 보리
麥부 0획

燕麥(연맥) 귀리.
燕子(연자) 제비.
燕息(연식) 편안히 잠.
麥涼(맥량) 보리가 익을 무렵의 서늘함.
麥酒(맥주) 보리로 빚은 술.

燃 연 / 불탈
火부 12획

燒 소 / 불사를
火부 12획

燃燒(연소) 불에 탐.
燃料(연료) 장작·석탄 등 가열용의 재료.
燒滅(소멸) 타서 없어짐.
燒却(소각) 태워 없애버림.
燒盡(소진) 모조리 타버림.

沿 연 / 물따라갈
水부 5획

岸 안 / 언덕
山부 5획

沿岸(연안) 바다나 강가로 잇닿은 지대.
沿海(연해) 육지에 가까운 바다.
沿道(연도) 큰 길의 좌우 양쪽.
岸柳(안류) 언덕 위의 버드나무.
海岸(해안) 바닷가의 언덕.

軟 연 / 연할
車부 4획

弱 약 / 약할 / 젊을
弓부 7획

軟弱(연약) 부드럽고 약함.
軟禁(연금) 신체의 자유는 구속하지 않고 다만 외부와의 연락을 제한 또는 감시하는 정도의 감금.
弱冠(약관) 20세의 남자.
弱點(약점) 모자라는 점. 비缺點

緣 연 / 인연 / 가장자리
糸부 9획

由 유 / 말미암을 / 까닭
田부 0획

緣由(연유) 일의 까닭.
緣分(연분) 인연. 예天生~
血緣(혈연) 같은 핏줄로 연결된 인연.
由來(유래) 거치어 내려온 내력.
經由(경유) 거치어 지나감.

硯 연 / 벼루
石부 7획

滴 적 / 물방울
水부 11획

硯滴(연적) 벼룻물을 담는 그릇.
硯水(연수) 벼룻물.
筆硯(필연) 붓과 벼루.
滴下(적하) 물방울이 떨어짐.
餘滴(여적) 그리거나 쓰고 남은 먹물.

麥 보리 맥 — 보리 한 그루의 모양을 본떠서 만든 글자이다. 아랫부분은 본래 뿌리의 모양을 나타낸다.

研	연구할 연	一 ア 石 石 石 矼 矸 研	研	研	研					
究	궁구할 구	丶 冖 宀 宀 宀 宂 究	究	究						
演	설명할 연	丶 冫 冫 冫 冫 沪 浐 演 演	演	演						
壇	단 단	一 圠 圹 圹 圹 圴 壇 壇	壇	壇						
燕	제비 연	一 廿 廿 廿 芇 茁 茁 燕 燕	燕	燕						
麥	보리 맥	一 十 木 夾 夾 麥 麥	麥	麥						
燃	불탈 연	丶 火 炒 炒 炒 烘 燃 燃	燃							
燒	불사를 소	丶 火 炉 炉 炐 煒 燒	燒	燒						
沿	물따라갈 연	丶 冫 冫 冫 沿 沿 沿	沿	沿	沿					
岸	언덕 안	丶 屮 屵 屵 岸 岸 岸	岸	岸						
軟	연할 연	一 戸 巨 車 軒 軒 軒 軟	軟	軟						
弱	약할 약	丿 弓 弓 弓 弱 弱 弱	弱	弱	弱					
緣	인연 연	乚 幺 糸 紣 紣 絟 緣 緣	緣	緣						
由	까닭 유	丨 冂 冂 由 由	由	由	由					
硯	벼루 연	一 ア 石 矴 矴 硏 硯 硯	硯	硯	硯					
滴	물방울 적	丶 冫 冫 冫 汸 浐 滴 滴	滴	滴						

▶ 136

煙 연 연기	戶 호 지게 집	英 영 꽃부리 뛰어날	傑 걸 뛰어날
火부 9획	戶부 0획	艸부 5획	人부 10획

煙戶〔연호〕 연기가 나는 집. 사는 집.
煙幕〔연막〕 적의 눈을 가리기 위해 치는 연기의 막.
吸煙〔흡연〕 담배를 피움.
戶主〔호주〕 한 집안의 주장이 되는 사람.
戶當〔호당〕 집마다 배당된 몫.

英傑〔영걸〕 뛰어난 인물.
英雄〔영웅〕 재능과 지혜가 뛰어난 사람.
英才〔영재〕 탁월한 재주.
傑作〔걸작〕 뛰어나게 좋은 작품.
豪傑〔호걸〕 기개와 용모가 뛰어난 사람.

榮 영 영화	枯 고 마를	永 영 길 오랠	遠 원 멀
木부 10획	木부 5획	水부 1획	辶부 10획

榮枯〔영고〕 번영함과 쇠멸함.
榮光〔영광〕 빛나는 영예.
虛榮〔허영〕 필요 이상의 겉치레.
枯木〔고목〕 말라 죽은 나무.
枯渴〔고갈〕 물이 바싹 마름.

永遠〔영원〕 앞으로의 시간이 한없이 오램.
永眠〔영면〕 영원한 잠. 죽음.
永訣〔영결〕 죽은 이와 산 이의 이별.
遠征〔원정〕 멀리 정벌을 감.
遠慮〔원려〕 먼 앞날에 대한 생각.

映 영 비칠	窓 창 창	銳 예 날카로울	鈍 둔 둔할
日부 5획	穴부 6획	金부 7획	金부 4획

映窓〔영창〕 채광, 환기를 위한 미닫이.
映像〔영상〕 광선의 굴절이나 반사를 따라 물상이 나타나는 일.
窓門〔창문〕 벽에 만든 문.
同窓〔동창〕 동창생.

銳鈍〔예둔〕 날카로움과 둔함.
銳敏〔예민〕 날카롭고 민첩함.
新銳〔신예〕 새롭고 기세가 날카로움.
鈍才〔둔재〕 재주가 둔함.
愚鈍〔우둔〕 어리석고 둔함.

吾 오 나	黨 당 무리	梧 오 오동나무	桐 동 오동나무
口부 4획	黑부 8획	木부 7획	木부 6획

吾黨〔오당〕 ①우리 당. ②우리 고을.
吾等〔오등〕 우리들.
黨論〔당론〕 당의 의견이나 논의.
黨首〔당수〕 한 당의 우두머리.
創黨〔창당〕 정당을 창립하는 것.

梧桐〔오동〕 오동나무.
梧葉〔오엽〕 오동나무 잎.
梧葉扇〔오엽선〕 둥근 부채의 한 가지.
桐油〔동유〕 오동의 씨에서 짜낸 기름.
桐孫〔동손〕 오동나무의 작은 가지.

永 길 영		글자의 모양은 강물에서 물줄기가 갈라져 지류가 생기는 것을 본떠서 만들었다. 원래의 뜻은 '지류'이고, 지류가 있는 강은 매우 길어 '물이 길게 흘러간다'는 뜻이 생겼다.

煙	연기 **연**	丷 火 灯 炉 炬 烟 煙 煙	煙	煙					
戶	집 **호**	丶 ㄅ 户 戶	戶	戶					
英	꽃부리 **영**	一 十 艹 艹 꾸 苂 英 英	英	英					
傑	뛰어날 **걸**	亻 伋 伋 伋 傑 傑 傑 傑	傑	傑					
榮	영화 **영**	丷 火 炏 炏 炏 炏 挙 榮	榮	榮					
枯	마를 **고**	一 十 木 木 朴 朾 枯 枯	枯	枯					
永	길 **영**	丶 亅 ヺ 永 永	永	永					
遠	멀 **원**	一 土 吉 吉 吉 袁 袁 遠	遠	遠					
映	비칠 **영**	丨 冂 日 日 旷 旷 映 映	映	映					
窓	창 **창**	丶 宀 宀 宑 宑 窓 窓	窓	窓					
銳	날카로울 **예**	丿 ㅅ 今 金 鈐 鉛 鉨 銳	銳	銳					
鈍	둔할 **둔**	丿 ㅅ 今 金 鈂 鈍 鈍 鈍	鈍	鈍					
吾	나 **오**	一 丁 五 五 吾 吾 吾	吾	吾					
黨	무리 **당**	丨 丷 冹 冹 営 常 堂 黨	黨	黨					
梧	오동나무 **오**	一 十 木 木 朽 梧 梧 梧	梧	梧					
桐	오동나무 **동**	一 十 木 木 机 桐 桐 桐	桐	桐					

五 오 다섯 二부 2획 五倫(오륜) 사람이 지켜야 할 다섯가지 도리. 五輪(오륜) 올림픽 마크. 倫理(윤리) 도덕상 지켜야 할 행동규범. 天倫(천륜) 부자, 형제 사이의 도리. 不倫(불륜) 인륜에 어긋남. **倫** 륜 인륜 人부 8획	**傲** 오 거만할 人부 11획 傲慢(오만) 태도가 건방지고 거만함. 傲氣(오기) 지기 싫어하는 마음. 慢性(만성) ①병이 급하지도 않고 속히 낫지도 않는 성질. ②버릇처럼 됨. 怠慢(태만) 게으르고 느림. **慢** 만 거만할 게으를 心부 11획
午 오 낮 十부 2획 午睡(오수) 낮잠. 午後(오후) 정오부터 밤 열두 시까지의 사이. 午正(오정) 정오. 낮 열두 시. 반子正 睡眠(수면) 잠을 잠. 熟睡(숙수) 깊이 든 잠. **睡** 수 졸 目부 8획	**汚** 오 더러울 水부 3획 汚辱(오욕) 더럽히고 욕되게 함. 汚染(오염) 더럽게 물듦. 辱說(욕설) 남을 욕하는 말. 雪辱(설욕) 수치를 씻음. 侮辱(모욕) 깔보아 욕되게 함. **辱** 욕 욕 辰부 3획
烏 오 까마귀 검을 火부 6획 烏竹(오죽) 줄기가 검은 빛의 대. 烏鷄(오계) 털이 검은 닭. 竹馬故友(죽마고우) 어릴 때 같이 놀며 자란 친구. 竹林(죽림) 대나무 숲. **竹** 죽 대 竹부 0획	**玉** 옥 구슬 玉부 0획 玉篇(옥편) 한문 글자를 차례로 배열하고, 각 자의 음과 새김 따위를 적은 책. 玉童子(옥동자) 어린 사내아이를 귀엽게 이르는 말. 篇首(편수) 시나 문장의 첫머리. **篇** 편 책편 竹부 9획
溫 온 따뜻할 복습할 水부 10획 溫冷(온랭) 따뜻함과 참. 溫情(온정) 따뜻한 인정. 氣溫(기온) 대기의 온도. 冷情(냉정) 매정하고 쌀쌀한 마음. 冷凍(냉동) 차게 하여 얼림. **冷** 랭 찰 冫부 5획	**翁** 옹 늙은이 아버지 羽부 4획 翁姑(옹고) 시아버지와 시어머니. 漁翁(어옹) 고기잡이 늙은이. 姑婦(고부) 시어머니와 며느리. 姑母(고모) 아버지의 누이. 姑從(고종) 고종 사촌. **姑** 고 시어미 女부 5획

玉 구슬 옥	丰 玉 王	글자의 모양은 끈으로 세 개의 구슬을 꿴 것이다. 가로 획 세 개와 수직선 하나로 이루어져 '왕'자와 비슷하나 '玉'은 가로획 셋의 간격이 일정하고 '王'은 그렇지 않다. 한나라 이후에 점이 더하여졌다.

五	다섯 오	一 丁 五 五	
倫	인륜 륜	ノ イ 亻 伦 伦 伦 倫	
傲	거만할 오	ノ イ 亻 仆 伃 倣 傲	
慢	거만할 만	丨 忄 忄 忄 慢 慢 慢	
午	낮 오	ノ 一 二 午	
睡	졸 수	丨 冂 日 日 睡 睡 睡 睡	
汚	더러울 오	丶 氵 氵 汙 汚	
辱	욕 욕	厂 尸 戶 辰 辰 辱 辱	
烏	까마귀 오	ノ 亻 乍 乍 烏 烏 烏	
竹	대 죽	ノ 亻 亻 竹 竹 竹	
玉	구슬 옥	一 丁 干 王 玉	
篇	책 편	竹 竹 竹 笁 笁 笁 篇 篇	
溫	따뜻할 온	丶 氵 氵 汩 汩 淠 溫 溫	
冷	찰 랭	丶 冫 冫 冫 冷 冷	
翁	아버지 옹	ノ 八 公 公 公 翁 翁	
姑	시어미 고	く 女 女 女 妒 姑 姑 姑	

臥 와 누울
臣부 2획

臥龍(와룡) 누워 있는 용. 곧 아직은 활동하지 않는, 장차 큰 일을 할 인물.
臥病(와병) 병으로 자리에 누움.

龍 룡 용
龍부 0획

龍顔(용안) '임금의 얼굴'을 이르는 말.
龍頭(용두) 용의 머리.

緩 완 느릴
糸부 9획

緩急(완급) 급하지 않음과 급함.
緩和(완화) 느슨하게 함.

急 급 급할
心부 5획

急增(급증) 갑자기 늚.
應急(응급) 급한대로 우선 처리함.
緊急(긴급) 일이 긴요하고도 급함.

完 완 완전할
宀부 4획

完遂(완수) 완전히 해냄.
完全(완전) 부족이나 결함이 없음.
補完(보완) 모자라는 것을 보충함.

遂 수 드디어, 이룰
辶부 9획

遂行(수행) 계획한 대로 해냄. 예任務~
未遂(미수) 목적을 이루지 못함.

往 왕 갈, 이따금
彳부 5획

往來(왕래) 가고 오고 함.
往復(왕복) 갔다가 돌아옴.

來 래 올
人부 6획

來歷(내력) 지나온 경력.
從來(종래) 지금까지 내려온 그대로.
未來(미래) 아직 오지 않은 앞날.

王 왕 임금
王부 0획

王妃(왕비) 임금의 아내.
王家(왕가) 임금의 집안.
王道(왕도) 임금으로서 행해야 할 도리.
大妃(대비) 선왕(先王)의 후비.
后妃(후비) 제왕의 배필.

妃 비 왕비
女부 3획

畏 외 두려워할
田부 4획

畏兄(외형) 친구끼리 상대를 높이는 말.
畏敬(외경) 두려워하며 공경함.
兄夫(형부) 언니의 남편.
兄嫂(형수) 형의 아내. 반弟嫂
兄丈(형장) 친구간에 상대를 높이어 이르는 말.

兄 형 맏
儿부 3획

腰 요 허리
肉부 9획

腰刀(요도) 허리에 차는 칼.
腰痛(요통) 허리가 아픈 병.
刀工(도공) 칼 만들기를 업으로 하는 사람.
銀粧刀(은장도) 은으로 만든 장도.
短刀(단도) 길이가 짧은 칼.

刀 도 칼
刀부 0획

搖 요 흔들
手부 10획

搖籃(요람) ①젖먹이를 태워 흔들도록 만든 물건. ②사물의 발생지나 출발지.
搖之不動(요지부동) 꿈쩍도 하지 않음.
藍輿(남여) 의자 비슷한 가마.
竹藍(죽람) 대바구니.

藍 람 쪽
艹부 15획

王 임금 왕

글자의 모양은 큰 도끼의 모양을 본떠서 만든 것으로 윗부분은 도끼의 자루이고, 아랫부분은 넓은 날이다. 즉, 실력과 권위의 상징으로 고대의 최고 통치자를 '王'이라고 부른다.

臥	누울 와	一 ㄏ ㄏ ㅌ ㅌ 臣 臥 臥
龍	용 룡	一 亠 产 青 青 青 青 龍 龍
緩	느릴 완	ㄥ 幺 糸 糹 糹 紵 綬 緩
急	급할 급	ノ ク 𠂊 刍 刍 急 急 急
完	완전할 완	丶 宀 宀 宀 宀 完
遂	이룰 수	丷 丷 芓 芓 芓 𧰨 㒸 遂
往	갈 왕	ノ 彳 彳 彳 彳 徃 徃 往
來	올 래	一 𠂇 𠂇 𠂇 來 來 來
王	임금 왕	一 丁 干 王
妃	왕비 비	ㄑ 夊 女 女 妃 妃
畏	두려워할 외	丶 口 四 田 𤰔 畏 畏 畏
兄	맏 형	丶 口 口 尸 兄
腰	허리 요	ノ 刀 月 月 腰 腰 腰 腰
刀	칼 도	フ 刀
搖	흔들 요	一 扌 扌 扫 扫 抪 搖 搖
藍	쪽 람	丷 𦾔 𦾔 𦾔 藍 藍 藍 藍

遙 요 멀, 노닐	拜 배 절	要 요 중요할	塞 새, 색 변방, 막을
辶부 10획	手부 5획	襾부 3획	土부 10획

遙拜(요배) 먼 곳을 향하여 절함.
遙望(요망) 먼 데를 바라봄.
逍遙(소요) 슬슬 거닐어 돌아다님.
拜禮(배례) 절하는 예.
拜金(배금) 돈을 지나치게 숭상함.

要塞(요새) 중요한 방어 시설.
要領(요령) 일을 하는데 꼭 필요한 묘한 이치.
重要(중요) 귀중하고 종요로움.
窮塞(궁색) 몹시 곤궁함.
閉塞(폐색) 닫아 막음.

牛 우 소	角 각 뿔, 모	于 우 어조사	今 금 이제
牛부 0획	角부 0획	二부 1획	人부 2획

牛角(우각) 소의 뿔.
牛耳讀經(우이독경) 쇠귀에 경 읽기.
牛乳(우유) 암소에서 짜낸 젖.
角度(각도) 각의 벌어진 정도.
頭角(두각) 우뚝 뛰어남.

于今(우금) 지금까지.
于先(우선) ①먼저. ②아쉬운 대로.
今明間(금명간) 오늘이나 내일 사이.
今年(금년) 올해.
古今(고금) 옛적과 지금. 예東西～

優 우 뛰어날	劣 렬 용렬할	羽 우 깃, 도울	翼 익 날개
人부 15획	力부 4획	羽부 0획	羽부 12획

優劣(우열) 나음과 못함. 우등과 열등.
優待(우대) 특별히 잘 대우함.
優秀(우수) 뛰어나게 빼어남.
劣等(열등) 보통보다 떨어져 못함.
拙劣(졸렬) 용렬하고 잔졸함.

羽翼(우익) 새의 날개.
羽毛(우모) 새의 깃과 짐승의 털.
羽化(우화) 날개가 생겨서 하늘을 날음.
翼贊(익찬) 정치를 도와서 인도함.
翼善(익선) 착한 일을 도와 실행시킴.

宇 우 집, 하늘	宙 주 집, 하늘	郵 우 우편	票 표 표
宀부 3획	宀부 5획	阝부 8획	示부 6획

宇宙(우주) 온갖 물질이 존재하는 공간. 예～旅行
宇下(우하) 처마 밑.
屋宇(옥우) 집.
宙合樓(주합루) 창덕궁 안의 누.
碧宙(벽주) 천지의 사이.

郵票(우표) 우편 요금을 낸 표시로 우편물에 붙이는 증표.
郵便(우편) 편지 따위를 전하는 체신 업무.
票決(표결) 투표로써 결정함.
開票(개표) 투표함을 열고 득표 결과를 셈함.

牛 소 우  소의 머리 부분을 본떠서 만든 상형문자이다. 한 쌍의 굵고 굽어 있는 뿔이 특징적으로 나타난다.

遙	멀 요	ノ ク タ 夅 釆 䍃 䍃 遙							
拜	절 배	ノ ノ 三 手 手 手 拜 拜							
要	중요할 요	一 亠 帀 西 西 要 要 要							
塞	변방 새	丶 宀 宀 宙 宙 寔 実 塞							
牛	소 우	ノ 仁 二 牛							
角	뿔 각	ノ ク ㄣ 角 角 角 角							
于	어조사 우	一 二 于							
今	이제 금	ノ 入 人 今							
優	뛰어날 우	ノ イ 仁 作 作 伓 優 優							
劣	용렬할 렬	丶 小 少 尖 劣							
羽	깃 우	丁 刁 刃 羽 羽							
翼	날개 익	丁 ヨ 习 习 習 習 翼 翼							
宇	집 우	丶 宀 宀 宀 宇							
宙	집 주	丶 宀 宀 宀 宀 宙 宙							
郵	우편 우	丶 二 乒 乓 垂 垂 郵 郵							
票	표 표	一 一 西 西 西 覀 票 票							

| 憂 우 근심 | 患 환 근심 병 | 又 우 또 | 況 황 하물며 형편 |

心부 11획 / 心부 7획 / 又부 0획 / 水부 5획

憂患(우환) 근심과 걱정.
憂愁(우수) 우울과 수심.
患者(환자) 병을 앓는 사람.
患部(환부) 앓는 자리.
疾患(질환) 신체의 온갖 기능 장애.

又況(우황) 하물며.
又新(우신) 또 새롭게 함.
況且(황차) 하물며.
近況(근황) 최근의 형편.
狀況(상황) 일이 되어가는 형편.

| 運 운 운전할 | 輸 수 실어낼 | 云 운 이를 | 謂 위 이를 |

辶부 9획 / 車부 9획 / 二부 2획 / 言부 9획

運輸(운수) 화물, 여객 등을 실어 나름.
運動(운동) ①물체가 자리를 바꾸어 움직이는 일. ②체조나 체육.
輸出(수출) 외국으로 물품을 내보냄.
輸送(수송) 사람이나 짐을 실어 보냄.

云謂(운위) 일러 말함.
云云(운운) '이러이러하다고 말함'의 뜻으로 쓰이는 말.
所謂(소위) 이른바.
可謂(가위) 가히 이르자면, 참으로.

| 原 원 근원 벌판 | 稿 고 볏짚 원고 | 圓 원 둥글 둘레 | 舞 무 춤출 |

厂부 8획 / 禾부 10획 / 囗부 10획 / 舛부 8획

原稿(원고) 인쇄하려고 종이에 써 놓은 글.
原因(원인) 일이 일어난 까닭.
原料(원료) 무엇을 만들거나 가공할 재료.
稿料(고료) 원고료.
脫稿(탈고) 원고 쓰기를 마침.

圓舞(원무) 원형 형태로 추는 춤.
圓卓(원탁) 둥근 탁자.
圓熟(원숙) 아주 숙달됨.
舞臺(무대) 연기하거나 활동하는 장소.
歌舞(가무) 노래와 춤.

| 元 원 으뜸 | 帥 수 장수 거느릴 | 怨 원 원망할 원수 | 尤 우 더욱 탓할 |

儿부 2획 / 巾부 6획 / 心부 5획 / 尢부 1획

元帥(원수) 군인의 가장 높은 계급.
元祖(원조) 어떤 일을 시작한 사람.
元旦(원단) 정월 초하루의 아침.
將帥(장수) 군사를 거느리는 우두머리.
統帥(통수) 통솔. 예~權

怨尤(원우) 원망하고 탓함.
怨恨(원한) 원통하고 한이 되는 생각.
宿怨(숙원) 오래 묵은 원한.
尤異(우이) 가장 뛰어남.
尤甚(우심) 더욱 심함.

舞 춤출 무

처음에 '춤추다'라는 뜻은 원래 '無'자로 썼는데, 한 사람이 양 팔을 벌리고 손에 소꼬리를 들고 춤추는 모습을 본뜬 것이다. 후에 이 글자가 '없다'라는 뜻이 되면서 두다리 모양(舛)을 더하여 '舞'자를 따로 만들었다.

憂	근심 우	一 丆 百 亘 恖 憂 憂								
患	근심 환	` 口 吕 吕 串 串 患 患								
又	또 우	丿 又								
況	하물며 황	` ` ; 氵 汈 汈 況 況								
運	운전할 운	一 冖 冎 冒 亘 軍 軍 運								
輸	실어낼 수	一 亘 車 軩 軩 輪 輪 輸								
云	이를 운	一 二 云 云								
謂	이를 위	` ュ 言 言 訂 謂 謂 謂								
原	근원 원	一 厂 厂 厉 厉 盾 原 原								
稿	원고 고	一 千 禾 禾 秆 稻 稿 稿								
圓	둥글 원	ㅣ 冂 冂 同 周 周 圓 圓								
舞	춤출 무	^ 二 冊 無 舞 舞 無 舞								
元	으뜸 원	一 二 テ 元								
帥	장수 수	ノ ⺊ ⺊ ⺊ 自 自 帥 帥								
怨	원망할 원	ノ ク タ タ 夗 怨 怨 怨								
尤	탓할 우	一 ナ 尢 尤								

|  원 / 근원 | 泉 천 / 샘 | 越 월 / 넘을 | 墻 장 / 담 |

水부 10획　　　　水부 5획　　　　　走부 5획　　　　土부 13획

源泉(원천) 물이 흘러 나오는 근원.
根源(근원) 사물이 생겨나는 본바탕.
泉石(천석) 샘과 돌. 산수의 경치.
九泉(구천) 죽은 뒤 넋이 가는 곳.
溫泉(온천) 데워져 솟아나는 지하수.

越墻(월장) 담을 넘음.
越權(월권) 권한 밖의 일을 함.
超越(초월) 어떤 한계나 표준을 넘음.
墻壁(장벽) 담과 벽.
墻外(장외) 담 밖.

| 危 위 / 위태할 | 徑 경 / 지름길 |  위 / 어길 | 例 례 / 법식 / 보기 |

卩부 4획　　　　彳부 7획　　　　　辶부 9획　　　　人부 6획

危徑(위경) 험하고 위태로운 지름길.
危篤(위독) 병세가 중하고 위태로움.
危機一髮(위기일발) 위급함이 매우 절박한 순간.
半徑(반경) 반지름.
捷徑(첩경) 지름길.

違例(위례) 상례를 어김.
違反(위반) 법이나 약속 등을 어김. 비違背
例年(예년) 보통으로 지나온 해.
例示(예시) 예를 들어서 보임.
慣例(관례) 관습이 된 전례.

| 慰 위 / 위로할 | 安 안 / 평안할 / 값쌀 |  위 / 위대할 | 容 용 / 얼굴 / 담을 |

心부 11획　　　　宀부 3획　　　　　人부 9획　　　　宀부 7획

慰安(위안) 위로하여 안심시킴.
弔慰(조위) 죽은 이의 가족을 위문함.
安眠(안면) 편안하게 잘 잠.
安否(안부) 편안 여부를 묻는 인사.
安息(안식) 편안하게 쉼. 예~處

偉容(위용) 훌륭하고 뛰어난 용모.
偉業(위업) 위대한 사업 또는 업적.
偉略(위략) 위대한 계략.
容態(용태) ①용모와 태도. ②병의 상태.
寬容(관용) 너그럽게 용서하고 용납함.

| 胃 위 / 밥통 | 腸 장 / 창자 | 爲 위 / 하 / 위할 | 主 주 / 주인 / 임금 |

肉부 5획　　　　肉부 9획　　　　　爪부 8획　　　　부 4획

胃腸(위장) 위와 창자.
胃壁(위벽) 위의 내부.
脾胃(비위) 음식의 맛을 분간하는 기분.
腸粘膜(장점막) 창자 속에 있는 점막.
大腸(대장) 소장에 이어 항문에서 끝나는 소화 기관.

爲主(위주) 주장을 삼음.
營爲(영위) 일을 경영함.
主客(주객) 주인과 손.
主觀(주관) 자기대로의 생각.
主力(주력) 중심 세력.

| 安 평안할 안 |  | 집 안에 한 여자가 꿇어앉아 손을 가슴에 얹고 있는 모습이다. 원래의 뜻은 '안정' '편안함' '안전'이다. |

源	근원 원	氵 氵 汀 沪 沪 沥 源 源				
泉	샘 천	丶 宀 白 白 身 泉				
越	넘을 월	一 十 丰 走 走 走 越 越				
墻	담 장	一 十 土 圤 圤 培 墻 墻				
危	위태할 위	丿 宀 宀 产 危 危				
徑	지름길 경	丿 彳 彳 彳 彳 徑 徑				
違	어길 위	一 ナ 丸 告 韋 違 違				
例	법식 례	丿 亻 仁 佢 佢 佢 例 例				
慰	위로할 위	丶 尸 尸 尸 屌 尉 尉 慰 慰				
安	평안할 안	丶 宀 宀 宀 安 安				
偉	위대할 위	丿 亻 亻 伟 伟 伟 偉 偉				
容	얼굴 용	丶 宀 宀 宀 宀 容 容				
胃	밥통 위	丨 口 田 田 田 胃 胃				
腸	창자 장	丿 月 月 肝 胆 腸 腸				
爲	위할 위	丶 丷 宀 爪 爲 爲 爲				
主	주인 주	丶 二 十 十 主				

 위 맡길 시들 — 女부 5획

託 탁 부탁할 핑계할 — 言부 3획

委託(위탁) 부탁하여 책임을 맡김.
委任(위임) 일 처리를 다른 사람에게 맡김.
託送(탁송) 남에게 의탁하여 보냄.
託兒所(탁아소) 아이를 맡기는 곳.
請託(청탁) 청을 넣어 부탁함.

 위 위엄 으를 — 女부 6획

脅 협 으를 — 肉부 6획

威脅(위협) 위세를 부리며 으르고 협박함.
威信(위신) 위엄과 신망.
權威(권위) 일정한 부문에서 사회적으로 인정받고, 일정한 영향을 미칠 수 있는 능력이나 위신.
脅迫(협박) 으르고 다잡음.

悠 유 멀 한가할 — 心부 7획

久 구 오랠 — 丿부 2획

悠久(유구) 아득하게 오램.
悠悠(유유) 한가함. 예~自適
悠遠(유원) 오래고 멂.
久遠(구원) 까마득하게 멀고 오램.
永久(영구) 길고 오램.

 유 꾈 — 言부 7획

導 도 인도할 — 寸부 13획

誘導(유도) 일정한 방향으로 이끎.
誘引(유인) 꾀어 냄.
導火線(도화선) 폭발물을 터뜨릴 때 불을 당기는 심지.
指導(지도) 가리키어 이끎.

有 유 있을 — 月부 2획

無 무 없을 — 心부 8획

有無(유무) 있음과 없음.
有口無言(유구무언) 아무 말도 하지 못함.
有效(유효) 효능이나 효과가 있음.
無視(무시) 업신여김.
無能(무능) 재능이 없음.

 유 맬 이을 — 糸부 8획

新 신 새 — 斤부 9획

維新(유신) 묵은 제도를 새롭게 고침.
維持(유지) 그대로 보전하여 지탱함.
新設(신설) 새로 설치함.
新兵(신병) 새로 뽑은 군사.
刷新(쇄신) 나쁜 폐단을 없애고 새롭게 함.

 유 더욱 — 心부 9획

甚 심 심할 — 甘부 4획

愈甚(유심) 더욱 심함.
愈往(유왕) 갈수록.
甚至於(심지어) 심하게는.
甚急(심급) 매우 급함.
極甚(극심) 극히 심함.

 유 오히려 — 犬부 9획

豫 예 미리 — 豕부 9획

猶豫(유예) 시간이나 날짜를 미룸.
猶爲不足(유위부족) 오히려 모자람.
豫感(예감) 육감으로 미리 느낌.
豫選(예선) 예비적으로 골라 뽑음.
豫防(예방) 미리 막음. 예肝炎~

新 새 신  원래의 뜻은 '땔감'이다. 한 그루의 나무와 도끼의 모양을 본떠서 합한 글자이다. 후에 '새로운'의 뜻으로 사용되고, '薪(땔나무 신)'이 새롭게 생겼다.

委	맡길 위	一 二 千 禾 / 禾 委 委 委	委	委					
託	부탁할 탁	丶 亠 言 言 / 言 言 計 託	託	託					
威	위엄 위	厂 厂 厅 反 / 反 威 威 威	威	威					
脅	으를 협	丆 力 加 加 / 加 加 脅 脅	脅	脅					
悠	멀 유	丿 亻 亻 伙 / 攸 攸 悠 悠	悠	悠					
久	오랠 구	丿 ク 久	久	久					
誘	꾈 유	丶 亠 言 言 / 訁 訁 誘 誘	誘	誘					
導	인도할 도	丷 丷 首 首 / 道 道 導 導	導	導					
有	있을 유	一 ナ 才 有 / 有 有	有	有					
無	없을 무	丿 亠 血 無 / 無 無	無	無					
維	맬 유	幺 糸 糸 糸 / 糹 紳 絆 維	維	維					
新	새 신	丶 亠 立 亲 / 亲 新 新 新	新	新					
愈	더욱 유	丿 人 人 介 / 介 俞 愈 愈	愈	愈					
甚	심할 심	一 十 廿 甘 / 其 其 其 甚	甚	甚					
猶	오히려 유	丿 犭 犭 犭 / 犭 猶 猶 猶	猶	猶					
豫	미리 예	一 フ 又 予 / 予 予 豫 豫	豫	豫					

 遊 유 놀 — 辵부 9획
 娛 오 즐거워할 — 女부 7획

遊娛(유오) 유람을 하며 즐겁게 놂.
遊覽(유람) 돌아다니며 구경함.
遊學(유학) 외국이나 타향에 가서 공부함.
野遊(야유) 들놀이. 예~會
娛樂(오락) 즐겁게 노는 놀이.

 唯 유 오직 — 口부 8획
一 일 한 — 一부 0획

唯一(유일) 오직 하나뿐임.
唯物論(유물론) 우주 만유의 궁극적 실재를 물질로 보는 설.
一括(일괄) 한데 묶음.
一致(일치) 서로 맞음. 예滿場~

裕 유 넉넉할 — 衣부 7획
足 족 발, 넉넉할 — 足부 0획

裕足(유족) 살림살이가 넉넉함.
餘裕(여유) 넉넉하고 남음이 있음.
足跡(족적) ①발자국. ②지내온 자취.
長足(장족) 빠르게 나아가는 걸음.
滿足(만족) 마음이 흡족함.

 乳 유 젖 — 乙부 7획
臭 취 냄새 — 自부 4획

乳臭(유취) 젖 냄새.
乳兒(유아) 젖먹이.
粉乳(분유) 가루 우유.
臭氣(취기) 좋지 못한 냄새.
體臭(체취) 몸의 냄새.

 幼 유 어릴 — 幺부 2획
稚 치 어릴 — 禾부 8획

幼稚(유치) 나이나 수준이 어림.
幼蟲(유충) 알에서 부화된 애벌레
幼兒(유아) 어린 아이. 예~敎育
稚氣(치기) 유치하고 어린 기분.
稚拙(치졸) 유치하고 졸렬함.

 幽 유 그윽할 — 幺부 6획
閉 폐 닫을 — 門부 3획

幽閉(유폐) 깊숙히 가두어 둠.
幽靈(유령) 죽은 사람의 영혼.
幽谷(유곡) 깊은 골짜기.
閉鎖(폐쇄) (문을) 닫아 걺.
閉業(폐업) 하던 영업을 그만둠.

 儒 유 선비, 유교 — 人부 14획
學 학 배울 — 子부 13획

儒學(유학) 공자·맹자의 학설.
儒生(유생) 유학자.
儒林(유림) 유교의 도를 닦는 학자들.
學界(학계) 학문을 연구하는 사회.
學費(학비) 학업을 닦는데 드는 비용.

 肉 육 고기, 몸 — 肉부 0획
身 신 몸 — 身부 0획

肉身(육신) 사람의 몸. 반靈魂
肉食(육식) 육류를 주식으로 먹음.
血肉(혈육) 피와 살이 섞인 가족.
身元(신원) 일신상의 관계.
心身(심신) 마음과 몸.

 身 몸 신

원래의 뜻은 '임신하다'이다. 글자의 모양은 임신을 한 여자의 옆에서 본 모습이다. 후에 '신체' '자기' '직접'이라는 뜻이 생겼다.

遊	놀 유	丶 亠 方 方/ 方/ 斿 斿 遊	
娛	즐거워할 오	く 女 女 如 姆 娛 娛 娛	
唯	오직 유	口 口 叶 叶 叶 唯 唯	
一	한 일	一	
裕	넉넉할 유	丶 ラ 衤 衤 衤 衤 裕 裕	
足	넉넉할 족	丶 口 口 口 口 足 足	
乳	젖 유	丶 丶 乊 乊 孚 孚 乳	
臭	냄새 취	丶 亻 自 自 臭 臭 臭	
幼	어릴 유	丶 幺 幺 幼 幼	
稚	어릴 치	丶 二 千 禾 利 秆 秆 稚	
幽	그윽할 유	丨 丨 幺 幺/ 幽 幽 幽 幽	
閉	닫을 폐	丨 卩 門 門 門 門 閉 閉	
儒	유교 유	丿 亻 仁 仁 仟 儒 儒 儒	
學	배울 학	丶 日 臼 臼 學 學 學 學	
肉	몸 육	丨 冂 內 內 肉 肉	
身	몸 신	丶 亻 冂 自 身 身	

 윤 불을 윤택할　 기 기운 숨

水부 12획　　　气부 6획

潤氣(윤기) 윤택한 기운.
潤滑(윤활) 습윤하여 매끄러움.
氣槪(기개) 씩씩한 기상과 굽히지 않는 의지.
氣勢(기세) 기운과 세력.
氣力(기력) 몸으로 활동할 수 있는 힘.

閏 윤 윤달　　月 월 달

門부 4획　　　月부 0획

閏月(윤월) 윤달.
閏年(윤년) 윤일이나 윤달이 드는 해.
月光(월광) 달빛.
月例(월례) 다달이 행하는 정례.
月賦(월부) 물건 값을 매월 나누어 치름.

 은 숨을　　蔽 폐 가릴

阝부 14획　　　艹부 12획

隱蔽(은폐) 덮어 감춤. 가리어 숨김.
隱居(은거) 사회 활동을 피하고 숨어 삶.
惻隱(측은) 딱하고 가엾음.
蔽遮(폐차) 보이지 않도록 가리어 막음.
蔽一言(폐일언) 한마디로 휩싸서 말함.

銀 은 은 돈　　漢 한 한수 한나라

金부 6획　　　水부 11획

銀漢(은한) 은하수.
銀貨(은화) 은으로 만든 화폐.
銀塊(은괴) 은 덩어리.
漢方(한방) 중국에서 전해 내려오는 의술.
漢詩(한시) 한문으로 된 시.

 을 새 천간　　丑 축 소

乙부 0획　　　一부 3획

乙丑(을축) 육십갑자의 하나.
乙種(을종) 둘째 등급의 종류.
乙夜(을야) 밤 10시 경.
丑日(축일) 일진이 '축'인 날.
丑時(축시) 오전 1시부터 3시 사이.

陰 음 그늘 음기　　陽 양 볕·해 양기

阝부 8획　　　阝부 9획

陰陽(음양) 음과 양. 음성과 양성.
陰影(음영) 그림자. 그늘.
寸陰(촌음) 몹시 짧은 시간.
陽春(양춘) 따뜻한 봄.
陽地(양지) 볕이 드는 곳.

 음 읊을 앓을　　 영 읊을

口부 4획　　　言부 5획

吟詠(음영) 시를 읊음.
吟味(음미) 사물의 속뜻을 새겨서 맛봄.
呻吟(신음) 앓는 소리를 냄.
詠歎(영탄) 소리를 길게 내어 읊음.
詠歌(영가) 시가를 읊음.

邑 읍 고을 도읍　　誌 지 기록

邑부 0획　　　言부 7획

邑誌(읍지) 한 고을의 연혁을 적은 책.
邑內(읍내) ①읍의 구역 안. ②고을.
邑民(읍민) 읍내에 사는 사람.
誌面(지면) 잡지에서 글이 실리는 종이의 면.
日誌(일지) 직무상의 기록을 적은 책.

月 달 월　　　초승달의 모양을 본떠서 만든 글자이다. 달이 저녁에 나오므로 '저녁'이라는 의미로 쓰이기도 한다.

潤	윤택할 윤	氵氵汀 汩 泗 潤 潤	潤 潤			
氣	기운 기	′ ⌒ ㇷ 气 气 氘 氣 氣	氣 氣			
閏	윤달 윤	｜ 門 門 門 門 門 閏	閏 閏			
月	달 월	⌒ 刀 月 月	月 月			
隱	숨을 은	⻖ 阝 阝 阡 阡 隱 隱 隱	隱 隱			
蔽	가릴 폐	⺾ 艹 艹 荋 菂 蔽 蔽 蔽	蔽 蔽			
銀	은 은	′ ㇉ 乍 金 釒 鈤 鈤 銀	銀 銀			
漢	한수 한	氵氵汁 汁 漢 漢 漢 漢	漢 漢			
乙	새 을	乙	乙 乙			
丑	소 축	丁 刀 刃 丑	丑 丑			
陰	그늘 음	⻖ 阝 阡 阡 阡 陰 陰 陰	陰 陰			
陽	볕 양	⻖ 阝 門 阻 阻 陽 陽 陽	陽 陽			
吟	읊을 음	′ ㇁ 口 叭 叭 吟	吟 吟			
詠	읊을 영	′ ㇉ 言 言 訂 訂 訂 詠	詠 詠			
邑	고을 읍	′ ㇁ 口 呂 呂 呂 邑	邑 邑			
誌	기록 지	′ ㇉ 言 言 計 計 誌 誌	誌 誌			

應 응 응할 응당　援 원 도울	依 의 의지할　賴 뢰 의지할
心부 13획　　　手부 9획	人부 6획　　　貝부 9획
應援(응원) 경기 등을 곁에서 성원함. 應諾(응낙) 승낙함. 應急(응급) 급한 대로 우선 처리함. 援助(원조) 도와 줌. 援護(원호) 원조하여 보호함.	依賴(의뢰) 남에게 부탁하거나 의지함. 依存(의존) 의지하여 존재함. 依據(의거) 어떤 사실에 근거하는 것. 賴力(뇌력) 남의 힘을 입음. 信賴(신뢰) 남을 믿고 의지함.
衣 의 옷　裳 상 치마	疑 의 의심할　心 심 마음
衣부 0획　　　衣부 8획	疋부 9획　　　心부 0획
衣裳(의상) 저고리와 치마. 옷. 衣食(의식) 의복과 음식. 衣冠(의관) 의복과 갓. 옷차림. 脫衣(탈의) 옷을 벗음. 裳衣(상의) 치마와 저고리. 옷.	疑心(의심) 이상히 여기는 마음. 疑惑(의혹) 의심하여 분간하지 못함. 疑懼(의구) 의심하여 두려워함. 心志(심지) 마음에 지니는 의지. 心慮(심려) 마음속의 근심.
意 의 뜻　欲 욕 하고자할	醫 의 의원　院 원 집
心부 9획　　　欠부 7획	酉부 11획　　　阝부 7획
意欲(의욕) 하고자 하는 욕망. 意圖(의도) 무엇을 이루려는 마음. 意味(의미) 사물의 뜻. 欲望(욕망) 하고자 하거나 가지려고 바람. 欲求(욕구) 바라서 구함.	醫院(의원) 병원. 醫師(의사) 의술로 병을 치료하는 사람. 名醫(명의) 병을 잘 고쳐 이름난 의사. 院落(원락) 울안의 정원이나 부속 건물. 退院(퇴원) 입원했던 환자가 병원을 나옴.
耳 이 귀 따름　目 목 눈 조목	以 이 써 까닭　北 북,배 북녘 달아날
耳부 0획　　　目부 0획	人부 3획　　　匕부 3획
耳目(이목) 귀와 눈. 예~口鼻 耳鳴(이명) 귀울림. 目擊(목격) 그 자리에서 실제로 봄. 指目(지목) 가리켜 정함. 面目(면목) 남을 대하는 낮.	以北(이북) 표준 지점에서 그 북쪽. 以實直告(이실직고) 사실대로 고함. 以內(이내) 일정한 범위의 안. 北風(북풍) 삭풍. 반南風 北上(북상) 북쪽을 향해 올라감.

疑 의심할 의	한 사람이 지팡이를 짚고 길목에 서서 길을 잃은 듯 좌우로 두리번거리는 모습으로 만든 글자이다. 원래의 뜻은 '알듯말듯하여 의심이 나다' '망설이다' 라는 뜻이다.

應	응할 응	一 广 广 府 / 府 雁 應 應	應	應				
援	도울 원	一 扌 扩 扩 / 扩 拻 拻 援	援	援				
依	의지할 의	ノ 亻 亻 伫 / 伫 依 依 依	依	依				
賴	의지할 뢰	一 亠 古 束 / 剌 軳 軯 賴	賴	賴				
衣	옷 의	、 一 ナ ナ / ナ 衣	衣	衣				
裳	치마 상	丨 业 严 严 / 堂 堂 裳 裳	裳	裳				
疑	의심할 의	匕 上 ヒ 疋 / 兴 㝗 疑 疑	疑	疑				
心	마음 심	丶 心 心 心	心	心				
意	뜻 의	一 ㅗ 立 音 / 音 音 意 意	意	意				
欲	하고자할 욕	ノ 八 公 谷 / 谷 谷 欲 欲	欲	欲				
醫	의원 의	一 匚 匡 匧 / 医殳 医殳 医殳 醫	醫	醫				
院	집 원	㇇ 阝 阝 阝 / 阼 陀 院 院	院	院				
耳	귀 이	一 丁 F F / 耳 耳	耳	耳				
目	눈 목	丨 冂 月 月 / 目	目	目				
以	써 이	丶 レ 以 以 / 以	以	以				
北	북녘 북	丨 ㅓ 킈 北 / 北	北	北				

而 이 말이을 뿐 而부 0획 而已(이이) 뿐. 따름. 而後(이후) 이제부터. 而立(이립) '서른 살'을 이르는 말. 已往之事(이왕지사) 이미 지나간 일. 不得已(부득이) 마지못해. 하는 수 없이. **已** 이 이미 뿐 己부 0획	**貳** 이 두 貝부 5획 貳丈(이장) 두 길. 貳心(이심) 배반하는 마음. 貳車(이거) 버금으로 따르는 수레. 丈席(장석) 학문과 덕망이 높은 사람. 丈人(장인) 아내의 친정 아버지. **丈** 장 어른 길 一부 2획
移 이 옮길 禾부 6획 移轉(이전) 장소나 주소 등을 옮김. 移民(이민) 자기 나라를 떠나 외국에 이주함. 移讓(이양) 남에게 옮기어 넘겨 줌. 轉勤(전근) 근무하는 곳을 옮김. 轉轉(전전) 이리저리 굴러다님. **轉** 전 구를 車부 11획	**夷** 이 오랑캐 평평할 大부 3획 夷險(이험) 평탄한 곳과 험한 곳. 夷狄(이적) 오랑캐. 東夷(동이) 동쪽 지방의 민족. 險難(험난) 험하고 어려움. 險狀(험상) 거칠고 모진 상태. **險** 험 험할 阝부 13획
因 인 인할 까닭 囗부 3획 因果(인과) 원인과 결과. 예~關係. 因緣(인연) 연분. 起因(기인) 일이 일어나는 원인. 果敢(과감) 과단성이 있고 용감스러움. 效果(효과) 보람이 있는 결과. **果** 과 과실 결과 木부 4획	**忍** 인 참을 心부 3획 忍耐(인내) 어려움 등을 참고 견딤. 忍從(인종) 참고 복종함. 殘忍(잔인) 인정이 없고 모짊. 耐久力(내구력) 오래 견디는 힘. 堪耐(감내) 어려움을 참고 견딤. **耐** 내 견딜 而부 3획
刃 인 칼날 刀부 1획 刃傷(인상) 칼날에 다쳐 상함. 自刃(자인) 칼로 자기의 생명을 끊음. 傷貧(상빈) 가난에 쪼들려 마음이 상함. 損傷(손상) 떨어지고 상함. 火傷(화상) 열에 데어서 상함. **傷** 상 상할 人부 11획	**印** 인 도장 찍을 卩부 3획 印刷(인쇄) 글자, 그림을 판에 박아냄. 印象(인상) 기억에 새겨지는 흔적이나 작용. 檢印(검인) 검사한 표로 찍는 도장. 刷新(쇄신) 묵은 것을 없애고 새롭게 함. 刷掃(쇄소) 쓸고 털고 함. **刷** 쇄 박을 刀부 6획

因 인할 인	因	한 사람이 요에 사지를 벌리고 누워있는 모습이다. 원래의 뜻은 '요' '방석' 등이었으나 '인하다' '유래하다'의 뜻으로 쓰이면서 따로 '茵(자리 인)'자가 생겼다.

而	말이을 이	一 丁 丙 而 而
已	이미 이	一 ㄱ 已
貳	두 이	一 二 三 弎 亖 貢 貳 貳
丈	길 장	一 ナ 丈
移	옮길 이	一 二 千 禾 利 移 移 移
轉	구를 전	一 厂 亘 車 車 軻 轉 轉
夷	평평할 이	一 二 三 弓 夷 夷
險	험할 험	' 阝 阝 阝 阶 阶 險 險
因	까닭 인	丨 冂 日 因 因
果	결과 과	丶 冂 曰 甲 果
忍	참을 인	刀 刀 刃 忍 忍 忍 忍
耐	견딜 내	一 丁 丙 而 而 耐 耐
刃	칼날 인	刀 刀 刃
傷	상할 상	亻 亻 伊 傴 傴 傷 傷 傷
印	도장 인	' 亻 ㅏ 亡 卬 印
刷	박을 쇄	ㄱ 尸 尸 尸 吊 吊 刷 刷

| 仁 인 어질 씨 | 慈 자 사랑 | 引 인 끌 늘릴 | 責 책 꾸짖을 책임 |

人부2획 / 心부10획 / 弓부1획 / 貝부4획

仁慈(인자) 어질고 자애로움.
仁德(인덕) 어진 덕.
仁義(인의) 어질고 의로움.
慈善(자선) 남에게 은혜를 베풀어 도와주는 것.
慈悲(자비) 동정심이 많고 자애로움.

引責(인책) 잘못의 책임을 스스로 짐.
引力(인력) 끌어 당기는 힘.
誘引(유인) 꾀어 냄.
責任(책임) 맡아서 해야 할 임무.
叱責(질책) 꾸짖어 나무람.

| 姻 인 혼인 | 戚 척 겨레 슬플 | 日 일 날 해 | 輪 륜 바퀴 둘레 |

女부6획 / 戈부8획 / 日부0획 / 車부8획

姻戚(인척) 혼인 관계로 맺어진 친척.
姻弟(인제) 처남 매부 사이에 자기를 낮추어 이르는 말.
戚臣(척신) 임금과 척분 있는 신하.
親戚(친척) 친족과 외척.

日輪(일륜) 태양.
日沒(일몰) 해가 짐.
日常(일상) 날마다. 늘. 항상.
輪轉(윤전) 차바퀴 모양으로 돎.
輪廓(윤곽) 사물의 대강의 테두리.

| 壹 일 한 오로지 | 般 반 옮길 일반 | 資 자 재물 근본 | 格 격 격식 정도 |

士부9획 / 舟부4획 / 貝부6획 / 木부6획

壹般(일반) 보통의 사람들. 一般.
均壹(균일) 한결같이 고름.
今般(금반) 이번.
全般(전반) 통틀어 전부.
諸般(제반) 모든 것. 여러가지.

資格(자격) 일정한 신분·지위를 가지는데 필요한 조건. 예~證明書
資質(자질) 타고난 성질.
格調(격조) 인품이나 품격.
格式(격식) 격에 맞는 일정한 방식.

| 紫 자 자주빛 | 檀 단 박달나무 | 姉 자 누이 | 妹 매 아래누이 |

糸부6획 / 木부13획 / 女부5획 / 女부5획

紫檀(자단) 자단나무.
紫色(자색) 자주빛.
紫煙(자연) 담배 연기.
檀君(단군) 우리 민족 태초의 시조.
檀家(단가) 절에 시주하는 집안.

姉妹(자매) 여자끼리의 언니와 아우.
姉夫(자부) 손위 누이의 남편. 비妹兄
妹弟(매제) 손아래 누이의 남편.
義妹(의매) 의리로 맺은 누이.
男妹(남매) 오라비와 누이.

| 日 날 일 | | 원래의 뜻은 '태양'을 나타내는 상형문자이다. 후에 '낮'이라는 뜻이 생겼고 '하루'라는 뜻도 생겼다. |

仁	어질 인	ノ 亻 仁 仁				
慈	사랑 자	丷 ソ 兯 茲 兹 兹 慈 慈				
引	끌 인	기 긴 引 引				
責	꾸짖을 책	一 二 丰 圭 丰 青 青 責				
姻	혼인 인	〈 乆 女 如 如 妒 姻 姻				
戚	겨레 척	一 厂 厂 厂 戌 戌 戚 戚				
日	날 일	丨 冂 日 日				
輪	바퀴 륜	覀 亜 車 幹 輪 輪 輪 輪				
壹	한 일	士 吉 吉 壴 壹 壹 壹 壹				
般	일반 반	′ 力 月 舟 舟 舟 舡 般 般				
資	근본 자	冫 次 次 次 咨 資 資				
格	격식 격	一 十 才 木 杦 校 格 格				
紫	자주빛 자	丨 屮 此 此 紫 紫 紫				
檀	박달나무 단	木 栌 柠 柠 栴 檀 檀 檀				
姉	누이 자	〈 乆 女 女 妡 姉 姉				
妹	아래누이 매	〈 乆 女 女 妹 妹 妹 妹				

刺 자, 척 찌를 칼로찌를 刀부7획	殺 살, 쇄 죽일 감할 殳부7획	雌 자 암컷 隹부6획	雄 웅 수컷 뛰어날 隹부4획

刺殺(자살·척살) 찔러 죽임.
刺客(자객) 몰래 사람을 찔러 죽이는 사람.
諷刺(풍자) 무엇에 빗대어 비판해 말함.
殺伐(살벌) 거칠고 무시무시함.
殺到(쇄도) 한꺼번에 많이 몰려 닥침.

雌雄(자웅) 암컷과 수컷. 우열.
雌花(자화) 암술만 있는 꽃.
雄辯(웅변) 거침없이 잘하는 말.
雄飛(웅비) 기세 좋게 씩씩히 활동함.
英雄(영웅) 비범하고 탁월한 사람.

 自 자 스스로 自부0획	他 타 다를 남 人부3획	姿 자 맵시 바탕 女부6획	態 태 태도 心부10획

自他(자타) 자기와 남. 예~共認
自滅(자멸) 스스로 멸망함.
自力(자력) 자기의 힘.
依他(의타) 남에게 의존함. 예~心
出他(출타) 다른 곳에 잠깐 나감.

姿態(자태) 몸을 가지는 태도나 맵시.
姿色(자색) 여자의 고운 얼굴.
雄姿(웅자) 웅장한 모습.
態勢(태세) 일을 대하는 태도나 자세.
形態(형태) 사물의 생김새.

 字 자 글자 子부3획	劃 획 그을 획 刀부12획	爵 작 벼슬 爪부14획	祿 록 녹 示부8획

字劃(자획) 글자의 획.
字解(자해) 글자에 대한 풀이.
劃一(획일) 한결같아 변함이 없음.
劃期的(획기적) 새로운 시기를 열어 놓을 만큼 특이한 것.

爵祿(작록) 관작과 녹봉.
爵品(작품) 벼슬의 품계.
公爵(공작) 5등작의 첫째 작위.
祿俸(녹봉) 관리에게 주는 한 해의 연봉.
祿命(녹명) 타고난 관록과 운명.

 昨 작 어제 日부5획	春 춘 봄 日부5획	 暫 잠 잠깐 日부11획	留 류 머무를 田부5획

昨春(작춘) 지난해 봄.
昨今(작금) 어제오늘. 요사이.
春寒(춘한) 봄추위.
春夢(춘몽) 봄에 꾸는 꿈. 인생의 덧없음을 비유함.
青春(청춘) ①새싹이 돋는 봄. ②젊은 나이.

暫留(잠류) 잠깐 머물러 있음.
暫定的(잠정적) 잠시 작정하는 것.
留任(유임) 그 직위에 계속 머물러 일을 봄.
留保(유보) 뒷날로 미루어 둠.
抑留(억류) 억지로 머무르게 함.

爵 벼슬 작		'爵'은 고대의 술그릇의 일종을 나타낸 상형문자이다. '작위' '벼슬'이라는 뜻은 후기에 생긴 의미이다.

刺	찌를 자	一 亍 ㅜ 市 束 束 剌 刺							
殺	죽일 살	ㄨ 千 千 杀 쥐 쥐 殺 殺							
雌	암컷 자	ㅣ ㅏ 止 止 雌 雌 雌 雌							
雄	수컷 웅	一 ナ 太 太 雄 雄 雄 雄							
自	스스로 자	ノ 亻 ㄅ 白 白 自							
他	남 타	ノ 亻 亻 他 他							
姿	맵시 자	⌐ ㄔ ㄔ ㄔ 次 次 姿 姿							
態	태도 태	ㄙ 刍 刍 能 能 能 態 態							
字	글자 자	丶 ㄇ 宀 宁 字							
劃	그을 획	⌐ 긕 ㄓ 申 書 書 畫 劃							
爵	벼슬 작	一 ㅅ 罒 爫 爵 爵 爵 爵							
祿	녹 록	禾 礻 礻 礻 祎 祎 祿							
昨	어제 작	ㅣ 冂 日 日' 昨 昨 昨							
春	봄 춘	一 二 三 ㄹ 夫 表 春 春							
暫	잠깐 잠	一 冂 百 車 斬 斬 暫							
留	머무를 유	ノ ㄈ ㄈ 甶 甶 留 留 留							

 潛 잠 / 잠길 / 숨길
水부 12획

跡 적 / 발자취
足부 6획

潛跡〔잠적〕 종적을 숨김. 자취를 감춤.
潛伏〔잠복〕 드러나지 않게 숨어 있음.
痕迹〔흔적〕 뒤에 남은 자취나 자국.
古跡〔고적〕 남아 있는 옛 자취.
人跡〔인적〕 사람의 발자취.

 壯 장 / 씩씩할 / 웅장할
土부 4획

途 도 / 길
辶부 7획

壯途〔장도〕 장한 뜻을 품고 떠나는 길.
壯觀〔장관〕 굉장하여 볼만한 광경.
健壯〔건장〕 몸이 크고 굳셈.
途中〔도중〕 계속되는 일이 끝나기 전.
前途〔전도〕 앞으로 나아갈 길.

帳 장 / 휘장 / 치부책
巾부 8획

幕 막 / 휘장 / 막
巾부 11획

帳幕〔장막〕 볕, 빛 등을 가리기 위해 둘러치는 물건.
帳簿〔장부〕 금전의 출납을 적은 책.
記帳〔기장〕 장부를 기록함.
幕間〔막간〕 연극에서 막과 막 사이.
黑幕〔흑막〕 겉으로 드러나지 않는 내막.

 莊 장 / 장중할 / 별장
艸부 7획

園 원 / 동산
囗부 10획

莊園〔장원〕 봉건적 토지 소유의 한 형태.
莊重〔장중〕 장엄하고 무게가 있음.
山莊〔산장〕 산 속에 지은 별장.
園藝〔원예〕 채소, 화초 따위를 심어 가꾸는 일.
庭園〔정원〕 집 안의 뜰.

將 장 / 장수 / 장차
寸부 8획

卒 졸 / 군사 / 마칠
十부 6획

將卒〔장졸〕 장수와 졸병.
將來〔장래〕 앞날.
猛將〔맹장〕 용맹한 장수.
卒倒〔졸도〕 갑자기 정신을 잃고 넘어짐.
兵卒〔병졸〕 군사.

長 장 / 길 / 어른
長부 0획

銃 총 / 총
金부 6획

長銃〔장총〕 보병이 쓰는 총. 小銃.
長久〔장구〕 매우 길고 오램.
訓長〔훈장〕 글방의 스승.
銃劍〔총검〕 총과 칼.
弔銃〔조총〕 기념식 등에서 쏘는 예총.

栽 재 / 심을
木부 6획

培 배 / 북돋울
土부 8획

栽培〔재배〕 식물을 심어 가꿈.
栽植〔재식〕 식물을 심음.
盆栽〔분재〕 화분에 심어 가꿈.
培養〔배양〕 ①(식물이나 세균 등을) 가꾸어 기름.
②(사람의 사상, 인격 등을) 발전하도록 기름.

 災 재 / 재앙
火부 3획

殃 앙 / 재앙
歹부 5획

災殃〔재앙〕 불행한 변고.
災害〔재해〕 자연에 의하여 입는 해.
災難〔재난〕 뜻밖에 일어나는 불행한 일.
水災〔수재〕 큰 물로 인한 재난.
殃禍〔앙화〕 죄악의 과보로 받는 재앙.

卒 군사 졸   노예들에게 입히는 제복의 모양을 본떠서 만들었으며 그 옷에는 알아볼 수 있는 표식이 있었다. 후에는 '사졸'이라는 뜻으로 많이 사용되었다.

潛	숨길 잠	丶氵氵氵 氿洪洪潛	潛 潛
跡	발자취 적	丶口卫卫 呈距跡跡	跡 跡
壯	씩씩할 장	丶丬爿 爿壯壯	壯 壯
途	길 도	丿人今今 余余涂途	途 途
帳	휘장 장	丨口巾巾 帄帳帳帳	帳 帳
幕	막 막	丶艹艹茻 苜莫幕幕	幕 幕
莊	별장 장	艹艹艹艹 莊莊莊莊	莊 莊
園	동산 원	丨冂門周 周園園園	園 園
將	장수 장	丶丬爿 爿將將將	將 將
卒	군사 졸	丶亠亠 夺卒卒	卒 卒
長	길 장	一𠂉F F 長長長長	長 長
銃	총 총	丿人今金 釒鈝鈝銃	銃 銃
栽	심을 재	十土士丰 未栽栽栽	栽 栽
培	북돋울 배	一十土圵 圫垃培培	培 培
災	재앙 재	丶巜巜巛 巛𡿮災	災 災
殃	재앙 앙	一ブ歹歹 殃殃殃殃	殃 殃

在 재 있을	位 위 자리	再 재 두	訂 정 바로잡을
土부 3획	人부 5획	冂부 4획	言부 2획

在位(재위) 임금의 자리에 있음.
在庫(재고) 창고에 있는 것.
存在(존재) 실재로 거기 있음.
位階(위계) 벼슬의 등급.
卽位(즉위) 임금 자리에 오름.

再訂(재정) 다시 정정하는 것.
再發(재발) 다시 생기는 것.
再考(재고) 다시 자세하게 생각함.
訂正(정정) 잘못을 고쳐 바로잡음.
改訂(개정) 고치어 정정함.

抵 저 막을 거스를	觸 촉 닿을	貯 저 쌓을	蓄 축 쌓을
手부 5획	角부 13획	貝부 5획	艸부 10획

抵觸(저촉) 위반되거나 거슬리거나 함.
抵抗(저항) 대항함.
觸發(촉발) 어떤 일을 당하여 충동·감정 따위가 일어남.
感觸(감촉) 만질 때의 느낌.

貯蓄(저축) 모아 쌓아 둠.
貯藏(저장) 쌓아서 간직하여 둠.
蓄電(축전) 전기를 축적하는 일.
蓄財(축재) 재물을 모아 쌓음.
含蓄(함축) 속에 지니어 드러나지 아니함.

赤 적 붉을 빌	道 도 길 말할	賊 적 도둑	徒 도 무리 헛될
赤부 0획	辶부 9획	貝부 6획	彳부 7획

赤道(적도) 위도를 헤아리는 기준선.
赤字(적자) 지출이 수입을 초과하는 일.
赤貧(적빈) 몹시 가난함.
道理(도리) 마땅히 행해야 할 바른 길.
道路(도로) 통행하는 길.

賊徒(적도) 도적들의 동아리.
賊反荷杖(적반하장) 도적이 도리어 매를 듦.
海賊(해적) 해상에서 선박을 위협하는 도둑.
徒步(도보) 타지 않고 걸어감.
徒勞(도로) 헛된 수고.

摘 적 딸 들출	芽 아 싹	敵 적 원수 적수	侵 침 침노할
手부 11획	艸부 4획	攵부 11획	人부 7획

摘芽(적아) 싹을 따버림.
摘發(적발) 부정을 들추어 냄.
指摘(지적) 꼭 집어서 가리키는 것.
發芽(발아) 새싹에서 싹이 나옴.
麥芽(맥아) 엿기름.

敵侵(적침) 적의 침입.
敵手(적수) 자기와 힘이 비슷한 상대자.
對敵(대적) 세력이 맞서서 서로 겨눔.
侵犯(침범) 불법적으로 침해함.
侵入(침입) 침범해 들어감.

赤 붉을 적		'大'와 '火' 두 글자로 이루어진 것이다. 불은 붉기 때문에 원래의 뜻이 '붉은색'이 되었다. '비어 아무 것도 없다' '벌거벗다' 등의 뜻도 있다.

在	있을 재	一 ナ ナ 存 / 存 在
位	자리 위	ノ イ 亻 亻 / 仁 位 位
再	두 재	一 ㄱ 冂 币 / 再 再
訂	바로잡을 정	丶 一 亖 言 / 言 言 訂
抵	거스릴 저	一 丬 扌 扩 / 扩 扺 抵 抵
觸	닿을 촉	⺈ 𠂉 角 角 / 觤 觸 觸 觸
貯	쌓을 저	丨 冂 目 貝 / 貝 貯 貯 貯
蓄	쌓을 축	丶 艹 艹 芍 / 茁 菁 蓄 蓄
赤	붉을 적	一 十 土 扌 / 赤 赤 赤
道	길 도	丶 丬 艹 艹 / 首 首 道 道
賊	도둑 적	丨 冂 目 貝 / 貝 賊 賊 賊
徒	무리 도	ノ 彳 彳 彳 / 徒 徒 徒 徒
摘	딸 적	一 丬 扌 扩 / 扩 摘 摘 摘
芽	싹 아	一 艹 艹 艹 / 芽 芽 芽 芽
敵	적수 적	丶 亠 产 商 / 商 商 敵 敵
侵	침노할 침	ノ イ 亻 伊 / 伊 侵 侵

| 的 적 적실할 과녁 | 確 확 확실할 | 田 전 밭 | 畓 답 논 |

白부 3획 / 石부 10획 / 田부 0획 / 田부 4획

的確(적확) 의심할 나위 없이 확실함.
標的(표적) 목표가 되는 물건.
確固(확고) 확실하고 굳음. 예~不動
確保(확보) 확실히 가지는 것.
確認(확인) 확실하게 인정함.

田畓(전답) 밭과 논.
田園(전원) ①논밭과 동산. ②시골.
田野(전야) 논밭과 들.
畓穀(답곡) 논에서 나는 곡식. 벼.
沃畓(옥답) 기름진 논. 예門前~

| 展 전 펼 벌릴 | 覽 람 볼 | 全 전 온전할 | 滅 멸 멸망할 |

尸부 7획 / 見부 14획 / 入부 4획 / 水부 10획

展覽(전람) 진열해 놓고 여럿에게 보임.
展望(전망) 멀리 바라봄. 또는 그 경치.
發展(발전) 널리 뻗어나감.
閱覽(열람) 책 등을 죽 내리 훑어봄.
博覽(박람) ①사물을 널리 봄. ②책을 많이 읽는 것.

全滅(전멸) 지거나 망하거나 죽어서 모두 없어짐.
穩全(온전) 결점이 없이 완전함.
滅亡(멸망) 망하여 없어짐.
滅種(멸종) 종자를 없애 버림.
破滅(파멸) 파괴하고 멸망함.

| 典 전 법 책 | 雅 아 아담할 | 傳 전 전할 전기 | 染 염 물들 |

八부 6획 / 隹부 4획 / 人부 11획 / 水부 5획

典雅(전아) 법도에 맞아 아담함.
典當(전당) 담보로 어떤 물건을 맡기는 일.
典型(전형) 기준이 되는 형.
雅量(아량) 너그럽고 깊은 도량.
優雅(우아) 점잖고 아담함.

傳染(전염) 병이 옮음. 옮아서 물이 드는 것.
傳統(전통) 계통을 이루어 전하여 내려오는 것.
宣傳(선전) 많은 사람들에게 퍼뜨려 알림.
染色(염색) 물을 들임.
感染(감염) 옮아서 물이 듦.

| 專 전 오로지 | 制 제 억제할 법도 | 前 전 앞 | 後 후 뒤 |

寸부 8획 / 刀부 6획 / 刀부 7획 / 彳부 6획

專制(전제) 국가 권력을 개인이 마음대로 처리하는 정치 형태.
專力(전력) 오직 한 일에만 힘을 쓰는 것.
制壓(제압) 제어하고 강압함.
規制(규제) 규율을 세워 제한함.

前後(전후) ①앞뒤. ②먼저와 나중.
前轍(전철) 이미 실패한 바 있는 길.
直前(직전) 일이 생기기 바로 전.
後患(후환) 어떤 일로 뒤에 생기는 근심.
後繼(후계) (어떤 일이나 사람의) 뒤를 이음.

 밭 전   조각조각의 밭을 본떠서 나타낸 상형문자이다. '밭'이라는 뜻이다.

的	적실할 적	丿 亻 白 白 白 白' 的 的	的 的
確	확실할 확	一 ナ 石 矿 矿 矿 碎 確	確 確
田	밭 전	丨 冂 冂 田 田	田 田
畓	논 답	丨 才 水 水 沓 沓 畓	畓 畓
展	펼 전	𠃍 尸 尸 屈 屈 屏 展 展	展 展
覽	볼 람	丨 ㅌ 臣 臣' 臨 臨 覽 覽	覽 覽
全	온전할 전	丿 入 仝 全 全	全 全
滅	멸망할 멸	丶 氵 氵 汀 汃 滅 滅	滅 滅
典	법 전	丨 冂 曲 曲 曲 典 典	典 典
雅	아담할 아	一 乚 牙 牙 邪 邪 邪 雅	雅 雅
傳	전할 전	丿 亻 仁 伂 俥 俥 傳 傳	傳 傳
染	물들 염	丶 氵 氵 氿 氿 染 染	染 染
專	오로지 전	一 币 百 亩 恵 車 專 專	專 專
制	법도 제	丿 ㄥ 二 午 告 告 制 制	制 制
前	앞 전	丶 丷 丷 芹 芦 芦 前 前	前 前
後	뒤 후	丿 彳 彳 彳 彳 後 後	後 後

絶 절 끊을 뛰어날	叫 규 부르짖을	折 절 꺾을 타협할	枝 지, 기 가지 육손이
糸부 6획	口부 2획	手부 4획	木부 4획

絶叫〔절규〕 부르짖음.
絶交〔절교〕 교재를 끊음.
絶好〔절호〕 더할 수 없이 좋음.
拒絶〔거절〕 응낙하지 않고 물리침.
叫喚〔규환〕 부르짖음. 예阿鼻~

折枝〔절지〕 가지를 꺾음.
折衝〔절충〕 이해가 서로 다른 상대와 담판하거나 교섭함.
挫折〔좌절〕 꺾이어 부러짐.
枝指〔기지〕 육손이의 덧붙은 손가락.

占 점 점 차지할	領 령 옷깃 거느릴	漸 점 점점	次 차 버금
卜부 3획	頁부 5획	水부 11획	欠부 2획

占領〔점령〕 무력으로 일정 지역을 차지함.
占術〔점술〕 점을 치는 법.
獨占〔독점〕 독차지함.
領土〔영토〕 한 나라의 통치권 지역.
要領〔요령〕 경험에서 얻은 묘한 이치.

漸次〔점차〕 차례를 따라 점점.
漸進〔점진〕 차차 나아감.
漸移〔점이〕 점차로 옮아 감.
次席〔차석〕 수석의 다음 자리.
連次〔연차〕 여러 차례를 계속하여.

接 접 댈 맞을	賓 빈 손	停 정 머무를	車 거, 차 수레
手부 8획	貝부 7획	人부 9획	車부 0획

接賓〔접빈〕 손님을 접대함.
接近〔접근〕 가까이 다가붙음.
接續〔접속〕 서로 맞대어 이음.
賓客〔빈객〕 손님.
迎賓〔영빈〕 귀한 손님을 맞음.

停車〔정거·정차〕 차를 멈춤. 차가 멎음.
停電〔정전〕 송전이 중지됨.
停滯〔정체〕 나아가지 못하고 한데 머물러 있는 것.
車道〔차도〕 차만 다니도록 정한 길.
駐車〔주차〕 자동차 등을 세워 둠.

淨 정 깨끗할	潔 결 깨끗할	正 정 바를	南 남 남녘
水부 8획	水부 12획	止부 1획	十부 7획

淨潔〔정결〕 정하고 깨끗함.
淨化〔정화〕 깨끗하게 함.
潔白〔결백〕 깨끗하여 허물이 없음.
純潔〔순결〕 마음과 몸이 깨끗함.
簡潔〔간결〕 간단하고 요령 있음.

正南〔정남〕 똑바른 방향의 남쪽.
正道〔정도〕 바른 길.
修正〔수정〕 바로 잡아서 고침.
南下〔남하〕 남쪽으로 진출함.
越南〔월남〕 남쪽으로 넘어감.

折 꺾을 절		큰 도끼로 나무 한 그루를 자르는 모양을 본떠서 만들었다. 원래의 뜻은 '절단하다'이다.

絶	끊을 절	幺 幺 糸 約 絡 絡 絡 絶	絶	絶					
叫	부르짖을 규	丶 口 口 叫 叫	叫	叫					
折	꺾을 절	一 扌 扌 扩 扩 折 折	折	折					
枝	가지 지	一 十 才 木 木 杜 枝 枝	枝	枝					
占	차지할 점	丨 卜 占 占 占	占	占					
領	거느릴 령	丿 𠆢 令 令 令 領 領 領	領	領					
漸	점점 점	氵 氵 沂 沂 渐 渐 漸 漸	漸	漸					
次	버금 차	丶 冫 冫 汁 汄 次	次	次					
接	맞을 접	一 扌 扌 扩 扩 拉 接 接	接	接					
賓	손 빈	丶 宀 宀 宀 宀 寅 賓 賓	賓	賓					
停	머무를 정	丿 亻 仁 伫 伫 停 停 停	停	停					
車	수레 거	一 冂 冂 百 亘 車	車	車					
淨	깨끗할 정	丶 冫 冫 氵 氵 沪 沪 淨 淨	淨	淨					
潔	깨끗할 결	丶 冫 冫 氵 氵 汫 潔 潔 潔	潔	潔					
正	바를 정	一 丁 下 正 正	正	正					
南	남녘 남	一 十 冂 冂 冇 南 南 南	南	南					

征 정 칠	伐 벌 칠 벨	精 정 정할 자세할	誠 성 정성
彳부5획	人부4획	米부8획	言부7획

征伐(정벌) 군사로써 침.
征服(정복) 정벌하여 복종시킴.
遠征(원정) 멀리 정복하러 감.
伐草(벌초) 풀을 벰.
討伐(토벌) 죄 있는 무리를 군사로 침.

精誠(정성) 힘을 다하는 진실된 마음.
精密(정밀) ①가늘고 촘촘함. ②아주 잘고 자세함.
精巧(정교) 정밀하고 교묘함.
誠實(성실) 거짓이 없고 참됨.
誠意(성의) 정성스러운 뜻.

貞 정 곧을	淑 숙 맑을 얌전할	井 정 우물	底 저 밑 속
貝부2획	水부8획	二부2획	广부5획

貞淑(정숙) 몸가짐이 곧고 얌전함.
貞操(정조) ①부녀의 깨끗한 절개. ②굳은 절개.
貞順(정순) 절개가 곧고 마음이 순함.
淑女(숙녀) 교양과 품격을 갖춘 여자.
賢淑(현숙) 어질고 정숙함.

井低(정저) 우물 밑.
井欄(정란) 우물의 난간.
低質(저질) 질이 나쁨.
底力(저력) 속에 간직한 끈기 있는 힘.
底意(저의) 마음속으로 작정한 숨은 뜻.

整 정 가지런할	齊 제 가지런할	丁 정 고무래 천간	亥 해 돼지
攵부12획	齊부0획	一부1획	亠부4획

整齊(정제) 정돈되어 가지런함.
整備(정비) 제대로 작용하도록 손질함.
整理(정리) 말끔하게 바로잡아 처리함.
齊唱(제창) 여러 사람이 다같이 소리를 내어 부르는 것.

丁亥(정해) 육십갑자의 스물네번째.
丁男(정남) 한창 때의 남자. 장정.
丁寧(정녕) 정말로 틀림없이.
亥年(해년) 돼지띠의 해.
亥生(해생) 12간지 중 해(亥)에 태어난 사람.

提 제 끌 내놓을	供 공 이바지	堤 제 방죽	防 방 막을
手부9획	人부6획	土부9획	阝부4획

提供(제공) 가져다 주어 이바지함.
提案(제안) 안건을 제출함.
提議(제의) 의견을 제출함.
供給(공급) 수요에 응하여 물품을 댐.
供養(공양) 웃어른에게 음식을 대접함.

堤防(제방) 물가에 쌓은 둑.
堤堰(제언) 하천이나 계곡을 가로질러 막은 둑. 댐.
防禦(방어) 적의 공격을 막는 것.
防備(방비) 미리 막아서 지키는 것.
防犯(방범) 범죄가 일어나지 않도록 막는 것.

亥 돼지 해
한 마리의 돼지가 옆으로 누워있는 모습을 본떠서 만든 글자로 '돼지'라는 뜻이다. 윗부분의 짧은 가로획은 머리이고, 그 아랫부분은 등과 다리와 꼬리를 나타낸다.

征	칠 정	ノ ク 彳 彳 彳 彳 征 征
伐	칠 벌	ノ イ 仁 代 伐 伐
精	정할 정	丶 丶 半 米 米 米 精 精
誠	정성 성	亠 亠 言 訁 訁 誠 誠 誠
貞	곧을 정	丶 卜 卢 卢 卢 貞 貞
淑	얌전할 숙	氵 氵 氵 汁 汁 汁 沐 淑 淑
井	우물 정	一 二 井 井
底	밑 저	丶 一 广 广 广 庐 底 底
整	가지런할 정	一 二 束 束 敕 敕 整 整
齊	가지런할 제	丶 亠 亠 亣 亣 亦 亦 齊
丁	천간 정	一 丁
亥	돼지 해	丶 亠 亠 亥 亥 亥
提	내놓을 제	一 十 扌 扌 押 押 捍 提
供	이바지 공	ノ イ 仁 什 世 供 供 供
堤	방축 제	一 十 土 土 圠 坦 捏 堤
防	막을 방	阝 阝 阝 阝 防 防

祭 제 제사	祀 사 제사	題 제 제목·머리말	辭 사 말·사양할
示부 6획	示부 3획	頁부 9획	辛부 12획

祭祀(제사) 신령 또는 죽은 사람의 넋에 음식을 바쳐 정성을 표하는 예절.
祭文(제문) 죽은 이를 조상하는 글.
奉祀(봉사) 조상의 제사를 받들어 모심.
祀事(사사) 제사에 관한 일.

題辭(제사) 책머리에 적은 글.
題目(제목) 작품이나 저작·강연 등에서 그 내용을 보이거나 대표하기 위하여 붙이는 이름.
辭典(사전) 어휘를 모아 일정한 순서로 싣고 각각 그 표기법·발음·어원·용법 등을 해설한 책.

第 제 차례·과거	二 이 두	製 제 지을	品 품 품수·물품
竹부 5획	二부 0획	衣부 8획	口부 6획

第二(제이) 차례의 둘째.
落第(낙제) 시험에 떨어짐.
二分(이분) 둘로 나눔.
二世(이세) ①이민간 사람의 자녀. ②다음 세대.
二流(이류) 질이나 능력이 일류보다 조금 못한 것.

製品(제품) 원료를 써서 만든 물건.
製作(제작) 물건이나 예술 작품을 만드는 것.
品質(품질) 물건의 성질과 바탕.
品格(품격) 품성과 인격.
品評(품평) 제품에 대한 평가.

諸 제 모든	侯 후 제후	照 조 비출	臨 림 다다를
言부 9획	人부 7획	火부 9획	臣부 11획

諸侯(제후) 봉건시대에 일정한 영토를 가지고 그 영내의 백성을 다스리던 사람.
諸君(제군) 여러분.
諸般(제반) 여러가지. 예~施設
侯爵(후작) 고려 시대, 오등작(五等爵)의 둘째.

照臨(조림) 해와 달이 위에서 내리비침.
照明(조명) 밝게 비침.
落照(낙조) 지는 햇빛. 석조(夕照).
臨終(임종) 목숨이 끊어지는 것. 또는, 그 때.
臨戰(임전) 전쟁에 나아감. 예~無退

早 조 일찍	晚 만 늦을	朝 조 아침	暮 모 저물
日부 2획	日부 7획	月부 8획	日부 11획

早晚(조만) 이름과 늦음.
早朝(조조) 이른 아침. 예~割引
早期(조기) 이른 시기. 예~敎育
晚年(만년) 사람이 늙은 시기.
晚成(만성) 늦게 이루어짐. 예大器~

朝暮(조모) 아침과 저녁.
朝刊(조간) 일간 신문의 아침 판.
朝食(조식) 아침밥.
朝三暮四(조삼모사) 아침에 세 개, 저녁에 네 개. 즉 간사한 꾀로 남을 속여 농락함을 이르는 말.

祀 제사 사      한 사람이 제단 앞에 꿇어앉아 제사를 드리는 모습으로, 원래의 뜻은 '신령이나 조상에게 제사지내다'이다.

祭	제사 제	ノ ク タ 夕	夕 奴 奴 祭			祭	祭					
祀	제사 사	丶 ラ オ 礻	礻 礻 祀 祀			祀	祀					
題	제목 제	日 旦 早 昰	是 是 題 題			題	題					
辭	말 사	′ ˊ 𠂊 肖	肖 肖 辭 辭			辭	辭					
第	차례 제	ノ ⺥ ⺮ ⺮	⺮ 笃 第 第			第	第					
二	두 이	一 二				二	二					
製	지을 제	′ 亠 告 制	制 製 製 製			製	製					
品	물품 품	丶 口 口 口	品 品 品 品			品	品					
諸	모든 제	亠 言 言 訁	訡 訡 諸 諸			諸	諸					
侯	제후 후	ノ 亻 亻 亻	亻 侯 侯 侯			侯	侯					
照	비출 조	日 日 昭 昭	昭 昭 昭 照			照	照					
臨	다다를 림	丨 厂 卩 卩	臣 卧 臨 臨			臨	臨					
早	일찍 조	丶 口 曰 旦	旦 早			早	早					
晚	늦을 만	丨 冂 日 旷	旷 昤 晚 晚			晚	晚					
朝	아침 조	十 古 古 卓	朝 朝 朝 朝			朝	朝					
暮	저물 모	艹 艹 艹 艹	莒 莫 莫 暮			暮	暮					

| 弔 조 조상할 | 詞 사 말 글 | 租 조 세금 | 稅 세 세금 |

弓부 1획 / 言부 5획 / 禾부 5획 / 禾부 7획

弔詞(조사) 조상하는 뜻을 표하는 글.
弔哭(조곡) 고인의 명복을 빌어 슬피 우는 것.
弔客(조객) 조상하는 사람.
詞兄(사형) 문인이나 학자끼리 서로 상대방을 높여 이르는 말.

租稅(조세) 법에 의하여 내는 세금.
稅金(세금) 조세로 내는 돈.
稅法(세법) 조세에 관한 법의 총칭.
稅務(세무) 세금의 부과 징수에 관한 업무.
納稅(납세) 세금을 관청에 냄.

| 燥 조 마를 탈 | 濕 습 젖을 | 組 조 짤 | 版 판 판목 |

火부 13획 / 水부 14획 / 糸부 5획 / 片부 4획

燥濕(조습) 마름과 습함. 마름과 젖음.
乾燥(건조) 말라서 물기가 없음.
濕氣(습기) 축축한 기운.
濕疹(습진) 옴벌레 등에 인하여 살갗에 생기는 염증.

組版(조판) 활자로 인쇄판을 짜는 일.
組織(조직) 짜서 이루는 것. 또는, 그렇게 된 것.
組合(조합) 합하여 한 덩어리로 짬.
版畵(판화) 판으로 찍어낸 그림.
木版(목판) 나무에 새긴 인쇄용 판.

| 族 족 겨레 | 譜 보 계보 악보 | 尊 존 높을 | 卑 비 낮을 |

方부 7획 / 言부 12획 / 寸부 9획 / 十부 6획

族譜(족보) 집안의 혈통 관계를 적은 책.
種族(종족) 같은 종류에 딸리는 생물 전체를 일컫는 말.
譜表(보표) 음악을 악보로 표시하기 위한 오선.
樂譜(악보) 악곡을 기재한 것.

尊卑(존비) 지위·신분 등의 높고 낮음.
尊敬(존경) 높여 공경함.
尊待(존대) 존경하여 대접하거나 대함.
卑俗(비속) 격이 낮고 속된 것. 또는, 천한 풍속
卑怯(비겁) 정당하지 못하고 야속함.

| 宗 종 마루 | 廟 묘 조정 사당 | 縱 종 세로 | 橫 횡 가로 사나울 |

宀부 5획 / 广부 12획 / 糸부 11획 / 木부 12획

宗廟(종묘) 왕실의 사당. 역대 재왕의 위패를 모심.
宗家(종가) 맏의 집안. 큰집.
宗敎(종교) 초자연적인 절대자에 대한 믿음을 통해 인간 생활의 고뇌를 해결하고 삶의 궁극적 의미를 추구하는 일.

縱橫(종횡) 세로와 가로.
縱隊(종대) 세로 줄을 지어 늘어선 대형.
操縱(조종) 마음대로 부리어 복종시킴.
橫斷步道(횡단보도) 보행자가 차도를 횡단할 수 있는 건널목.

 높을 존

두 손으로 술동이를 바치고 있는 모양의 글자이다. 원래의 뜻은 '술동이'와 '고대 제사에 쓰이던 예기'이다. '술을 올리다'라는 뜻으로 쓰이다가 '존경하다' '존귀하다' '존중하다'라는 뜻이 생겨났다.

弔	조상할 조	一 フ 弓 弔							
詞	글 사	、 亠 言 訂 詞 詞 詞							
租	세금 조	一 二 千 利 租 租 租 租							
稅	세금 세	一 二 千 禾 秒 秒 秒 稅							
燥	마를 조	、 火 灯 焊 焊 焊 燥							
濕	젖을 습	、 氵 氿 氾 浔 溼 濕							
組	짤 조	幺 糸 糸 紅 組 組							
版	판목 판	丿 片 片 片 片 版 版 版							
族	겨레 족	、 亠 方 扩 疘 疘 族 族							
譜	계보 보	亠 言 言 訃 訃 誰 譜 譜							
尊	높을 존	、 丷 丼 酋 酋 尊 尊							
卑	낮을 비	、 丶 白 白 自 卑 卑							
宗	마루 종	、 宀 宗 宗 宗							
廟	사당 묘	一 广 广 庿 庿 庿 廟 廟							
縱	세로 종	幺 糸 糸 絆 絆 縱 縱							
橫	가로 횡	一 木 栌 桴 桴 橫 橫							

坐 좌 앉을	禪 선 사양할 고요할	左 좌 왼 증거	右 우 오른쪽
土부 4획	示부 12획	工부 2획	口부 2획

坐禪(좌선) 조용히 앉아서 참선함.
坐礁(좌초) 배가 암초에 얹혀서 가지 못함.
坐視(좌시) 참견 않고 앉아서 보기만 함.
禪門(선문) 불교를 믿는 사람. 불가.
參禪(참선) 좌선하여 선도를 수행함.

左右(좌우) 왼쪽과 오른쪽.
左腕(좌완) 왼팔. 예~投手
左之右之(좌지우지) 마음대로 처치함.
右側(우측) 오른쪽 옆.
右翼(우익) 오른쪽 날개.

罪 죄 허물	囚 수 가둘 죄수	州 주 고을	民 민 백성
罒부 8획	口부 2획	巛부 3획	氏부 1획

罪囚(죄수) 죄를 지어 옥에 갇힌 사람.
罪惡(죄악) 죄가 될 만한 악행.
罪悚(죄송) 죄스럽고 황송함.
囚人(수인) 감옥에 갇혀 있는 죄수.
脫獄囚(탈옥수) 감옥에서 도망친 죄수.

州民(주민) '州' 안에 사는 사람들.
民權(민권) 국민의 신체·재산 등을 보전하는 권리.
民主(민주) 국가의 주권이 국민에게 있음.
民營(민영) 민간인이 하는 경영. 예~放送
民俗(민속) 민간의 풍습.

注 주 물댈 주석할	釋 석 풀	株 주 그루 주식	式 식 법 본
水부 5획	釆부 13획	木부 6획	弋부 3획

注釋(주석) 낱말이나 문장의 뜻을 쉽게 풀이함.
注射(주사) 약액을 주사기에 넣어 신체에 직접 주입하는 일.
釋放(석방) 가두었던 사람을 풀어줌.
稀釋(희석) 농도가 묽어지는 것.

株式(주식) 주식회사의 자본의 단위.
株主(주주) 주권을 가지고 있는 사람.
株價(주가) 주식의 값.
式場(식장) 의식을 진행하는 장소.
式順(식순) 의식을 진행하는 순서.

朱 주 붉을	顔 안 얼굴	晝 주 낮	夜 야 밤
木부 2획	頁부 9획	日부 7획	夕부 5획

朱顔(주안) 붉은 빛의 얼굴.
朱黃(주황) 붉은색과 노란색 사이의 색깔.
顔色(안색) 얼굴에 나타나는 기색.
厚顔(후안) 낯가죽이 두꺼움. 예~無恥
童顔(동안) 어린아이와 같은 얼굴.

晝夜(주야) 낮과 밤.
晝耕夜讀(주경야독) 낮에는 밭을 갈고 밤에는 글을 읽음.
夜學(야학) ①'야간 학교'의 준말. ②밤에 공부하는 것.

 가둘 수   감옥 안에 사람을 가둔 모습이다. 원래의 뜻은 '구금하다'이다. '구금당한 사람'을 가리키기도 한다.

坐	앉을 좌	ノ ㅅ ㅆ ㅆ 坐 坐 坐	坐	坐					
禪	고요할 선	丶 ㇀ ネ ネ 衤 衤 禪 禪	禪	禪					
左	왼 좌	一 ナ ナ 左 左	左	左					
右	오른쪽 우	ノ ナ ナ 右 右	右	右					
罪	허물 죄	丶 口 四 甲 罪 罪 罪	罪	罪					
囚	죄수 수	丨 冂 冈 囚 囚	囚	囚					
州	고을 주	丶 丿 丿 州 州 州	州	州					
民	백성 민	ㄱ ㄱ 尸 民 民	民	民					
注	주석할 주	丶 ㇀ 氵 氵 注 注 注	注	注					
釋	풀 석	丶 丶 乊 乎 釆 釋 釋 釋	釋	釋					
株	주식 주	一 十 十 木 木 林 桂 株	株	株					
式	본 식	一 二 丁 于 式 式	式	式					
朱	붉을 주	ノ ㇀ 二 牛 朱 朱	朱	朱					
顔	얼굴 안	ノ 亠 立 产 产 产 彦 顔	顔	顔					
晝	낮 주	ㄱ 一 ヨ 聿 書 書 書 晝	晝	晝					
夜	밤 야	丶 亠 广 疒 疒 夜 夜	夜	夜					

周 주 두루 둘레	圍 위 둘레	住 주 살	宅 택, 댁 집 댁
口부 5획	囗부 9획	人부 5획	宀부 3획

周圍(주위) 어떤 곳의 바깥 둘레.
周邊(주변) 주위의 가장자리.
周到(주도) 빈틈없이 두루 찬찬함.
範圍(범위) 어떤 힘이 미치는 한계.
包圍(포위) 빙 둘러 에워쌈.

住宅(주택) 살림살이를 하도록 지은 집.
住民(주민) 어느 지역에 사는 사람들.
住所(주소) 거주하는 곳.
宅地(택지) 집을 지을 자리.
邸宅(저택) 규모가 큰 집.

俊 준 뛰어날 준걸	秀 수 빼어날	遵 준 좇을	守 수 지킬
人부 7획	禾부 2획	辶부 12획	宀부 3획

俊秀(준수) 재치나 풍채가 아주 빼어남.
俊傑(준걸) 재주와 지혜가 매우 뛰어남.
秀才(수재) 재능이 뛰어난 사람.
秀麗(수려) 산수가 빼어나게 아름다움.
優秀(우수) 훌륭하여 뛰어남.

遵守(준수) 규칙·명령을 좇아서 지킴.
遵法(준법) 법령을 지킴.
守備(수비) 적의 공격으로부터 지킴.
守成(수성) 성을 지킴.
守勢(수세) 적을 맞아 지키는 형세.

仲 중 버금 가운데	媒 매 중매	重 중 무거울	文 문 글월 글자
人부 4획	女부 9획	里부 2획	文부 0획

仲媒(중매) 혼인하도록 소개함.
仲裁(중재) 다툼질 사이에 들어 화해시킴.
媒體(매체) 어떤 작용을 한 쪽에서 다른 쪽으로 전달하는 역할을 하는 것.
媒婆(매파) 중매하는 할멈.

重文(중문) 둘 이상의 단문으로 이루어진 문장.
重役(중역) 회사의 중임을 맡은 임원의 총칭.
重量(중량) 무게.
文藝(문예) 학문과 기예.
文盲(문맹) 글을 모르는 사람.

中 중 가운데	央 앙 가운데	卽 즉 곧 나아갈	席 석 자리
ㅣ부 3획	大부 2획	卩부 5획	巾부 7획

中央(중앙) 한가운데. 중심이 되는 곳.
中立(중립) 어느 편에도 치우침이 없음.
中堅(중견) 중심적 역할을 하는 사람.
中部(중부) 어떤 지역의 가운데 부분.
中止(중지) 중도에 그만둠.

卽席(즉석) 일이 진행되는 바로 그 자리.
卽決(즉결) 그 자리에서 처리하여 결정하는 것.
卽興(즉흥) 즉석에서 일어나는 흥취.
席次(석차) ①좌석의 차례. ②성적의 순서.
座席(좌석) 앉는 자리.

卽 곧 즉

글자의 왼쪽은 음식이 담겨진 그릇이고, 오른쪽은 꿇어앉아 있는 사람이 음식을 보고 있는 것이다. 원래의 뜻은 '먹을 것에 임하다'이고, '나아가다' '가까이 하다'의 뜻이 생겼다.

周	두루 주	丿 冂 月 用 用 周 周						
圍	둘레 위	丨 冂 門 門 門 門 圍 圍						
住	살 주	丿 亻 仁 亻 住 住						
宅	집 택	丶 宀 宀 宅						
俊	뛰어날 준	丿 亻 仁 仸 侈 俊 俊						
秀	빼어날 수	一 二 千 禾 禾 秀 秀						
遵	좇을 준	艹 芇 芇 苩 尊 尊 遵						
守	지킬 수	丶 宀 宀 守 守						
仲	가운데 중	丿 亻 亻 仂 仲 仲						
媒	중매 매	女 女 女 妣 妣 妹 媒						
重	무거울 중	一 二 台 台 重 重						
文	글월 문	丶 亠 亠 文						
中	가운데 중	丶 口 口 中						
央	가운데 앙	丶 口 冂 央 央						
卽	곧 즉	𠂉 ㄱ ㅋ 白 白 卽 卽						
席	자리 석	丶 亠 广 广 庐 庐 席 席						

增 증 더할	强 강 굳셀	證 증 증거	券 권 문서
土부 12획	弓부 8획	言부 12획	刀부 6획

增强(증강) 더 늘려서 더 강력하게 함.
增加(증가) 더하여 많아짐.
增築(증축) 집 따위를 더 늘려 지음.
强國(강국) 힘이 센 나라.
强硬(강경) 타협하거나 굽힘이 없이 굳셈.

證券(증권) 증명하는 법적 문권.
證明(증명) 증거를 대어 진위를 밝힘.
卷末(권말) 책이나 문서의 뒤.
馬券(마권) 경마에서 우승이 예상되는 말에 돈을 걸고 사는 딱지.

曾 증 일찍	孫 손 손자	憎 증 미워할	惡 악, 오 악할 미워할
曰부 8획	子부 7획	心부 12획	心부 8획

曾孫(증손) 손자의 아들.
曾祖父(증조부) 할아버지의 아버지.
孫子(손자) 아들의 아들.
外孫(외손) 딸이 낳은 자식.
子孫(자손) ①자식과 손자. ②후손(後孫)

憎惡(증오) 몹시 미워함.
可憎(가증) 보기에 괘씸하고 얄미운 데가 있음.
愛憎(애증) 사랑함과 미워함.
惡黨(악당) 악한 무리.
惡寒(오한) 몸이 오슬오슬 춥고 괴로운 증세.

智 지 슬기	略 략 간략할 꾀	支 지 지탱할 줄	拂 불 떨칠
日부 8획	田부 6획	支부 0획	手부 5획

智略(지략) 슬기와 꾀.
智慧(지혜) 사물의 이치를 빨리 깨닫고 사물을 정확하게 처리할 방도를 생각해 내는 재능.
略式(약식) 정식의 절차를 생략한 의식.
略圖(약도) 간략히 대충 그린 그림.

支拂(지불) ①돈을 내줌. ②물건 값을 갚음.
支援(지원) 지지하여 응원함.
支配(지배) 자기의 마음대로 다룸.
拂下(불하) 관공서에서 일반인에게 물건을 팔아 넘김.

持 지 가질	說 설, 세, 열 말씀 달랠 기쁠	遲 지 더딜 늦을	速 속 빠를
手부 6획	言부 7획	辶부 12획	辶부 7획

持說(지설) 늘 가지고 있는 의견.
持續(지속) 계속해서 지켜나감.
支持(지지) 찬동하여 힘써 뒷받침함.
說明(설명) 풀이하여 밝힘.
橫說竪說(횡설수설) 조리없는 말을 함부로 지껄임.

遲速(지속) 느림과 빠름.
遲刻(지각) 정해진 시각에 늦음.
遲延(지연) 더디게 끌거나 끌리어 감.
速度(속도) 움직임의 빠른 정도.
速斷(속단) 지레짐작으로 판단함.

| 孫 손자 손 |  | '子'와 '系'가 합해져서 이루어진 글자다. '系'가 '연결하다' '계승하다'의 뜻이 있으므로, '孫'은 '아들의 아들'이 된다. |

增	더할 증	一 十 土 圵 / 圵 增 增 增	增	增	增			
強	굳셀 강	フ 弓 弘 / 弘 弘 強 強	強	強				
證	증거 증	一 亠 言 言 / 訟 訟 證 證	證	證				
券	문서 권	一 丷 七 / 半 夬 券 券	券	券				
曾	일찍 증	丷 八 竝 / 甴 曾 曾 曾	曾	曾				
孫	손자 손	一 了 孑 / 孑 孫 孫 孫	孫	孫				
憎	미워할 증	丨 忄 忄 / 忄 惮 憎 憎	憎	憎				
惡	미워할 오	一 亓 茁 / 茁 亞 惡 惡	惡	惡				
智	슬기 지	仁 乍 矢 / 知 知 智 智	智	智				
略	꾀 략	口 田 田 町 / 畋 畋 略 略	略	略				
支	줄 지	一 十 步 支	支	支				
拂	떨칠 불	一 十 扌 扌 / 扌 扌 拂 拂	拂	拂				
持	가질 지	一 十 扌 扌 / 扌 扌 持 持	持	持				
說	말씀 설	一 亠 言 訁 / 訳 訊 說 說	說	說				
遲	더딜 지	一 丁 尸 尺 / 尽 犀 犀 遲	遲	遲				
速	빠를 속	一 戸 日 束 / 束 束 凍 速	速	速				

知 지 알	識 식, 지 알 기록할	志 지 뜻	操 조 잡을 지조
矢부 3획	言부 12획	心부 3획	手부 13획

知識(지식) 체계화된 인식.
知覺(지각) 알아서 깨달음.
知能(지능) ①지식과 재능. ②지성적 활동을 나타내는 방향의 능력.
意識(의식) 사물을 깨닫는 마음의 작용.

志操(지조) 의지와 절조.
志望(지망) 뜻을 두고 바람.
意志(의지) 결심하여 실행하는 능력.
操心(조심) 실수가 없도록 마음을 쓰는 것.
操縱(조종) 마음대로 다루어 부림.

指 지 손가락 가리킬	揮 휘 휘두를 뿌릴	陳 진 베풀 묵을	腐 부 썩을 괴롭힐
手부 6획	手부 9획	阝부 8획	肉부 8획

指揮(지휘) 지시해 일을 하도록 시킴.
指摘(지적) 어떠한 사물을 꼭 집어서 가리킴.
指名(지명) 이름을 지정함.
揮毫(휘호) 붓글씨를 쓰거나 그림을 그림.
揮發(휘발) 액체가 기체로 변하여 날아감.

陳腐(진부) 케케묵고 낡음.
陳設(진설) 음식을 갖추어 상 위에 벌여 놓음.
陳述(진술) 자세하게 이야기함.
腐敗(부패) ①썩음. ②바르지 못함.
腐植土(부식토) 많은 식물이 썩어서 섞인 흙.

陣 진 진	營 영 경영할	眞 진 참	僞 위 거짓
阝부 7획	火부 13획	目부 5획	人부 12획

陣營(진영) 진을 친 구역.
陣容(진용) 진세의 짜임이나 형편.
營業(영업) 영리가 목적인 사업.
經營(경영) 계획을 세워 일해 나아감.
運營(운영) 일을 경영하여 나아감.

眞僞(진위) 사실의 참과 거짓.
眞理(진리) 참된 이치.
眞情(진정) 진실하여 애틋한 마음.
僞裝(위장) 딴것처럼 보이게 꾸밈.
僞善(위선) 겉으로만 선한 체하는 일.

珍 진 보배 진기할	藏 장 감출 곳집	盡 진 다할	忠 충 충성
王부 5획	艹부 14획	皿부 9획	心부 4획

珍藏(진장) 보배롭게 생각하여 잘 보관함.
珍奇(진기) 보배롭고 기이함.
珍味(진미) 음식의 썩 좋은 맛.
藏書(장서) 간직하여 둔 책. 책을 간직함.
貯臟(저장) 물건을 모아 간수함.

盡忠(진충) 충성을 다함.
盡力(진력) 힘을 다함.
打盡(타진) 모조리 잡음. 예一網~
忠孝(충효) 충성과 효도.
忠烈(충렬) 충성스럽고 의열함.

爲 할 위		한 손으로 코끼리를 세워 끌면서 사람을 위해 일하게 하는 모습을 나타냈다. 원래의 뜻은 '하다'이다.

知	알 지	ノ ㅗ ㄠ 乍 矢 知 知 知				知	知				
識	알 식	㇇ ㄱ 言 訁 訁 誰 識 識				識	識				
志	뜻 지	一 十 士 志 志 志				志	志				
操	잡을 조	亻 扌 扩 押 押 押 挭 操				操	操				
指	가리킬 지	一 亻 扌 扌 扩 指 指				指	指				
揮	휘두를 휘	一 亻 扌 扌 扩 揖 揮 揮				揮	揮				
陳	베풀 진	㇇ 阝 阝 阳 陌 陣 陳 陳				陳	陳				
腐	썩을 부	丶 一 广 庐 府 府 府 腐				腐	腐				
陣	진 진	㇇ 阝 阝 阳 陌 陣 陣 陣				陣	陣				
營	경영할 영	丷 ⺌ 炒 炏 熒 營 營 營				營	營				
眞	참 진	一 ㄴ ㅏ 卢 自 直 眞 眞				眞	眞				
僞	거짓 위	ノ 亻 伫 伫 伪 偽 偽 僞				僞	僞				
珍	보배 진	一 丁 王 王 玢 珍 珍				珍	珍				
藏	감출 장	丶 艹 艹 莊 藏 藏 藏				藏	藏				
盡	다할 진	ㄱ ㅋ 聿 聿 書 書 盡				盡	盡				
忠	충성 충	丶 口 口 中 中 忠 忠 忠				忠	忠				

鎭 진 진압할 / 痛 통 아플, 원통할
金부 10획 / 疒부 7획

鎭痛(진통) 아픔을 진정시켜 그치게 함.
鎭壓(진압) 진정시켜 억누름.
痛症(통증) 아픔을 느끼는 증세.
痛快(통쾌) 아주 유쾌하고 시원함.
憤痛(분통) 몹시 분하여 마음이 쓰리고 아픔.

進 진 나아갈 / 退 퇴 물러날
辶부 8획 / 辶부 6획

進退(진퇴) 나아감과 물러섬.
進陟(진척) 일이 진행되어 감.
進取(진취) 나아가서 잡음.
退却(퇴각) 뒤로 물러나감.
退勤(퇴근) 근무를 마치고 물러나옴.

振 진 떨칠, 떨 / 幅 폭 폭
手부 7획 / 巾부 9획

振幅(진폭) 물체가 흔들리는 폭.
振動(진동) 흔들리어 움직임.
振興(진흥) 떨쳐 일으킴.
步幅(보폭) 걸음걸이의 폭.
全幅(전폭) 일정한 범위의 전체. 예~的인 支持

秩 질 차례 / 序 서 차례, 실마리
禾부 5획 / 广부 4획

秩序(질서) 정해져 있는 상호간의 순서.
秩俸(질봉) 위로부터 받는 급료.
序論(서론) 머리말.
序數(서수) 차례를 나타내는 숫자.
序列(서열) ①차례로 늘어섬. ②차례.

執 집 잡을 / 脈 맥 맥, 줄기
土부 8획 / 肉부 6획

執脈(집맥) 맥을 짚어 진찰함.
執念(집념) 한가지 일에 매달려서 거기서 생각이 떠나지 않음.
脈搏(맥박) 심장 박동으로 생기는 혈관의 진동.
山脈(산맥) 산악의 줄기.

集 집 모을 / 散 산 흩을, 한가할
隹부 4획 / 攵부 8획

集散(집산) 모이고 흩어짐.
集合(집합) 한 곳으로 모임. 한 곳으로 모음.
募集(모집) 사람들을 뽑아서 모음.
散發(산발) 흩어져서 발생하는 것.
散漫(산만) 어수선하게 펼쳐 있음.

懲 징 징계할 / 戒 계 경계할
心부 15획 / 戈부 3획

懲戒(징계) 부당 행위에 대하여 제재함.
懲罰(징벌) 잘못에 대하여 벌을 줌.
懲惡(징악) 못된 사람을 징계함. 예勸善~
戒嚴(계엄) 비상사태에 대한 비상 대책.
警戒(경계) 잘못이 없도록 주의시킴.

徵 징, 치 부를, 가락 / 兆 조 조, 조짐
彳부 12획 / 儿부 4획

徵兆(징조) 어떤 일이 생길 조짐.
徵表(징표) 징조가 되는 표시.
徵候(징후) 좋거나 언짢은 조짐.
兆朕(조짐) 징조.
凶兆(흉조) 나쁜 조짐.

執 잡을 집

무릎을 꿇고 앉아서 손을 내밀고 있는 노예의 손에 수갑이 채워져 있는 모양을 본떠서 만들었다. 원래의 뜻은 '체포하다'이다. '잡다' '처리하다'의 의미도 있다.

鎭	진압할 진	ノ ハ 今 金 釒 鈩 鉔 鎭	鎭	鎭	鎭
痛	아플 통	丶 广 疒 疒 疒 疘 痛 痛	痛	痛	
進	나아갈 진	亻 亻 亻 仕 佳 隹 進 進	進	進	
退	물러날 퇴	𠃍 𠃍 彐 艮 艮 退 退	退	退	
振	떨 진	一 十 扌 扩 捁 振 振 振	振	振	振
幅	폭 폭	丶 口 巾 巾 帄 帼 幅 幅	幅	幅	
秩	차례 질	一 二 千 禾 禾 秒 秋 秩	秩	秩	
序	차례 서	丶 一 广 庐 庐 序 序	序	序	
執	잡을 집	一 士 吉 查 幸 幸 執 執	執	執	
脈	맥 맥	ノ 几 月 肌 肌 肌 肌 脈	脈	脈	
集	모을 집	ノ 亻 亻 什 佳 隹 集 集	集	集	
散	흩을 산	一 卄 卄 芇 昔 背 背 散	散	散	散
懲	징계할 징	彳 徉 徉 徉 徨 徵 徵 懲	懲	懲	
戒	경계할 계	一 二 于 开 戒 戒 戒	戒	戒	
徵	부를 징	丶 彳 彳 徉 徨 徵 徵 徵	徵	徵	徵
兆	조짐 조	ノ 丿 丬 兆 兆 兆	兆	兆	

差 차 어긋날 나머지 工부 7획	額 액 이마 현판 頁부 9획	錯 착 섞일 어긋날 金부 8획	誤 오 그르칠 言부 7획

差額(차액) 차이가 나는 액수.
差等(차등) 등급의 차이.
差別(차별) 차등 있게 구별함.
額面(액면) 표면에 내세운 사물의 가치.
少額(소액) 금액이 작음.

錯誤(착오) 착각으로 인한 잘못.
錯覺(착각) 잘못 깨달음.
錯雜(착잡) 뒤섞이어 어수선함.
誤判(오판) 잘못 판단함.
誤解(오해) 그릇 해석함.

贊 찬 찬성할 기릴 貝부 12획	頌 송 칭송할 頁부 4획	慙 참 부끄러울 心부 11획	愧 괴 부끄러울 心부 10획

贊頌(찬송) 찬성하여 칭찬함.
贊成(찬성) 좋다고 동의함.
協贊(협찬) 협력하여 도움.
頌德(송덕) 공덕을 칭송함.
稱頌(칭송) 공덕을 일컬어 기림.

慙愧(참괴) 부끄러워함.
慙悔(참회) 부끄러워하며 뉘우침.
愧色(괴색) 부끄럽게 느끼는 기색.
愧恥(괴치) 부끄럽고 무안해 함.
羞愧(수괴) 부끄럽고 창피스러움.

倉 창 곳집 급할 人부 8획	庫 고 곳집 广부 7획	唱 창 노래부를 口부 8획	劇 극 연극 심할 刀부 13획

倉庫(창고) 물자를 보관하여 두는 건물.
穀倉(곡창) 곡식을 저장하는 창고.
金庫(금고) 돈 따위를 보관하는 상자.
入庫(입고) 물건이 창고에 들어옴.
文庫(문고) 보급판 소형 출판물.

唱劇(창극) 판소리 형식으로 꾸민 가극.
合唱(합창) 함께 노래 부름.
先唱(선창) 맨 먼저 부름.
劇團(극단) 연극을 하려고 모인 단체.
劇藥(극약) 성질이 극렬한 약.

蒼 창 푸를 무성할 艸부 10획	天 천 하늘 자연 大부 1획	滄 창 푸를 바다 水부 10획	海 해 바다 水부 7획

蒼天(창천) 맑게 갠 푸른 하늘.
蒼茫(창망) 넓고 멀어서 아득함.
蒼空(창공) 푸른 하늘.
天賦(천부) 하늘에서 타고남. 선천적으로 타고남.
天然(천연) 자연 그대로의 상태.

滄海(창해) 넓고 큰 바다. 푸른 바다.
滄波(창파) 푸른 물결.
海運(해운) 배로 바다를 통하여 사람, 짐 등을 실어 나르는 일.
海外(해외) 바다의 바깥. 외국.

 곳집 **창**

원래의 뜻은 '곡식을 저장하는 창고'이다. 글자의 제일 윗부분은 창고의 지붕이며, 중간은 출입문, 아래는 디딤돌이다. '창고'라는 의미 외에 '갑자기'의 의미도 있다.

差	나머지 차	丷	严	差	差	差					
額	현판 액	宀	客	新	額	額					
錯	어긋날 착	人	金	針	錯	錯					
誤	그르칠 오	言	訳	誤	誤	誤					
贊	기릴 찬	先	抹	替	贊	贊					
頌	칭송할 송	公	公	頌	頌	頌					
慙	부끄러울 참	車	斬	慙	慙	慙					
愧	부끄러울 괴	忄	愧	愧	愧	愧					
倉	곳집 창	今	倉	倉	倉	倉					
庫	곳집 고	广	庫	庫	庫	庫					
唱	노래부를 창	口	唱	唱	唱	唱					
劇	연극 극	虍	虚	豦	劇	劇					
蒼	푸를 창	艹	芩	蒼	蒼	蒼					
天	하늘 천	一	二	于	天	天					
滄	푸를 창	氵	滄	滄	滄	滄					
海	바다 해	氵	海	海	海	海					

債 채 빚	務 무 힘쓸	採 채 캘	算 산 셈할
人부 11획	力부 9획	手부 8획	竹부 8획

債務(채무) 빚진 사람의 금전상의 의무.
債權(채권) 빚을 준 사람이 빚진 사람에게 행할 수 있는 권리.
任務(임무) 맡겨진 업무. 사무.
義務(의무) 하지 않으면 안될 일. 맡은 직분.

採算(채산) 수지를 맞추어 보는 일.
採納(채납) 채택하여 의견을 받아들여 씀.
採掘(채굴) 땅 속의 물건을 캐내는 일.
算數(산수) 기초적인 셈법.
暗算(암산) 머리 속으로 계산함.

菜 채 나물	蔬 소 나물	册 책 책 세울	卷 권 책권
艹부 8획	艹부 12획	冂부 3획	卩부 6획

菜蔬(채소) 온갖 푸성귀와 나물.
野菜(야채) 식용 초본 식물의 총칭.
菜農(채농) 채소를 가꾸는 농사.
蔬飯(소반) 고기반찬을 갖추지 아니한 밥.
蔬果(소과) 푸성귀와 과실.

册卷(책권) 서적의 권질.
別册(별책) 따로 나누어 엮어 만든 책.
製册(제책) 책을 만듦.
卷頭(권두) 책의 머리.
席卷(석권) 남김없이 빼앗거나 세력 범위를 넓힘.

悽 처 슬퍼할	慘 참 참혹할 쓸쓸할	妻 처 아내	妾 첩 첩
心부 8획	心부 11획	女부 5획	女부 5획

悽慘(처참) 끔찍스럽게 참혹함.
悽絕(처절) 더할 나위 없이 처참함.
慘酷(참혹) 끔찍하게 불쌍함.
慘狀(참상) 참혹한 양상.
悲慘(비참) 슬프고도 끔찍함.

妻妾(처첩) 아내와 첩.
妻家(처가) 아내의 친정.
恐妻家(공처가) 아내에게 눌려 지내는 사람.
妾出(첩출) 첩의 소생. 비庶出
蓄妾(축첩) 첩을 둠.

尺 척 자 편지	度 도, 탁 법도 헤아릴	遷 천 옮길	都 도 도읍
尸부 1획	广부 6획	辶부 11획	阝부 9획

尺度(척도) 평가하거나 측정하는 기준.
尺簡(척간) 편지.
咫尺(지척) 아주 가까운 거리.
度外視(도외시) 문제 삼지 않음.
制度(제도) 제정된 법규.

遷都(천도) 도읍을 옮김.
變遷(변천) 바뀌어 변함.
都市(도시) 인구가 많고 번화한 곳.
都合(도합) 모두 합친 것.
首都(수도) 한 나라의 정치 중심지.

册 책 책	冊 冊 冊	고대의 사람들은 대나무에 문자를 적어서 묶어 놓았는데 이것을 '간책(簡冊)'이라 부른다. '册'자에서 세로 획은 죽간(竹簡)을 나타내고, 가로지르는 획은 이것을 묶는 가죽끈을 나타낸다.

債	빚 채	丿 亻 亻 仁 住 倩 倩 債	債	債	債				
務	힘쓸 무	冫 マ 予 矛 矛 務 務 務	務	務					
採	캘 채	一 十 扌 扌 扩 扞 抨 採	採	採					
算	셈할 산	𠆢 𠆢 𥫗 竹 笪 算 算 算	算	算					
菜	나물 채	一 艹 艹 荻 苹 苹 苹 菜	菜	菜	菜				
蔬	나물 소	一 艹 艹 芒 芒 菰 菰 蔬	蔬	蔬					
册	책 책	丿 刀 刀 冊 册	册	册					
卷	책권 권	丷 丷 丷 半 失 卷 卷 卷	卷	卷					
悽	슬퍼할 처	丨 忄 忄 忄 忓 恹 悽 悽	悽	悽					
慘	참혹할 참	丨 忄 忄 忄 忄 忪 悏 慘	慘	慘					
妻	아내 처	一 ヨ ヨ ヨ 事 妻 妻 妻	妻	妻					
妾	첩 첩	丶 亠 立 立 立 妾 妾	妾	妾	妾				
尺	자 척	𠃍 コ 尸 尺	尺	尺	尺				
度	법도 도	丶 亠 广 庐 庐 庐 度 度	度	度					
遷	옮길 천	一 冂 西 西 要 栗 番 遷	遷	遷	遷				
都	도읍 도	一 十 土 耂 者 者 都 都	都	都	都				

淺 천 얕을 水부 8획 淺慮(천려) 얕은 생각. 淺薄(천박) 학문이나 생각이 얕음. 淺學(천학) 얕은 학식. 心慮(심려) 마음속으로 근심함. 考慮(고려) 생각하여 봄. **慮** 려 생각 心부 11획	**踐** 천 밟을·행할 足부 8획 踐履(천리) 실제로 이행함. 踐約(천약) 약속을 이행함. 實踐(실천) 실지로 이행함. 예~主義 履歷書(이력서) 지금까지의 학업·직업 따위의 경력을 적은 서면. **履** 리 신·밟을 尸부 12획
千 천 일천 十부 1획 千弗(천불) 1,000달러(dollar). 千金(천금) ①많은 돈. ②매우 큰 가치. 千里眼(천리안) 먼 곳의 것을 볼 수 있는 안력. 千態萬象(천태만상) 갖가지 상태. 弗貨(불화) 달러를 단위로 하는 화폐. **弗** 불 아닐·달러 弓부 2획	**川** 천 내 巛부 0획 川魚(천어) 민물고기. 川獵(천렵) 냇물에서 물고기를 잡는 일. 深川(심천) 깊은 냇물. 魚類(어류) 물고기를 통틀어 일컬음. 養魚(양어) 물고기를 길러 번식시킴. **魚** 어 물고기 魚부 0획
鐵 철 쇠 金부 13획 鐵鎖(철쇄) ①쇠로 만든 자물쇠. ②쇠사슬. 鐵道(철도) 노면 위에 궤도를 만든 길. 鎖國(쇄국) 외국과의 교제를 거부하고 문호를 닫음. 閉鎖(폐쇄) 문을 닫고 자물쇠를 채움. **鎖** 쇄 쇠사슬·자물쇠 金부 10획	**哲** 철 밝을 口부 7획 哲人(철인) 학식이 높고 사리에 밝은 사람. 哲學(철학) 이성에 따라 인생의 구체적·현식적인 근본 원리를 연구하는 학문. 明哲(명철) 총명하고 사리에 밝음. 人權(인권) 인간으로서의 권리. **人** 인 사람 人부 0획
添 첨 더할 水부 8획 添削(첨삭) 첨가하거나 삭제함. 添附(첨부) 더하여 붙임. 別添(별첨) 별도로 첨가함. 削除(삭제) ①깎아 없앰. ②지워 버림. 削髮(삭발) 머리털을 깎음. **削** 삭 깎을 刀부 7획	**尖** 첨 뾰족할 小부 3획 尖塔(첨탑) 꼭대기가 뾰족한 탑. 尖端(첨단) ①시대의 맨 앞장. ②뾰족한 끝. 尖銳(첨예) 뾰족하고 날카로움. 石塔(석탑) 돌로 쌓은 탑. 塔身(탑신) 탑의 몸체 부분. **塔** 탑 탑 土부 10획

魚 물고기 어		물고기의 머리·몸체·비늘·지느러미 등을 본떠서 만든 상형문자이다. '물고기'의 뜻이다.

淺	얕을 천	氵 氵 氵 氵 氵 浅 浅 淺	淺 淺						
慮	생각 려	丶 ㅏ ㅏ 厂 卢 虍 庐 虑 慮	慮 慮						
踐	행할 천	丶 口 日 𧾷 𧾷 𧾷 践 踐	踐 踐						
履	밟을 리	一 ㄱ 尸 尸 屏 屏 屏 履	履 履						
千	일천 천	丿 二 千	千 千						
弗	달러 불	一 ㄱ 弓 弔 弗	弗 弗						
川	내 천	丿 刂 川	川 川						
魚	물고기 어	丿 ⺈ ⺈ 各 鱼 鱼 魚 魚	魚 魚						
鐵	쇠 철	亼 金 釒 鉎 鉎 鐵 鐵 鐵	鐵 鐵						
鎖	자물쇠 쇄	亼 金 釒 釒 釒 鍸 鎖 鎖	鎖 鎖						
哲	밝을 철	一 扌 扩 扩 折 折 折 哲	哲 哲						
人	사람 인	丿 人	人 人						
添	더할 첨	丶 氵 氵 氵 氵 沃 添 添	添 添						
削	깎을 삭	丨 ㅛ ㅛ 肖 肖 肖 肖 削	削 削						
尖	뾰족할 첨	丨 小 小 少 少 尖	尖 尖						
塔	탑 탑	一 土 土 圹 圹 圹 塔 塔	塔 塔						

聽 청 들을	講 강 익힐 강론할	靑 청 푸를	綠 록 푸를
耳부 16획	言부 10획	靑부 0획	糸부 8획

聽講〔청강〕 강의를 들음.
聽取〔청취〕 (방송·보고 따위를) 들음.
視聽〔시청〕 보고 들음. 예 ~覺敎育
講義〔강의〕 내용을 체계적으로 설명함.
講堂〔강당〕 강의나 의식을 행하기 위한 큰 방.

靑綠〔청록〕 푸른빛과 초록빛.
靑山〔청산〕 푸른 산.
靑年〔청년〕 젊은 사람. 젊은이.
綠陰〔녹음〕 우거진 나뭇잎의 그늘.
新綠〔신록〕 늦봄의 초목이 띤 푸르름.

廳 청 관청 마루	舍 사 집 쉴	淸 청 맑을	濁 탁 흐릴
广부 22획	舌부 2획	水부 8획	水부 13획

廳舍〔청사〕 공공기관의 사무실 건물.
官廳〔관청〕 국가의 사무를 맡아보는 기관.
舍宅〔사택〕 근무하는 사람을 위한 집.
舍廊〔사랑〕 바깥주인이 거처하는 곳.
舍監〔사감〕 기숙사에서 기숙생을 감독하는 사람.

淸濁〔청탁〕 맑음과 흐림.
淸明〔청명〕 일기가 맑고 깨끗함.
淸潔〔청결〕 청렴하고 결백함.
濁流〔탁류〕 흘러가는 흐린 물.
濁酒〔탁주〕 막걸리.

體 체 몸	熱 열 더울	初 초 처음	刊 간 책펴낼
骨부 13획	火부 11획	刀부 5획	刀부 3획

體熱〔체열〕 몸에서 나는 열.
體系〔체계〕 개개의 것을 계통적으로 통일 종합한 조직적 구성.
熱望〔열망〕 열렬하게 바람.
熱狂〔열광〕 미칠 만큼 열심임.

初刊〔초간〕 맨 처음의 간행물.
初面〔초면〕 처음으로 만남.
太初〔태초〕 천지가 개벽한 때. 즉 우주의 처음.
刊行〔간행〕 인쇄하여 발행함.
新刊〔신간〕 책을 새로 발간함.

抄 초 베낄 가로챌	錄 록 기록할 문서	招 초 부를	聘 빙 부를 장가들
手부 4획	金부 8획	手부 5획	耳부 7획

抄錄〔초록〕 필요한 부분만을 뽑아서 적음.
抄本〔초본〕 추려서 베낀 문서.
綠陰〔녹음〕 소리를 기계적으로 기록함.
記錄〔기록〕 어떠한 일을 적은 서류.
目錄〔목록〕 차례로 벌이어 적은 조목.

招聘〔초빙〕 예를 갖춰 불러 맞아 들임.
招待〔초대〕 남을 청하여 대접함.
招請〔초청〕 청하여 부름.
聘丈〔빙장〕 장인의 존칭.
聘用〔빙용〕 예(禮)를 극진히 하여 기용함.

初 처음 초  '衣(옷 의)'와 '刀(칼 도)'로 이루어진 글자이다. 칼을 들고 옷을 만들기 위하여 재료를 자르는 때를 나타낸다. 원래의 뜻은 '시작하다'이고, '본래' '전에'라는 뜻이 되었다.

聽	들을 청	「 耳 耳 耳 耳 耵 聍 聽 聽	聽 聽
講	강론할 강	亠 言 訁 訁 訁 訁 講 講 講	講 講
青	푸를 청	一 十 キ 主 丰 青 青 青	青 青
綠	푸를 록	幺 糸 糸 糹 紵 紵 綒 綠	綠 綠
廳	관청 청	丶 广 庁 庁 庐 廳 廳 廳	廳 廳
舍	집 사	丿 人 人 合 合 合 舍 舍	舍 舍
清	맑을 청	丶 氵 氵 汁 汁 洁 清 清	清 清
濁	흐릴 탁	丶 氵 氵 汈 汈 涓 濁 濁	濁 濁
體	몸 체	丨 冂 冃 骨 骨 體 體 體	體 體
熱	더울 열	十 土 去 幸 刲 執 執 熱	熱 熱
初	처음 초	丶 亠 礻 礻 初 初	初 初
刊	책펴낼 간	一 二 干 刊 刊	刊 刊
抄	베낄 초	一 扌 扌 扌 抄 抄	抄 抄
錄	기록할 록	丿 人 亼 釒 釒 鈩 錄	錄 錄
招	부를 초	一 扌 扌 扣 扣 招 招	招 招
聘	부를 빙	「 耳 耳 耳 耴 聄 聘 聘	聘 聘

肖 초 같을 작을 肉부 3획	像 상 형상 人부 12획	超 초 뛰어넘을 走부 5획	逸 일 편안할 뛰어날 辶부 8획
肖像(초상) 어떤 사람의 용모를 본떠서 똑같게 그린 화상. 不肖(불초) ①못나고 어리석음. ②'자기'를 겸손히 이르는 말. 想像(상상) 미루어 생각함.		超逸(초일) 매우 뛰어남. 超過(초과) 일정한 정도를 지나침. 超越(초월) 한도나 표준을 뛰어넘음. 逸品(일품) 아주 뛰어난 물건. 逸話(일화) 세상에 알려지지 않은 이야기.	
燭 촉 촛불 밝을 火부 13획	臺 대 대 至부 8획	村 촌 마을 木부 3획	驛 역 역말 역 馬부 13획
燭臺(촉대) 초에 불을 켜 세워 놓는 기구. 촛대. 華燭(화촉) 혼례 의식의 등화. 臺帳(대장) 토대가 되는 장부. 舞臺(무대) 연극·연설 따위를 연출하는 장소. 築臺(축대) 높이 쌓아 올린 터.		村驛(촌역) 촌에 있는 철도역. 村長(촌장) 마을의 우두머리. 村落(촌락) 시골 마을. 驛舍(역사) 역으로 쓰는 건물. 驛長(역장) 역의 우두머리.	
總 총 거느릴 모두 糸부 11획	點 점 검사할 점 黑부 5획	聰 총 귀밝을 耳부 11획	慧 혜 지혜 心부 11획
總點(총점) 점수의 합계. 總網羅(총망라) 전체를 휘몰아 넣어 포함시키는 것. 點檢(점검) 낱낱이 검사함. 點火(점화) 불을 붙임.		聰慧(총혜) 총명하고 슬기로움. 聰明(총명) 매우 재주가 있고 영리함. 聰氣(총기) 총명한 기질. 慧眼(혜안) 사물을 밝게 보는 지혜 있는 눈. 智慧(지혜) 슬기.	
最 최 가장 曰부 8획	良 량 좋을 어질 艮부 1획	催 최 재촉할 베풀 人부 11획	眠 면 잠잘 目부 5획
最良(최량) 가장 좋음. 最初(최초) 가장 처음. 良心(양심) 사물의 선악과 정사를 판단하는 능력. 良書(양서) 좋은 책. 優良(우량) 뛰어나게 좋음.		催眠(최면) ①잠이 들게 함. ②정신에 아무 생각이 없게 하는 상태. 催淚(최루) 눈물을 흘리게 함. 睡眠(수면) 잠을 잠. 熟眠(숙면) 깊이 잠이 듦.	

| 川 내 천 | 川 川 川 | 굽이쳐 흘러가는 하천의 물줄기를 본떠서 만들었다. 원래의 뜻은 '하천'이고, 후에 '산간이나 고원 사이의 평탄하고 낮은 지대'를 가리키기도 하였다. |

肖	같을 초	丨 丿 ⺌ ⺍ 肖 肖 肖	肖 肖
像	형상 상	丿 亻 亻 伋 伊 俊 像 像	像
超	뛰어넘을 초	一 十 土 耂 走 赵 起 超	超 超
逸	뛰어날 일	丿 ク ケ 免 免 免 兔 逸	逸 逸
燭	촛불 촉	丷 灬 灯 烔 烟 煋 煋 燭	燭 燭
臺	대 대	十 土 吉 吉 高 壹 壹 臺	臺 臺
村	마을 촌	一 十 才 木 木 村 村	村 村
驛	역 역	「 冂 馬 馬 馬 驛 驛 驛	驛 驛
總	모두 총	纟 糸 纱 紗 約 紳 紳 總	總
點	점 점	冂 甲 里 黑 黑 點 點 點	點
聰	귀밝을 총	耳 耳 耵 耶 聰 聰 聰 聰	聰 聰
慧	지혜 혜	二 丰 丯 彗 彗 彗 慧 慧	慧 慧
最	가장 최	丨 冂 曰 旦 旦 昃 最 最	最 最
良	좋을 량	丶 彐 彐 彐 艮 艮 良	良 良
催	재촉할 최	丿 亻 亻 伀 伀 伀 催 催	催 催
眠	잠잘 면	丨 冂 目 目 目 眠 眠 眠	眠 眠

抽 추 뽑을
手부 5획

抽拔(추발) 골라서 추려 냄.
抽籤(추첨) 제비를 뽑음.
拔群(발군) 여럿 속에서 뛰어남.
拔擢(발탁) 많은 사람 중에서 추려냄.
拔萃(발췌) 중요한 것을 뽑아냄.

拔 발 뺄
手부 5획

追 추 따를 쫓을
辶부 6획

追憶(추억) 지난 일을 돌이켜 생각함.
追跡(추적) 뒤를 밟아 쫓음.
追擊(추격) 뒤쫓아 가면서 하는 공격.
追從(추종) 남의 뒤를 밟아 쫓음.
記憶(기억) 지난 일을 잊지 아니함.

憶 억 생각할
心부 13획

推 추, 퇴 밀 천거할
手부 8획

推薦(추천) 적합한 자로 책임지고 소개함.
推戴(추대) 윗사람으로 모셔 받드는 것.
推理(추리) 알고 있는 사실을 바탕으로 미루어 생각함.
薦擧(천거) 인재를 추천함.

薦 천 천거할 드릴
艹부 13획

秋 추 가을
禾부 4획

秋毫(추호) 가을 짐승의 털. 즉 몹시 적음.
秋季(추계) 가을철.
晚秋(만추) 늦가을.
毫髮(호발) 아주 잔 털. 아주 작은 물건.
揮毫(휘호) 붓을 휘둘러 글씨를 씀.

毫 호 가는털 붓
毛부 7획

逐 축 쫓을
辶부 7획

逐鹿(축록) 정치적 권력을 얻고자 싸우는 다툼질.
逐出(축출) 쫓아냄.
角逐(각축) 서로 이기려고 경쟁함.
鹿茸(녹용) 사슴의 새로 돋은 연한 뿔.
馴鹿(순록) 시베리아에 사는 사슴과의 동물.

鹿 록 사슴
鹿부 0획

畜 축 가축 기를
田부 5획

畜産(축산) 가축을 기르고 생산을 내는 일.
畜舍(축사) 가축을 기르기 위한 집.
家畜(가축) 집에서 사육하는 집승.
倒産(도산) 재산을 잃고 망하는 것.
破産(파산) 가산을 모두 잃어버림.

産 산 낳을
生부 6획

衝 충 찌를 사북
行부 9획

衝突(충돌) 서로 마주 부딪침.
衝擊(충격) 갑자기 심한 타격을 받는 일.
衝天(충천) 기세가 하늘을 찌름.
突擊(돌격) 돌진하여 적을 공격함.
突變(돌변) 갑작스럽게 변함.

突 돌 부딪칠 내밀
穴부 4획

就 취 나아갈 이룰
尢부 9획

就航(취항) 항해의 길을 떠남.
就職(취직) 직업을 얻음. 反失職
就任(취임) 임무를 보기 위하여 처음으로 직장에 나아감.
航海(항해) 배로 바다 위를 다님.

航 항 건널
舟부 4획

鹿 사슴 록

사슴이 뛰고 있는 모습을 나타낸 상형문자이다. 거의 완벽하게 사슴의 모습을 보여주고 있다.

抽	뽑을 추	一 十 扌 扌 扣 扣 抽 抽								
拔	뺄 발	一 十 扌 扌 扩 扒 拔 拔								
追	쫓을 추	′ ㅣ ŕ 卢 𠂤 𠂤 追								
憶	생각할 억	丨 忄 忄 忄 忄 憶 憶 憶								
推	천거할 추	一 十 扌 扌 扌 扩 扒 推								
薦	천거할 천	′ ㅛ ㅛ 芦 芦 芦 薦 薦								
秋	가을 추	′ 千 千 禾 禾 利 秋 秋								
毫	가는털 호	亠 亠 亠 亠 亭 亭 亳 毫								
逐	쫓을 축	一 丆 丂 豕 豕 豖 逐 逐								
鹿	사슴 록	′ 广 戶 庐 庐 庐 鹿 鹿								
畜	기를 축	′ 亠 亠 玄 玄 斉 畜 畜								
産	낳을 산	′ 亠 亠 产 产 产 产 産								
衝	찌를 충	′ 彳 彳 彳 彳 街 衝 衝								
突	부딪칠 돌	′ ㅛ 宀 宀 穴 突 突								
就	나아갈 취	亠 台 宁 京 京 就 就 就								
航	건널 항	′ 月 月 舟 舟 舟 舟 航 航								

| 趣 취 뜻 달릴 | 向 향 향할 | 側 측 곁 | 近 근 가까울 |

走부 8획 / 口부 3획 / 人부 9획 / 辶부 4획

趣向(취향) 마음이 쏠리는 방향.
趣味(취미) 마음에 끌리어 일정한 지향성을 가진 흥미.
向背(향배) 좇음과 배반함. 사물의 되어가는 추세.
向學(향학) 학문에 뜻을 둠.

側近(측근) 곁의 가까운 곳. 또는 사람.
側面(측면) 옆이 되는 쪽. 또는 그 면.
近代(근대) 얼마 지나가지 않은 가까운 시대.
近況(근황) 요사이의 형편.
接近(접근) 가까이 다가가 붙음.

| 測 측 측량할 | 量 량 헤아릴 | 齒 치 이 나이 | 科 과 과목 과거 |

水부 9획 / 里부 5획 / 齒부 0획 / 禾부 4획

測量(측량) 재어서 계산함.
計測(계측) 헤아려 봄.
測雨器(측우기) 비의 량을 측량하는 기구.
量産(양산) 일정한 규격으로 대량 생산하는 것.
容量(용량) 용기 안의 분량.

齒科(치과) 이를 치료하는 의학분야. 또는 병원.
齒牙(치아) 이빨.
義齒(의치) 만들어 넣은 이빨.
科目(과목) 학문의 구분.
科程(과정) 학과의 순서, 차례.

| 治 치 다스릴 | 亂 란 어지러울 | 置 치 둘 | 簿 부 장부 |

水부 5획 / 乙부 12획 / 罒부 8획 / 竹부 13획

治亂(치란) 혼란한 세상을 다스림.
治安(치안) 사회의 안녕과 질서를 잘 지키어 편안하게 다스림.
亂世(난세) 어지러운 세상.
亂動(난동) 함부로 행동함.

置簿(치부) 출납한 내용을 장부에 적음.
置重(치중) 어떤 일에 중점을 둠.
措置(조치) 일을 잘 정돈해 조처함.
簿記(부기) 회계 장부의 기장법.
帳簿(장부) 금품의 수입·지출을 적는 책.

| 致 치 이룰 드릴 | 賀 하 하례할 | 親 친 친할 어버이 | 睦 목 화목할 |

至부 4획 / 貝부 5획 / 見부 9획 / 目부 8획

致賀(치하) 칭찬·축하의 뜻을 표함.
致謝(치사) 고맙고 감사하다는 뜻을 나타냄.
極致(극치) 더할 수 없는 풍치.
賀客(하객) 축하하는 손님.
年賀(연하) 새해의 복을 축하함.

親睦(친목) 서로 친하여 화목함.
親戚(친척) 혈족 관계와 배우자 관계에 있는 사람들.
親切(친절) 정답고 고맙게 함.
和睦(화목) 뜻이 맞고 정다움.

 齒 이 치   

입 안에 몇 개의 치아가 있는 모양이다. 여기에 '止'를 더하여 소리를 나타내었다. 원래의 뜻은 '이빨'이고, 소나 말 중 어린 것은 해마다 하나의 이가 생기므로 '나이'를 뜻하기도 한다.

趣	뜻 취	十 土 耂 走 起 赳 趣 趣
向	향할 향	ノ 亻 冂 向 向 向
側	곁 측	ノ 亻 彳 伂 但 俱 側 側
近	가까울 근	ノ 厂 斤 斤 斤 近 近
測	측량할 측	丶 氵 氵 汩 沮 洰 測 測
量	헤아릴 량	丶 口 日 旦 昻 量 量 量
齒	이 치	卜 止 贮 贮 齿 齿 齿 齒
科	과목 과	ノ 二 千 禾 禾 科 科 科
治	다스릴 치	丶 氵 氵 汋 汋 治 治
亂	어지러울 란	ノ 爫 甬 甬 쭭 亂
置	둘 치	冂 四 皿 罒 罒 罠 罥 置
簿	장부 부	竹 竹 笪 笪 笪 笪 簿 簿
致	이룰 치	一 工 互 至 到 到 致 致
賀	하례할 하	丁 力 加 加 加 智 賀 賀
親	친할 친	立 辛 亲 亲 親 親 親 親
睦	화목할 목	丨 冂 目 目 眭 眭 睦 睦

| 漆 칠 옻칠할 | 器 기 그릇 재능 | 七 칠 일곱 | 層 층 층 |

水부 11획　　口부 13획　　一부 1획　　尸부 12획

漆器(칠기) 옻칠같이 검은 잿물을 입힌 도자기.
漆黑(칠흑) 옻칠처럼 검고 광택이 있음.
器機(기기) 기구·기계의 총칭.
器量(기량) 도량과 재주.
陶器(도기) 오지그릇.

七層(칠층) 일곱 층.
七寶(칠보) 일곱 가지의 보석.
七旬(칠순) 일흔 살.
層階(층계) 계단.
階層(계층) 차례와 층.

| 寢 침 잠잘 | 室 실 집·방 아내 | 浸 침 적실 번질 | 透 투 통할 |

宀부 11획　　宀부 6획　　水부 7획　　辶부 7획

寢室(침실) 잠자는 방.
寢臺(침대) 누워 잠잘 수 있도록 만든 평상.
寢具(침구) 잠잘 때 쓰는 물건.
室長(실장) 한 실(室)의 우두머리.
居室(거실) 거처하는 방.

浸透(침투) 속으로 스며 젖어듦.
浸水(침수) 물이 들거나 물에 잠김.
透過(투과) 꿰뚫고 지나감.
透明(투명) 속까지 트이게 비치어 환함.
透徹(투철) 사리가 밝고 확실함.

| 稱 칭 일컬을 칭찬할 | 讚 찬 기릴 | 快 쾌 쾌할 | 晴 청 갤 |

禾부 9획　　言부 19획　　心부 4획　　日부 8획

稱讚(칭찬) 높이 평가하여 기림.
稱號(칭호) 어떤 뜻으로 일컫는 이름.
自稱(자칭) 스스로 자신을 일컫는 칭호.
讚美(찬미) 아름다움을 일컫고 덕을 기림.
讚辭(찬사) 찬미하는 글이나 말.

快晴(쾌청) 구름 한 점 없이 날씨가 맑음.
快活(쾌활) 씩씩하고 활발함.
快感(쾌감) 시원스럽고 즐거운 느낌.
晴天(청천) 맑게 갠 하늘.
晴朗(청랑) 날씨가 맑고 화창함.

| 打 타 칠 | 倒 도 넘어질 | 墮 타 떨어질 | 落 락 떨어질 |

手부 2획　　人부 8획　　土부 12획　　艹부 9획

打倒(타도) 때리거나 쳐서 거꾸러뜨림.
打擊(타격) 때리어 침.
打破(타파) 규율이나 관례를 깨뜨려버림.
倒産(도산) 가산을 탕진함.
壓倒(압도) 뛰어나서 남을 능가함.

墮落(타락) 올바른 길에서 벗어나 나쁜 행실에 빠지는 것.
墮胎(타태) 임신된 아이를 낙태시킴.
落伍(낙오) 대오에서 떨어짐.
落島(낙도) 외따로 떨어져 있는 섬.

| 寢 잠잘 침 |  | 집 안에 빗자루가 있는 모습을 나타낸다. 방을 깨끗이 청소해서 휴식하도록 한다는 뜻으로, 원래의 뜻은 '누워서 쉬거나 잔다'이며, '침실'을 뜻하기도 한다. |

漆	옻칠할 칠	丶	氵	汁	汁	漆						
		汁	沐	漆	漆							
器	그릇 기	口	口	吅	吅	器						
		哭	哭	器	器							
七	일곱 칠	一	七			七						
層	층 층	尸	尸	尸	屈	層						
		屈	層	層	層							
寢	잠잘 침	丶	宀	宀	广	寢						
		疒	疒	疒	寢							
室	방 실	丶	丶	宀	宀	室						
		宀	宏	宰	室							
浸	적실 침	氵	汀	汀	沪	浸						
		浔	浸	浔	浸							
透	통할 투	丿	二	千	禾	透						
		禾	秀	秀	透							
稱	칭찬할 칭	二	千	禾	禾	稱						
		利	稱	稱	稱							
讚	기릴 찬	一	一	言	言	讚						
		言	讚	譖	讚							
快	쾌할 쾌	丨	丨	忄	忄	快						
		忄	快	快								
晴	갤 청	丨	日	日	日	晴						
		晴	晴	晴	晴							
打	칠 타	一	十	扌	扌	打						
		打										
倒	넘어질 도	丿	亻	仁	仁	倒						
		仁	任	倒	倒							
墮	떨어질 타	阝	阝	阡	阵	墮						
		隋	隋	隋	墮							
落	떨어질 락	丶	艹	艹	艹	落						
		艹	艹	艹	落							

妥 타 온당할	協 협 화할 도울	琢 탁 쫄	磨 마 갈
女부 4획	十부 6획	玉부 8획	石부 11획

妥協(타협) 서로 좋도록 협의함.
妥當(타당) 사리에 맞아 마땅함.
協同(협동) 서로 마음과 힘을 함께 하는 것.
協助(협조) 힘을 모아서 도움.
協議(협의) 서로 의논함.

琢磨(탁마) 힘써 학문을 닦고 가는 일.
敦琢(돈탁) 두텁게 함.
摩滅(마멸) 닳아서 얇아지거나 없어지는 것.
摩擦(마찰) (두 물건을) 서로 비비는 것.
研磨(연마) 학문을 갈고 닦음.

彈 탄 탄알 튀길	琴 금 거문고	脫 탈 벗을	團 단 둥글 모임
弓부 12획	玉부 8획	肉부 7획	口부 11획

彈琴(탄금) 거문고를 탐.
爆彈(폭탄) 폭약을 장치한 탄알.
彈性(탄성) 외부의 힘이 없어지면 본디의 상태로 돌아가려는 힘.
琴瑟(금슬) ①거문고와 비파. ②부부간의 애정.

脫團(탈단) 소속한 '團'에서 탈퇴함.
脫線(탈선) ①기차 따위가 궤도를 벗어나는 사고. ②언행·글 따위가 상규(常規)를 벗어남.
團結(단결) 한 덩이로 뭉침.
團束(단속) 경계를 단단히 함.

探 탐 찾을	索 색, 삭 찾을 동아줄	貪 탐 탐낼	財 재 재물
手부 8획	糸부 4획	貝부 4획	貝부 3획

探索(탐색) 이리저리 살피어 찾음.
探査(탐사) 더듬어 조사함.
探究(탐구) 더듬어 살펴 깊이 연구함.
索引(색인) 찾아보기.
索出(색출) 뒤지어 찾아냄.

貪財(탐재) 재물을 탐함.
貪慾(탐욕) 지나치게 탐하는 욕심.
貪官汚吏(탐관오리) 옳지 못하게 재물을 탐하는 관리와 청렴하지 못한 관리.
財産(재산) 개인이나 기관이 가진 재물.

泰 태 클 편안할	斗 두 말	殆 태 위태로울 거의	半 반 반
水부 5획	斗부 0획	歹부 5획	十부 3획

泰斗(태두) 태산과 북두. 즉 남의 우러러 받듦을 받는 사람.
泰然(태연) 흔들리지 않고 굳건함.
斗量(두량) 말이나 되로 곡식의 수량을 셈.
斗屋(두옥) 매우 작고 초라한 집.

殆半(태반) 거의 절반.
危殆(위태) 마음을 놓을 수 없음. 안전하지 못함.
半信半疑(반신반의) 반쯤만 믿고 반은 의심함.
過半(과반) 반이 넘음. 반수 이상.

妥 온당할 타  꿇어앉아 있는 여자를 큰 손으로 누르고 있는 모습이다. 즉 그 여자를 굴복시켰음을 나타낸다. 원래의 뜻은 '평온하다' '안정되다' 이다.

妥	온당할 타	爫　爫 妥 妥	
協	화할 협	一 十 忄 协　协 协 協 協	
琢	쫄 탁	一 T 玊 玨　玑 玙 琢 琢	
磨	갈 마	亠 广 庐 麻　麻 麻 磨 磨	
彈	튀길 탄	一 コ 弓 弓'　弹 弹 弹 彈	
琴	거문고 금	一 T 王 王=　珏 珏 珡 琴	
脫	벗을 탈	丿 几 月 月'　胪 脫 脫 脫	
團	모임 단	冂 冂 同 同　同 團 團 團	
探	찾을 탐	一 十 扌 扩　抨 抨 挦 探	
索	찾을 색	一 十 士 声　索 索 索 索	
貪	탐낼 탐	丿 八 今 今　仐 仺 貪 貪	
財	재물 재	丨 冂 冃 目　貝 財 財 財	
泰	클 태	一 三 三 丰　夫 夬 泰 泰	
斗	말 두	丶 冫 二 斗	
殆	거의 태	一 ㄅ 歹 歹'　殆 殆 殆 殆	
半	반 반	丶 ㅛ 丷 ㅗ 半	

| 擇 택 가릴 | 偶 우 짝, 우연 | 吐 토 토할 | 露 로 이슬, 드러날 |

手부 13획 / 人부 9획 / 口부 3획 / 雨부 12획

擇偶(택우) 배우자를 고름.
擇一(택일) 하나를 고름.
選擇(선택) 골라서 뽑음.
偶然(우연) 뜻하지 않은 일.
偶發(우발) 우연히 발생함.

吐露(토로) 다 털어내어 말함.
嘔吐(구토) 뱃속에 있는 물건을 삭이지 못하고 게움.
露店(노점) 길가의 한데에 벌여놓은 가게.
露出(노출) 드러나거나 드러냄.

| 兎 토 토끼, 달 | 脣 순 입술 | 土 토 흙 | 壤 양 부드러운 흙 |

儿부 6획 / 肉부 7획 / 土부 0획 / 土부 17획

兎脣(토순) 토끼의 입술. 언청이.
兎影(토영) 달그림자. 달빛.
脣舌(순설) 입술과 혀. 수다스러움.
脣齒(순치) ①입술과 이. ②이해 관계가 서로 밀접한 것.

土壤(토양) 농작물을 잘 자라게 하는 땅.
土窟(토굴) 흙을 파낸 구덩이.
土着(토착) 대대로 그 땅에서 삶.
土産物(토산물) 그 지방의 특수한 산물.
天壤(천양) 하늘과 땅. 예 ~之差

| 討 토 칠, 궁구할 | 議 의 의논할 | 投 투 던질 | 球 구 구슬, 공 |

言부 3획 / 言부 13획 / 手부 4획 / 玉부 7획

討議(토의) 토론하여 의논함.
討論(토론) 어떤 문제를 두고 서로 자기의 주장을 내세워 그것의 가부를 논함.
議論(의논) ①어떠한 일을 서로 문의함. ②서로 어떤 일을 꾀함.

投球(투구) 공을 던지는 일.
投稿(투고) 원고를 신문사·잡지사 등에 보냄.
投身(투신) ①무슨 일에 몸을 던져 관계함. ②목숨을 끊기 위하여 몸을 던지는 것.
球技(구기) 공을 사용하는 운동 경기.

| 特 특 특별할 | 殊 수 다를, 뛰어날 | 派 파 물갈래, 보낼 | 遣 견 보낼 |

牛부 6획 / 歹부 6획 / 水부 6획 / 辶부 10획

特殊(특수) 보통보다 특별히 다름.
特權(특권) 특별히 주어진 권리.
特技(특기) 특별한 기술이나 재능.
特異(특이) 유난히 다른 것과 다름.
殊勳(수훈) 특별히 뛰어난 공훈.

派遣(파견) 일정한 임무를 주어 사람을 보냄.
派兵(파병) 군대를 파견함.
派生(파생) 근원에서 갈라져 나옴.
遣外(견외) 해외로 파견함.
分遣(분견) 갈라 보냄.

| 兎 토끼 토 | | 토끼가 앞발을 들고 옆으로 서있는 모습을 나타낸 상형문자이다. |

擇	가릴 택	一 十 扌 扩 扩 押 捏 擇 擇				
偶	짝 우	ノ 亻 亻 亻 但 偶 偶 偶				
吐	토할 토	丶 口 口 叶 吐				
露	드러날 로	宀 于 示 示 雨 雨 雯 霞 露				
兎	토끼 토	丆 刀 疒 卪 匃 夕 兔 兎				
脣	입술 순	厂 厂 辰 辰 辰 辰 脣 脣				
土	흙 토	一 十 土				
壤	부드러울 양	一 土 圹 圹 圹 壞 壤 壤				
討	칠 토	亠 ㇏ 言 言 言 言 計 討				
議	의논할 의	亠 ㇏ 言 言 計 計 詳 詳 議 議				
投	던질 투	一 十 扌 扌 扲 投 投				
球	공 구	一 二 王 王 玎 玗 球 球				
特	특별할 특	ノ 十 牛 牜 牜 牪 特 特				
殊	다를 수	丆 歹 歹 歹 歹 奸 殊 殊				
派	물갈래 파	丶 氵 氵 氵 沪 沪 泥 派				
遣	보낼 견	丶 口 中 虫 虫 虫 書 書 遣				

 波 파 물결 水부5획	 浪 랑 물결, 허망할 水부7획	罷 파 파할, 내칠 网부10획	免 면 면할 儿부5획
波浪(파랑) 작은 물결과 큰 물결. 波高(파고) 파도의 높이. 波動(파동) 거세게 일어난 큰 변동. 浪說(낭설) 터무니없는 소문. 浪費(낭비) 헤프게 소비함.		罷免(파면) 직무를 그만두게 함. 罷業(파업) 하던 일을 중지함. 罷職(파직) 관직을 파면시킴. 免除(면제) 책임·의무 등을 면해 줌. 免責(면책) 책망이나 책임을 면함.	
播 파 씨뿌릴, 달아날 手부12획	 種 종 씨, 종류 禾부9획	頗 파 자못, 치우칠 頁부5획	香 향 향기 香부0획
播種(파종) 곡식의 씨앗을 뿌려 심음. 播多(파다) 소문 등이 널리 퍼짐. 播遷(파천) 임금이 서울을 떠나 피난함. 種族(종족) 동일한 종류의 무리. 種類(종류) 특징에 따라 나눠지는 부류.		頗香(파향) 자못 향기로움. 頗多(파다) 매우 많음. 偏頗(편파) 한쪽으로 치우쳐 공정치 못함. 香煙(향연) 향을 피우는 연기. 香氣(향기) 꽃이나 향 등에서 나는 좋은 냄새.	
 破 파 깨뜨릴 石부5획	 毁 훼 헐, 헐뜯을 殳부9획	販 판 팔 貝부4획	路 로 길 足부6획
破毁(파훼) 깨뜨리어 헐어버림. 破壞(파괴) 때려 부수거나 헐어버림. 毁謗(훼방) ①남을 헐뜯어 비방함. ②남의 일을 방해함. 毁損(훼손) 헐거나 깨뜨려 못쓰게 만듦.		販路(판로) 상품이 팔리는 길. 販促(판촉) '판매촉진(販賣促進)'의 준말. 販賣(판매) 상품을 팖. 路線(노선) 목적을 정하여 놓고 나가는 길. 街路(가로) 도시의 넓은 길.	
八 팔 여덟 八부0획	斤 근 근 斤부0획	編 편 엮을 糸부9획	 隊 대 떼 阝부9획
八斤(팔근) 여덟 근. 八景(팔경) 여덟 가지의 유명한 경치. 八字(팔자) 사람의 한평생의 운수. 八達(팔달) 모든 일에 정통함. 斤量(근량) 저울로 단 무게.		編隊(편대) 대오를 편성함. 編織(편직) 실로 뜨개질한 것처럼 짜는 일. 編入(편입) 편성된 자리에 끼여 들어감. 隊長(대장) 부대의 장. 隊員(대원) 대(隊)를 이룬 집단의 성원.	

隊 떼 대	𣎆 𠂤隊	원래의 뜻은 '떨어지다'이다. 한 사람이 흙산 위에서 거꾸로 떨어지는 모양을 본떠서 만든 글자이다. 후에 '동아리를 이룬 무리' '잃다' '길' 등의 의미도 생겼다.

波	물결 파	丶 丶 氵 氵 / 汀 沪 波 波	
浪	물결 랑	丶 丶 氵 氵 / 汀 沪 浪 浪	
罷	파할 파	丨 冂 罒 罒 / 罒 罢 罷 罷	
免	면할 면	丨 勹 勹 勹 / 免 免 免	
播	씨뿌릴 파	一 扌 扌 扌 / 扩 挧 挴 播	
種	씨 종	一 二 禾 禾 / 秆 秞 種 種	
頗	자못 파	丿 厂 广 皮 / 皮 颇 頗 頗	
香	향기 향	一 二 千 禾 / 禾 禾 香 香	
破	깨뜨릴 파	一 丆 石 石 / 矿 砂 破 破	
毀	헐 훼	丶 ㇗ 白 臼 / 臼 毁 毁 毀	
販	팔 판	冂 目 貝 貝 / 貝 則 販 販	
路	길 로	口 口 足 足 / 足 趵 路 路	
八	여덟 팔	丿 八	
斤	근 근	一 厂 斤 斤	
編	엮을 편	丶 幺 糸 糸 / 糹 紵 絹 編	
隊	떼 대	丨 阝 阝 阝 / 阝 陊 隊 隊	

 遍 편 두루 — 辶부9획

遍歷(편력) ①이곳 저곳 두루 돌아다님. ②여러 가지 경험을 함.
普遍(보편) 두루 널리 미침.

 歷 력 지낼 — 止부12획

歷史(역사) 인류의 변천·흥망의 기록.
歷任(역임) 여러 지위를 차례로 지냄.

片 편 조각 한쪽 — 片부0획

片面(편면) 한쪽 면.
一片丹心(일편단심) 한 조각 붉은 정성. 넘치는 마음. 절개.
面目(면목) ①얼굴의 생김새. ②낯.
面談(면담) 서로 만나서 이야기함.

面 면 낯 — 面부0획

便 편, 변 편할 오줌 — 人부7획

便宜(편의) 생활하는 데 편리하고 좋음.
簡便(간편) 간단하고 편리함.
便紙(편지) 남에게 써 보내는 글.
宜當(의당) 마땅히.
宜合(의합) 알맞게 들어맞음.

 宜 의 마땅할 — 宀부5획

平 평 평평할 보통 — 干부2획

平凡(평범) 뛰어나지 않고 예사로움.
平均(평균) 질이나 양이 다른 것을 모아서 통일적으로 고르게 함.
凡常(범상) 대수롭지 않음. 보통.
凡人(범인) 평범한 사람.

凡 범 무릇 범상할 — 几부1획

肺 폐 허파 — 肉부4획

 臟 장 오장 — 肉부18획

肺臟(폐장) 폐. 허파.
肺炎(폐렴) 폐에 생기는 염증.
肺病(폐병) 폐질환의 총칭.
臟器(장기) 내장의 여러 기관.
五臟六腑(오장육부) 내장을 통틀어 일컫는 말.

 廢 폐 폐할 — 广부12획

止 지 그칠 — 止부0획

廢止(폐지) 제도 등을 그만두거나 없앰.
廢刊(폐간) 발행을 폐지함.
廢水(폐수) 폐기한 물.
止血(지혈) 흐르는 피를 그치게 함.
禁止(금지) 금하여 못하게 함.

浦 포 물가 — 水부7획

 口 구 입 — 口부0획

浦口(포구) 배가 드나드는 개의 어귀.
口頭(구두) 마주 대하여 입으로 하는 말.
口腔(구강) 입 안의 비어 있는 곳.
口臭(구취) 입냄새.
口傳(구전) 말로 전함. 예~歌謠

 暴 폭 사나울 드러낼 — 日부11획

利 리 이로울 날카로울 — 刀부5획

暴利(폭리) 엄청나게 남기는 부당한 이익.
暴風(폭풍) 몹시 세게 부는 바람.
暴壓(폭압) 폭력으로 억압하는 것.
利害(이해) 이익과 손해.
私利私慾(사리사욕) 사사로운 이익과 욕심.

利 이로울 리

칼(刀)로 벼(禾)를 베자 낱알이 어지럽게 흩어지는 모양을 본떠서 만든 글자이다. 원래의 뜻은 '예리하다'이다. 후에 '이익' '이윤' 등의 의미가 생겼다.

遍	두루 편	ㄱ ㄱ 户 启 启 扁 遍 遍					
歷	지낼 력	一 厂 厂 厯 厤 厤 歷 歷					
片	조각 편	ノ ノ 广 片					
面	낯 면	一 ア ア 丙 而 而 面 面					
便	편할 편	亻 仁 仁 佰 佰 佰 便 便					
宜	마땅할 의	丶 冖 宀 宁 宜 宜 宜 宜					
平	보통 평	一 亠 卫 立 平					
凡	무릇 범	ノ 几 凡					
肺	허파 폐	ノ 月 月 月 肝 肝 肺 肺					
臟	오장 장	月 肝 肝 肝 臃 臟 臟 臟					
廢	폐할 폐	广 广 庐 庆 廃 廃 廃 廢					
止	그칠 지	丨 ト 止 止					
浦	물가 포	丶 氵 氵 沪 洦 浦 浦					
口	입 구	丨 口 口					
暴	사나울 폭	口 日 昱 昱 昇 昇 暴 暴					
利	이로울 리	一 二 千 千 禾 利 利					

 포 쌀 　　 장 꾸밀
勹부 3획　　　　　　衣부 7획

包裝(포장) 물건을 싸서 꾸림.
包容(포용) 너그럽게 받아들임.
包含(포함) 속에 싸이어 있음.
裝飾(장식) 치장하여 꾸밈.
武裝(무장) 전투할 때에 하는 몸차림.

捕 포 잡을　　捉 착 잡을
手부 7획　　　　　　手부 7획

捕捉(포착) 무엇을 붙잡음. 예機會~
捕獲(포획) 짐승이나 물고기를 잡음.
捕虜(포로) 전투에서 적에게 사로잡힌 병사.
捉送(착송) 붙잡아 보냄.
捉去(착거) (사람을) 잡아감.

飽 포 배부를　　 향 누릴 드릴
食부 5획　　　　　　亠부 6획

飽享(포향) 싫도록 누림.
飽食(포식) 배부르게 잔뜩 먹음.
飽滿(포만) 용량에 꽉차서 가득함.
享樂(향락) 즐거움을 누림.
享年(향년) 한평생에 누린 나이.

爆 폭 폭발할　　擊 격 칠
火부 15획　　　　　手부 13획

爆擊(폭격) 폭탄을 떨어뜨려 하는 공격.
爆彈(폭탄) 땅에 떨어뜨려 터뜨리는 폭발물.
爆笑(폭소) 폭발하듯 갑자기 웃는 웃음.
擊沈(격침) 배를 쳐서 침몰시킴.
擊破(격파) 쳐부숨.

表 표 거죽 나타낼　　 리 속
衣부 3획　　　　　　衣부 7획

表裏(표리) 겉과 속. 예~不同
表現(표현) 생각이나 감정을 나타냄.
表意(표의) 문자가 의미를 나타내고 있는 것.
裏面(이면) 속. 안.
胸裏(흉리) 가슴속.

漂 표 떠돌 빨래할　　泊 박 떠돌 묵을
水부 11획　　　　　水부 5획

漂泊(표박) 정처없이 떠돌아 다니며 삶.
漂着(표착) 표류하여 어떤 곳에 닿음.
漂流(표류) 물에 떠서 흘러감.
碇泊(정박) 배가 닻을 내리고 머무름.
宿泊(숙박) 남의 집이나 여관에 머묾.

 표 표　　準 준 법도 비길
木부 11획　　　　　水부 10획

標準(표준) 여러 사물이 준거할 기준.
標的(표적) 목표로 삼는 물건.
里程標(이정표) 이정을 적어 세운 푯말.
準則(준칙) 준용할 규칙.
準例(준례) 기준이 될 만한 전례.

楓 풍 단풍나무　　 악 큰산
木부 9획　　　　　　山부 5획

楓岳(풍악) 가을의 금강산을 일컫는 말.
楓葉(풍엽) 단풍나무 잎사귀.
丹楓(단풍) 늦가을에 붉게 물든 나뭇잎.
岳父(악부) 아내의 아버지.
山岳(산악) 크고 작은 모든 산.

享 누릴 향　　　　조상에 제사를 지내던 종묘의 모양을 본떠서 만든 글자이다. 윗부분은 지붕이고, 가운데는 기둥과 비석, 아랫부분은 받침돌을 나타낸다. 후에 '누리다' '향유하다'의 뜻이 되었다.

包	쌀 포	ノ 勹 勹 匀 包	包	包	包					
裝	꾸밀 장	丶 爿 爿 壯 壯 裝 裝 裝	裝	裝						
捕	잡을 포	一 十 扌 扩 扩 捅 捕 捕	捕	捕						
捉	잡을 착	一 十 扌 扌 护 护 捉 捉	捉	捉						
飽	배부를 포	ノ 今 今 食 食 飠 飽 飽	飽	飽	飽					
享	누릴 향	丶 亠 亡 亡 古 亨 亨 享	享	享						
爆	폭발할 폭	丶 火 灯 灯 㷂 㷂 㷂 爆	爆	爆						
擊	칠 격	一 車 車 軎 軗 軗 擊 擊	擊	擊						
表	거죽 표	一 十 丰 主 丰 丰 表 表	表	表						
裏	속 리	丶 亠 亠 重 重 重 重 裏	裏	裏						
漂	떠돌 표	丶 氵 氵 汇 汇 洒 漂 漂	漂	漂						
泊	묵을 박	丶 氵 氵 氵 沪 泊 泊	泊	泊	泊					
標	표 표	一 十 木 木 机 栖 標 標	標	標						
準	법도 준	丶 氵 氵 汈 汫 准 準 準	準	準						
楓	단풍나무 풍	一 十 木 机 机 楓 楓 楓	楓	楓	楓					
岳	큰산 악	ノ 广 斤 丘 丘 乒 岳 岳	岳	岳						

| 被 피 입을 | 檢 검 검사할 | 疲 피 지칠 | 困 곤 곤할 |

衣부 5획　　　　　　木부 13획　　　　　　疒부 5획　　　　　　口부 4획

被檢(피검) 검거를 당함.
被害(피해) 해를 입음. 또는 그 해.
檢査(검사) 실상을 검토하여 옳고 그름, 좋고 나쁨 등을 조사함.
檢擧(검거) 범죄의 증거를 걷어 모음.

疲困(피곤) 몸과 마음이 지쳐서 고달픔.
疲勞(피로) 피곤함. 지침.
困難(곤란) 딱하고 어려움.
困境(곤경) 곤란한 경우.
困辱(곤욕) 심한 모욕.

| 皮 피 가죽 | 膚 부 살갗 | 彼 피 저 | 此 차 이 |

皮부 0획　　　　　　肉부 11획　　　　　　彳부 5획　　　　　　止부 2획

皮膚(피부) 살갗.
皮革(피혁) 제품의 원료가 되는 가죽.
皮相(피상) 표면에 나타나는 현상.
膚見(부견) 피상적인 생각.
膚淺(부천) 생각이 얕음.

彼此(피차) ①이것과 저것. ②서로.
彼岸(피안) 저쪽 언덕.
此日彼日(차일피일) 이날 저날.
此世(차세) 이 세상.
此後(차후) 이 다음.

| 筆 필 붓 | 墨 묵 먹 | 必 필 반드시 | 須 수 모름지기 |

竹부 6획　　　　　　土부 12획　　　　　　心부 1획　　　　　　頁부 3획

筆墨(필묵) 붓과 먹.
筆談(필담) 글로 써서 의사를 통함.
筆跡(필적) 글씨 솜씨. 글씨의 형적.
墨畵(묵화) 먹으로 그린 동양화.
墨客(묵객) 글씨를 쓰거나 그림을 그리는 예술가.

必須(필수) 모름지기 있어야 함.
必需(필수) 꼭 필요함.
必要(필요) 꼭 소용이 됨.
須知(수지) 모름지기 알아야 할 일.
須臾(수유) 잠시 동안.

| 下 하 아래 내릴 | 弦 현 활시위 악기줄 | 寒 한 찰 | 暖 난 따뜻할 |

一부 2획　　　　　　弓부 5획　　　　　　宀부 9획　　　　　　日부 9획

下弦(하현) 음력 22, 23일 무렵의 달.
下落(하락) 값, 등급 등이 떨어짐.
下降(하강) 높은 데서 아래로 내려옴.
弦樂(현악) 현악기로 연주하는 음악.
上弦(상현) 음력 7, 8일 무렵의 달.

寒暖(한난) 추움과 따뜻함.
寒氣(한기) 추위.
寒冷(한랭) 춥고 참.
暖房(난방) 방을 덥게 함.
暖帶(난대) 열대와 온대의 중간 지대.

| 此 이 차 | | 글자의 왼쪽은 한 발의 모양이고, 오른쪽은 사람의 모양이다. 그러므로 사람이 서 있는 곳을 나타낸다. 원래의 뜻은 '이 곳' '이 지역'이다. |

被	입을 피	、ㅎ ネ 初 袑 袙 被 被
檢	검사할 검	一 十 木 村 朴 松 檢 檢
疲	지칠 피	、 亠 广 疒 疒 疒 疲 疲
困	곤할 곤	丨 冂 冂 困 困 困
皮	가죽 피	ノ 厂 广 皮 皮
膚	살갗 부	、 广 广 虍 虐 虐 膚 膚
彼	저 피	、 彳 彳 彳 衤 彼 彼
此	이 차	丨 卜 卜 此 此 此
筆	붓 필	ㅅ 竹 竹 竹 笋 筆 筆 筆
墨	먹 묵	口 曰 甲 里 黑 黑 黑 墨
必	반드시 필	、 丿 义 必 必
須	모름지기 수	、 彡 彡 彳 須 須 須
下	아래 하	一 丅 下
弦	활시위 현	一 弓 弓 弓 弦 弦 弦
寒	찰 한	、 宀 宀 宀 宜 寒 寒
暖	따뜻할 난	丨 冂 日 旷 旷 暖 暖 暖

 旱 한 가물 雷 뢰 우뢰
干부 3획　　　　　雨부 5획

旱雷(한뢰) 마른 천둥.
旱乾(한건) 오래 가뭄.
雷聲(뇌성) 천둥치는 소리.
雷名(뇌명) 세상에 크게 날리는 명성.
雷震(뇌진) 천둥이 울리고 벼락이 침.

閑 한 한가할 등한할　寂 적 고요할

門부 4획　　　　　宀부 8획

閑寂(한적) 한가하고 고요함.
閑話(한화) 심심풀이로 하는 이야기.
農閑(농한) 농사일이 그리 바쁘지 않음.
寂寞(적막) 고요하고 쓸쓸함.
靜寂(정적) 고요하고 괴괴함.

 汗 한 땀　蒸 증 찔

水부 3획　　　　　艸부 10획

汗蒸(한증) 높은 열 속에서 몸에 땀을 내어 병을 치료하는 일. 예~幕
汗疹(한진) 땀띠.
蒸發(증발) 액체 표면이 기화하는 현상.
蒸氣(증기) 액체가 증발하여 생긴 기체.

割 할 나눌　據 거 의거할

刀부 10획　　　　　手부 13획

割據(할거) 땅을 분할하여 웅거함.
割愛(할애) 아깝게 생각하며 나누어 줌.
割當(할당) 몫을 갈라 분배함.
據點(거점) 활동의 근거지.
雄據(웅거) 자리잡고 굳게 지킴.

 含 함 머금을　憤 분 분할

口부 4획　　　　　心부 12획

含憤(함분) 분을 품음.
含蓄(함축) 많은 뜻이 집약되어 있음.
憤怒(분노) 분하게 여기어 몹시 성냄.
憤慨(분개) 격분하여 개탄함.
憤敗(분패) 이길 기회를 놓쳐 분하게 짐.

咸 함 다　池 지 못

口부 6획　　　　　水부 3획

咸池(함지) 해가 져서 들어간다는 못.
咸告(함고) 빼지 않고 다 고함.
池塘(지당) 못.
電池(전지) 화학 반응에 의해 전류를 일으키는 장치.

 合 합, 흡 합할 흡　邦 방 나라

口부 3획　　　　　阝부 4획

合邦(합방) 나라를 합침. 예韓日~
合資(합자) 자본을 아울러 냄.
混合(혼합) 뒤섞어서 한데 합함.
邦國(방국) 나라. 국가.
友邦(우방) 서로 친교가 있는 나라.

抗 항 대항할　拒 거 맞설

手부 4획　　　　　手부 5획

抗拒(항거) 막아내기 위하여 대항함.
抗辯(항변) 항거하여 변론함.
抗議(항의) 반대의 뜻을 주장함.
拒逆(거역) 항거하여 거스름.
拒否(거부) 거절하여 동의하지 아니함.

 合 합할 합　

윗부분은 원추형의 뚜껑이고 아랫부분은 원형의 그릇으로, 뚜껑 덮여 합해진 모습을 나타낸다. 원래의 뜻은 '닫다'이고, 후에 '조화롭다' '집합하다' 등의 뜻이 되었다.

旱	가물 한	丶 冂 日 旦 旦 旱	旱	旱			
雷	우뢰 뢰	一 宀 币 乕 雫 雨 雷 雷	雷	雷			
閑	한가할 한	丨 卩 阝 門 門 閑 閑	閑	閑			
寂	고요할 적	丶 宀 宀 宀 宁 宋 宓 寂	寂	寂			
汗	땀 한	丶 冫 氵 氵 汗	汗	汗			
蒸	찔 증	艹 艹 艹 茈 莁 蒸	蒸	蒸			
割	나눌 할	丶 宀 中 宔 害 害 害 割	割	割			
據	의거할 거	扌 扌 扩 护 护 捁 捁 據	據	據			
含	머금을 함	丿 人 人 今 今 含 含	含	含			
憤	분할 분	丨 忄 忄 忄 忙 惁 憤 憤	憤	憤			
咸	다 함	一 厂 厂 厈 咸 咸 咸	咸	咸			
池	못 지	丶 冫 氵 汕 池	池	池			
合	합할 합	丿 人 亼 合 合 合	合	合			
邦	나라 방	一 二 三 丰 邦 邦	邦	邦			
抗	대항할 항	一 十 扌 扌 扩 扩 抗	抗	抗			
拒	맞설 거	一 十 扌 扌 扩 拒 拒 拒	拒	拒			

恒 항상	常 항상	奚 어찌	暇 겨를 가
心부 6획	巾부 8획	大부 7획	日부 9획

恒常(항상) 늘. 언제나.
恒茶飯(항다반) 늘 있는 예사로운 일.
恒久(항구) 변하지 아니하고 오래 감.
常備(상비) 언제든지 늘 준비하여 둠.
常規(상규) 보통의 일반적인 규정.

奚暇(해가) 어느 겨를에.
奚特(해특) 어찌 특히.
暇日(가일) 한가한 날.
休暇(휴가) 일정기간 동안 쉬는 겨를.
餘暇(여가) 겨를. 틈.

該 해 그 넓을	博 넓을 박	解 해 풀 깨달을	析 석 쪼갤
言부 6획	十부 10획	角부 6획	木부 4획

該博(해박) 다방면으로 학식이 넓음.
該當(해당) 무엇에 관계되는 바로 그것.
博愛(박애) 모든 사람을 평등하게 사랑함.
博識(박식) 아는 것이 많음.
博學(박학) 학식이 매우 넓고 많음.

解析(해석) 상세히 풀어서 이론적으로 연구함.
解放(해방) 가두어 둔 것을 풀어 놓음.
解決(해결) 제기된 일을 해명 처리함.
析出(석출) 분석하여 냄.
分析(분석) 구성 요소를 갈라 냄.

行 행, 항 다닐 행할	廊 랑 행랑	幸 행 다행	福 복
行부 0획	广부 10획	干부 5획	示부 9획

行廊(행랑) 대문간에 붙어 있는 방.
行動(행동) 동작을 하여 행하는 일.
品行(품행) 품성과 행실.
飛行(비행) 공중으로 날아감.
廊廟(낭묘) 조정.

幸福(행복) 만족을 느껴 즐거운 상태.
幸運(행운) 좋은 운수.
多幸(다행) 일이 좋게 됨.
福德(복덕) 타고난 행복.
萬福(만복) 여러 가지 복.

許 허 허락할	諾 낙 대답할	虛 허 빌	實 실 열매 사실
言부 4획	言부 9획	虍부 6획	宀부 11획

許諾(허락) 청하는 일을 들어주는 것.
許容(허용) 허락하여 용납함.
許可(허가) 희망을 들어줌.
諾否(낙부) 허락과 거절.
受諾(수락) 요구를 받아들여 승낙함.

虛實(허실) 거짓과 참. 공허와 충실.
虛脫(허탈) 멍하여 일이 잘 안되는 상태.
虛構(허구) 실지로 있는 것처럼 꾸밈.
實施(실시) 실제로 행함.
實質(실질) 실상의 본바탕.

福 복 복		제단 앞에 큰 술독을 바치고 신에게 복을 내려줄 것을 구하는 모습이다.

恒	항상 항	丨 忄 忄 忄 怕 怕 恒
常	항상 상	丨 丷 ⺌ 쌍 常 常 常
奚	어찌 해	⺈ ⺈ ⺈ 至 至 至 奚 奚
暇	겨를 가	丨 日 日' 旷 昄 昄 暇 暇
該	넓을 해	亠 二 言 言 訂 該 該 該
博	넓을 박	一 十 忄 忄 博 博 博 博
解	풀 해	⺈ ⺈ 角 角 角 解 解 解
析	쪼갤 석	一 十 扌 木 木' 析 析 析
行	다닐 행	⺈ ⺈ 彳 行 行 行
廊	행랑 랑	丶 一 广 广 庐 庐 廊 廊
幸	다행 행	一 十 土 圥 圥 坴 幸
福	복 복	丶 ⺬ ⺬ ⺬ 祁 福 福 福
許	허락할 허	亠 二 言 言 言 訂 訐 許
諾	대답할 낙	亠 二 言 言 計 計 諾 諾
虛	빌 허	丶 ⺈ 虍 虍 虍 虛 虛
實	사실 실	丶 宀 宀 宁 宫 實 實 實

軒 헌 / 추녀 / 난간 車부 3획	燈 등 / 등잔 火부 12획	革 혁 / 가죽 / 고칠 革부 0획	政 정 / 정사 攵부 5획
軒燈(헌등) 처마에 다는 등. 軒頭(헌두) 추녀 끝. 燈燭(등촉) 등불과 촛불. 燈火(등화) 등잔불. 예~可親 點燈(점등) 등에 불을 켬.		革政(혁정) 정치를 개혁함. 革命(혁명) 낡은 것을 새것으로 바꾸어 놓는 질적 변화. 政權(정권) 정치상의 권력. 政治(정치) 국가의 주권자가 나라를 다스림.	
縣 현 / 고을 糸부 10획	令 령 / 명령 / 우두머리 人부 3획	絃 현 / 악기줄 / 현악기 糸부 5획	樂 악, 락, 요 / 풍류 / 즐길 / 좋아할 木부 11획
縣令(현령) 큰 현의 원. 縣監(현감) 조선 때 작은 현의 원. 令愛(영애) 남의 딸에 대한 경칭. 令名(영명) 좋은 명성이나 명예. 令達(영달) 명령을 전함.		絃樂(현악) 현악기로 연주하는 음악. 絃索(현삭) 가야금·거문고 등의 줄. 音樂(음악) 소리에 의한 예술. 樂觀(낙관) 낙천적인 세계관으로 보거나 대함. 樂山樂水(요산요수) 산을 좋아하고 물을 좋아함.	
懸 현 / 매달 / 멀 心부 16획	案 안 / 책상 / 생각할 木부 6획	賢 현 / 어질 貝부 8획	愚 우 / 어리석을 心부 9획
懸案(현안) 이전부터 의논하여 오면서도 아직 결정하지 못한 의안. 懸賞金(현상금) 어떤 목적을 위하여 상으로 건 돈. 案件(안건) 토의해야 할 사실. 考案(고안) 어떤 안을 생각하여 냄.		賢愚(현우) 현명함과 어리석음. 賢明(현명) 어질고 영리하여 사리에 밝음. 賢良(현량) 어질고 착함. 愚弄(우롱) 바보로 보고 업신여김. 愚昧(우매) 어리석고 사리에 어두움.	
現 현 / 나타날 王부 7획	場 장 / 마당 土부 9획	顯 현 / 나타날 頁부 14획	著 저, 착 / 나타날 / 붙을 艸부 9획
現場(현장) 일이 진행되고 있는 그곳. 現實(현실) 객관적으로 존재하고 있는 사실. 現代(현대) 지금의 이 시대. 場所(장소) 일이 벌어지는 곳이나 자리. 登場(등장) 무대 같은 데 나옴.		顯著(현저) 드러난 것이 두드러져 분명함. 顯達(현달) 지위가 높아지고 이름이 남. 著述(저술) 글을 지어 책을 만듦. 著名(저명) 이름이 세상에 두드러짐. 著作(저작) 논문이나 책 등을 씀.	

 명령 령   큰 지붕 아래에 한 사람이 꿇어앉아 다른 사람에게 명령하고 있는 모습이라는 견해와, 자형의 윗부분은 명령하는 사람의 입이고, 아랫부분은 듣는 사람이 꿇어앉아 있는 모습이라는 두 가지 견해가 있다.

軒	추녀 헌	一 二 亘 亘 車 車 車 軒	軒 軒
燈	등잔 등	丷 火 火 灶 灶 烊 烩 燈	燈
革	고칠 혁	一 廾 廾 廾 芮 芮 苴 革	革
政	정사 정	一 丆 下 正 正 正 政 政 政	政 政
縣	고을 현	目 且 且 県 県′ 県 県 県	縣 縣
令	우두머리 령	丿 人 今 今 令	令 令
絃	현악기 현	乙 幺 糸 糹 絋 紋 絃 絃	絃 絃
樂	풍류 악	丿 白 泊 絲 樂 樂 樂 樂	樂 樂
懸	멀 현	目 且 且 県 県′ 県 県 懸	懸 懸
案	생각할 안	丶 宀 宀 安 安 安 宰 案	案 案
賢	어질 현	丨 丆 臣 臣 臤 臤 賢 賢	賢 賢
愚	어리석을 우	丶 冂 曰 早 吊 禺 愚 愚	愚 愚
現	나타날 현	一 T 王 王 玑 珇 現 現	現 現
場	마당 장	一 十 土 坦 坦 坦 場 場	場 場
顯	나타날 현	冂 曰 旦 昌 晷 晷 顕 顯	顯 顯
著	나타날 저	丶 艹 艹 芊 芊 芉 著 著	著 著

 玄 현 검을	黃 황 누를	螢 형 반딧불	雪 설 눈 씻을
玄부 0획	黃부 0획	虫부 10획	雨부 3획

玄黃(현황) 검은 하늘 빛과 누른 땅 빛.
玄妙(현묘) 아주 그윽하고 묘함.
黃泉(황천) ①저승. ②지하.
黃金(황금) ①금. ②돈.
黃熟(황숙) 곡식이나 과일이 누렇게 익음.

螢雪(형설) 부지런하고 꾸준하게 학문을 닦음.
螢光(형광) 반딧불의 빛.
雪辱(설욕) 부끄럼을 씻음.
雪景(설경) 눈이 내리거나 덮인 경치.
暴雪(폭설) 갑자기 많이 내리는 눈.

 形 형 형상	影 영 그림자	 亨 형 형통할	通 통 통할
彡부 4획	彡부 12획	亠부 5획	辶부 7획

形影(형영) 형체와 그림자.
形態(형태) 사물의 생김새.
形成(형성) 어떠한 모양을 이룸.
影響(영향) 다른 사물에 미치는 결과.
撮影(촬영) 형상을 사진·영화로 찍음.

亨通(형통) 온갖 일이 뜻대로 잘됨. 예萬事~
通勤(통근) 매일 다니며 근무함.
通過(통과) 통하여 지나가거나 옴.
通用(통용) 여러 가지에 두루 쓰임.
流通(유통) 세상에 널리 통용함.

 惠 혜 은혜	澤 택 못 은혜	 好 호 좋을	感 감 느낄
心부 8획	水부 13획	女부 3획	心부 9획

惠澤(혜택) 은혜와 덕택.
惠存(혜존) '받아 간직하여 주십시오' 하는 뜻의 말.
德澤(덕택) 은덕이 남에게 미치는 혜택.
光澤(광택) 번들번들한 빛.

好感(호감) 좋게 여기는 감정.
好事(호사) 좋은 일.
感歎(감탄) 깊이 느끼어 탄복함.
感化(감화) 감동을 받아 착해짐.
感想(감상) 마음에 느끼어 생각함.

 浩 호 넓을	茫 망 망망할 넓을	互 호 서로	選 선 가릴
水부 7획	艹부 6획	二부 2획	辶부 12획

浩茫(호망) 넓디넓음.
浩蕩(호탕) 많은 물이 출렁거리며 한없이 넓음.
浩然(호연) 넓고 큰 모양. 예~之氣
茫茫大海(망망대해) 넓고 넓은 큰 바다.
茫然自失(망연자실) 멀거니 정신을 잃음.

互選(호선) 서로 투표하여 뽑음.
相互(상호) 피차가 서로.
選擧(선거) 많은 사람 중에 뽑아냄.
選任(선임) 사람을 골라서 임무를 맡김.
豫選(예선) 본선 전에 미리 뽑음.

好 좋을 호 | 好 好 好 | 여자가 어린아이를 안고 있는 모습으로, 새로운 생명이 태어난 것을 사람들이 좋아한다는 뜻이다. '好'자는 대부분 형용사로 사용되나, 동사로 쓰일 때는 '좋아하다'라는 뜻이 된다.

玄	검을 현	丶 亠 亠 玄 玄	
黃	누를 황	一 廿 廿 䒑 苦 苗 黃 黃	
螢	반딧불 형	丷 炏 炏 熒 熒 螢 螢 螢	
雪	눈 설	一 宀 乖 乖 乖 雪 雪 雪	
形	형상 형	一 二 于 开 开 形 形	
影	그림자 영	丶 口 日 旦 昌 景 景 景 影	
亨	형통할 형	丶 亠 六 古 古 亨 亨	
通	통할 통	丁 マ マ 冃 甬 甬 涌 通	
惠	은혜 은	一 日 由 車 車 惠 惠	
澤	은혜 택	丶 氵 氵 汀 泗 渾 澤 澤	
好	좋을 호	丨 乛 女 女 好 好	
感	느낄 감	一 厂 厈 咸 咸 咸 感 感	
浩	넓을 호	丶 氵 氵 氵 汁 洪 浩	
茫	망망할 망	一 丷 艹 艹 艾 茫 茫	
互	서로 호	一 工 万 互	
選	가릴 선	丶 ㄹ 巴 巽 巽 巽 選 選	

 호 호걸 성할 豕부7획	飮 음 마실 食부4획	호 오랑캐 어찌 肉부5획	蝶 접 나비 虫부9획
豪飮〔호음〕 술을 아주 잘 마심. 豪傑〔호걸〕 도량이 넓고 기개가 있는 사람. 豪言〔호언〕 의기양양한 말. 예~壯談 飮食〔음식〕 사람이 먹고 마시는 모든 것. 飮酒〔음주〕 술을 마심.		胡蝶〔호접〕 나비. 胡地〔호지〕 오랑캐의 땅. 胡說〔호설〕 함부로 마구 지껄이는 말. 蝶泳〔접영〕 수영법의 하나. 蜂蝶〔봉접〕 벌과 나비.	
呼 호 부를 숨내쉴 口부5획	 출 날 凵부3획	護 호 지킬 言부14획	헌 법 관청 心부12획
呼出〔호출〕 불러냄. 呼吸〔호흡〕 숨을 내쉼과 들이쉼. 呼訴〔호소〕 제 사정을 남에게 하소연함. 出世〔출세〕 높은 지위에 오르거나 유명해짐. 出沒〔출몰〕 나타났다 숨었다 함.		護憲〔호헌〕 헌법을 옹호함. 護身〔호신〕 자기 몸을 보호함. 護送〔호송〕 보호하여 보냄. 憲法〔헌법〕 근본이 되는 법규. 改憲〔개헌〕 헌법의 내용을 고침.	
虎 호 범 虍부2획	穴 혈 구멍 穴부0획	 혹 혹 戈부4획	時 시 때 日부6획
虎穴〔호혈〕 범의 굴. 가장 위험한 곳. 虎口〔호구〕 범의 입. 虎視〔호시〕 범처럼 날카로운 눈으로 쏘아 봄. 穴深〔혈심〕 무덤 구덩이의 깊이. 穴居〔혈거〕 굴 속에 삶.		或時〔혹시〕 어찌하다가. 어떠한 때에. 비 間或 或是〔혹시〕 만일에. 時急〔시급〕 시간이 절박하여 몹시 급함. 時流〔시류〕 당대의 풍조·유행. 時局〔시국〕 현재의 대세의 판국.	
 혼 섞을 水부8획	 성 이룰 戈부3획	紅 홍 붉을 糸부3획	 로 화로 火부16획
混成〔혼성〕 서로 혼합되어 이루어짐. 混同〔혼동〕 뒤섞음. 成就〔성취〕 목적대로 일을 이룸. 成熟〔성숙〕 무르녹게 익음. 成長〔성장〕 (생물이) 자라남.		紅爐〔홍로〕 붉게 단 화로. 紅顔〔홍안〕 혈색 좋은 얼굴. 紅潮〔홍조〕 뺨에 붉은빛이 드러남. 爐邊〔노변〕 화로 주변. 香爐〔향로〕 향을 피우는 화로.	

虎 범 호 — 앞발을 쳐들고 꼬리를 아래로 늘어뜨린 채 위로 뛰어오르는 호랑이의 모습을 본떠서 만든 상형문자이다.

漢字	訓音	筆順	練習
豪	호걸 호	亠 亠 亠 亭 亭 豪 豪	豪 豪 豪
飮	마실 음	丿 丿 今 今 食 食 飮 飮	飮 飮
胡	오랑캐 호	一 十 十 古 古 古 胡 胡	胡 胡
蝶	나비 접	虫 虫 虫 虫 蛘 蛘 蝶 蝶	蝶 蝶
呼	부를 호	丶 口 口 吖 吖 吩 呼	呼 呼
出	날 출	丨 屮 屮 出 出	出 出
護	지킬 호	亠 亠 言 言 言 訐 護 護	護 護
憲	법 헌	丶 宀 宀 宝 害 憲 憲	憲 憲
虎	범 호	丶 卜 上 卢 卢 虍 虎 虎	虎 虎
穴	구멍 혈	丶 宀 宀 穴 穴	穴 穴
或	혹 혹	一 丆 冋 戸 式 或 或	或 或
時	때 시	冂 日 旪 旪 旿 時 時	時 時 時
混	섞을 혼	氵 氵 汨 汨 汨 湿 混	混 混
成	이룰 성	丿 厂 厂 厈 成 成	成 成
紅	붉을 홍	幺 幺 糸 糸 糸 紅 紅	紅 紅
爐	화로 로	丶 火 灯 炉 炉 爐 爐 爐	爐 爐

 洪 홍 넓을 / 큰물
水부 6획

 水 수 물
水부 0획

洪水(홍수) 큰 물.
洪恩(홍은) 넓고 큰 은덕이나 은혜.
水準(수준) 일정한 표준이나 정도.
水洗(수세) 물로 깨끗이 씻음.
水産(수산) 해양·하천 등에서 나는 산물.

華 화 빛날 / 꽃
艸부 8획

麗 려 고울
鹿부 8획

華麗(화려) 아름답고 고움. 예~江山
華燭(화촉) 혼례 의식에서의 등화.
麗句(여구) 아름답게 표현된 글구.
美麗(미려) 아름답고 고움.
秀麗(수려) 경치가 뛰어나고 아름다움.

 苗 묘 싹
艸부 5획

禾 화 벼
禾부 0획

和苗(화묘) 볏묘.
禾穀(화곡) 벼.
苗木(묘목) 이식하기 전의 어린 나무.
苗圃(묘포) 묘목을 가꾸는 밭.
種苗(종묘) 식물의 싹을 심어서 기름.

禍 화 재앙
示부 9획

厄 액 재앙
厂부 2획

禍厄(화액) 재앙.
禍根(화근) 화의 근원.
厄運(액운) 재액을 당하는 운수.
厄年(액년) 운수가 사나운 해.
橫厄(횡액) 뜻밖에 닥쳐온 재액.

 和 화 화합할 / 합계
口부 5획

 暢 창 화창할 / 통할
日부 10획

和暢(화창) 날씨가 온화하고 맑음.
和解(화해) 다투던 일을 풂.
總和(총화) 전체의 화합. 예國民~
暢達(창달) 거리낌이나 막힘 없이 표달됨.
流暢(유창) 말이 줄줄 나와 거침이 없음.

 貨 화 재물 / 화물
貝부 4획

幣 폐 폐백 / 돈
巾부 12획

貨幣(화폐) 돈. 예~의 價値
貨主(화주) 화물의 주인.
幣帛(폐백) 신부가 처음으로 시부모를 뵐 때 큰 절을 하고 올리는 대추나 포 따위의 총칭.
造幣(조폐) 화폐를 만듦.

 擴 확 늘릴
手부 15획

 充 충 찰
儿부 4획

擴充(확충) 넓히고 보태어 충실하게 함.
擴大(확대) 크게 넓힘.
充滿(충만) 가득하게 참.
充實(충실) 허실이 없이 충분함.
充當(충당) 채워 메움.

丸 환 알 / 둥글
丶부 2획

 藥 약 약
艸부 15획

丸藥(환약) 잘고 동글동글하게 빚은 약.
丸劑(환제) 환약으로 된 약제.
彈丸(탄환) 탄알.
藥草(약초) 약제로 쓰는 풀.
補藥(보약) 몸을 보하는 약.

禾 벼 화

이삭의 윗부분이 익어 묵직하게 아래로 드리워진 한 포기의 익은 벼의 모습을 나타낸다. 원래의 뜻은 '벼이삭'이다. 후에는 다른 곡물들도 가리키게 되었다.

洪	큰물 홍	丶 丶 氵 汀 洪 洪 洪 洪	洪	洪						
水	물 수	丨 刂 氺 水	水	水						
華	빛날 화	⺿ ⺿ 芒 芢 苹 茟 莘 華	華	華						
麗	고울 려	一 帀 肏 肏 麗 麗 麗 麗	麗	麗						
禾	벼 화	丿 二 千 禾 禾	禾	禾						
苗	싹 묘	丶 丨 ⺿ ⺿ 芇 苗 苗 苗	苗	苗						
禍	재앙 화	丶 ᄀ 礻 礻 祁 祠 禍 禍	禍	禍						
厄	재앙 액	一 厂 厃 厄	厄	厄						
和	화합할 화	丿 二 千 禾 禾 禾 和 和	和	和						
暢	화창할 창	丶 口 日 申 旸 昁 暘 暢	暢	暢						
貨	재물 화	丿 イ 化 化 化 伫 貨 貨	貨	貨						
幣	돈 폐	丷 尚 尚 敝 敞 敞 幣 幣	幣	幣						
擴	늘릴 확	扌 扩 扩 扩 擴 擴 擴 擴	擴	擴						
充	찰 충	丶 一 士 去 步 充	充	充						
丸	알 환	丿 九 丸	丸	丸						
藥	약 약	丶 ⺿ 茸 茁 茈 樂 藥 藥	藥	藥						

 황 거칠  량 서늘할	皇 황 임금 帝 제 임금
艹부6획　　　　水부8획	白부4획　　　　巾부6획
荒涼(황량) 황폐하여 거칠고 쓸쓸함. 荒唐(황당) 언행이 거칠고 거짓이 많음. 荒蕪地(황무지) 돌보지 않아 매우 거칠어진 땅. 涼天(양천) 서늘한 날씨. 清涼(청량) 날씨가 맑고 서늘함.	皇帝(황제) 임금. 천자. 皇室(황실) 황제의 집안. 帝國(제국) 황제가 통치하는 군주 국가. 帝位(제위) 제왕의 자리. 帝王(제왕) 황제와 왕을 통틀어 이르는 말.
 회 돌아올 번  고 돌아볼	灰 회 재 석회 壁 벽 바람벽
囗부3획　　　　頁부12획	火부2획　　　　土부13획
回顧(회고) 지난 일을 돌이켜 생각함. 回轉(회전) 축을 중심으로 둘레를 빙빙 도는 것. 回復(회복) 이전 상태와 같이 돌이킴. 顧客(고객) 단골 손님. 顧慮(고려) 다시 돌이켜 생각함.	灰壁(회벽) 회를 바른 벽. 灰色(회색) 잿빛. 壁畫(벽화) 벽에 그린 그림. 壁紙(벽지) 벽을 도배하는 종이. 壁報(벽보) 벽에 붙여 여럿에게 알리는 게시물.
懷 회 품을 달랠 抱 포 안을	 회 뉘우칠  한 한할 뉘우칠
心부16획　　　　手부5획	心부7획　　　　心부6획
懷抱(회포) 마음속에 품은 정. 懷古(회고) 옛일을 회상함. 懷柔(회유) 어루만져 잘 달램. 抱負(포부) 미래에 대한 계획이나 희망. 抱擁(포옹) 품에 껴안음.	悔恨(회한) 뉘우치고 한탄함. 悔改(회개) 뉘우치고 고침. 懺悔(참회) 깨달아 뉘우쳐 고침. 恨歎(한탄) 한숨지으며 탄식함. 怨恨(원한) 원통하고 한되는 생각.
曉 효 새벽 깨달을 霧 무 안개	孝 효 효도 子 자 아들
日부12획　　　　雨부11획	子부4획　　　　子부0획
曉霧(효무) 새벽 안개. 曉得(효득) 깨달아 앎. 曉星(효성) 샛별. 霧散(무산) 안개가 걷히듯 흩어져 없어짐. 濃霧(농무) 짙은 안개.	孝子(효자) 효성이 지극한 아들. 孝行(효행) 효도는 행동. 孝誠(효성) 부모를 잘 섬기는 정성. 子息(자식) 아들과 딸의 총칭. 子孫(자손) ①아들과 손자. ②후손.

回 돌아올 회	물의 흐름이 소용돌이치는 모습을 나타내는 글자로, 원래의 뜻은 '선회하다'이다. 이 글자가 '돌아가다' '돌아오다'의 뜻으로 많이 쓰이면서, '廻(빙돌 회)'자가 새로 생겼다.

荒	거칠 황	艹 艹 艹 芒 芹 荒	
涼	서늘할 량	氵 氵 氵 汸 泞 涼	
皇	임금 황	丶 亻 白 白 皁 皁 皇	
帝	임금 제	亠 产 产 帝 帝	
回	돌아올 회	丨 冂 冋 回 回	
顧	돌아볼 고	丶 户 户 雇 雇 顧 顧 顧	
灰	석회 회	一 厂 厂 厂 灰 灰	
壁	바람벽 벽	尸 尸 启 启 辟 辟 壁	
懷	품을 회	丨 忄 忄 忄 忤 忤 懷 懷	
抱	안을 포	一 扌 扌 扌 抇 抱 抱	
悔	뉘우칠 회	丨 忄 忄 忄 忏 悔 悔	
恨	한할 한	丨 忄 忄 忄 忄 恨 恨	
曉	새벽 효	丨 日 旴 旴 旴 腓 腓 曉	
霧	안개 무	一 一 雨 雨 雪 霖 霚 霧	
孝	효도 효	一 土 耂 耂 孝 孝	
子	아들 자	乛 了 子	

 효 본받을 효험
 칙, 즉 법 곧
攴부 6획
刀부 7획

效則〔효칙〕무엇을 본받아 법으로 삼음.
效果〔효과〕보람으로 나타나는 결과.
卽效〔즉효〕즉시에 나타나는 보람.
規則〔규칙〕다같이 지키기로 한 법칙.
然則〔연즉〕그러면. 그런즉.

厚 후 두터울
 박 엷을
厂부 7획
艹부 13획

厚薄〔후박〕두꺼움과 얇음. 후함과 박함.
厚誼〔후의〕두터운 정의.
厚德〔후덕〕어질고 무던함.
薄待〔박대〕푸대접. 반厚待
薄利多賣〔박리다매〕이익을 적게 보고 많이 팔음.

喉 후 목구멍 긴한곳
 설 혀 말
口부 9획
舌부 0획

喉舌〔후설〕목구멍과 혀.
喉頭〔후두〕인두(咽頭)와 기관(氣管) 사이의 부분.
咽喉〔인후〕목구멍.
舌戰〔설전〕말다툼.
口舌〔구설〕남의 입에 오르내리는 말.

候 후 기후 조짐
鳥 조 새
亻부 8획
鳥부 0획

候鳥〔후조〕철새.
候補〔후보〕어떤 지위나 신분을 얻으려고 자격을 갖추어 나섬. 또는, 그 사람.
鳥獸〔조수〕날짐승과 길짐승.
飛鳥〔비조〕날아다니는 새.

訓 훈 가르칠 뜻
 육 기를
言부 3획
肉부 4획

訓育〔훈육〕가르쳐서 기름.
訓話〔훈화〕교훈이나 훈시하는 말.
訓戒〔훈계〕타일러서 경계함.
育兒〔육아〕어린아이를 기름.
發育〔발육〕발달하여 크게 자람.

休 휴 쉴
 게 쉴
亻부 4획
心부 12획

休憩〔휴게〕일을 하다 잠깐 동안 쉼. 예~室
休暇〔휴가〕학업이나 근무를 일정한 기간 동안 쉬는 일.
憩息〔게식〕쉼.
小憩〔소게〕잠시 동안 쉼.

 휴 가질
帶 대 띠
手부 10획
巾부 8획

携帶〔휴대〕손에 들거나 몸에 지님.
提携〔제휴〕서로 붙들어 도와줌.
帶同〔대동〕사람을 함께 데리고 감.
溫帶〔온대〕한대와 열대 사이의 지대.
玉帶〔옥대〕옥으로 만든 띠.

胸 흉 가슴
骨 골 뼈
肉부 6획
骨부 0획

胸骨〔흉골〕양쪽 갈빗대를 연결하는 뼈.
胸像〔흉상〕가슴까지의 사람의 조각이나 그림.
胸襟〔흉금〕가슴속에 품은 생각.
骨肉〔골육〕뼈와 살.
骨折〔골절〕뼈가 부러짐.

休 쉴 휴 　休 休 休　한 사람이 나무 아래에서 쉬고 있는 모습이다. 원래의 뜻은 '쉬다'이나, 후에 '멈추다' '훌륭하다' '하지마라' 등의 뜻으로 사용되었다.

效	본받을 효	亠 宀 六 交 交 郊 效 效
則	법칙 칙	丨 冂 月 目 貝 貝 則 則
厚	두터울 후	一 厂 厂 厂 厚 厚 厚
薄	엷을 박	丶 艹 艹 艹 蒲 蒲 薄 薄
喉	목구멍 후	口 口 叩 叩 呤 呤 哞 喉
舌	혀 설	一 二 千 千 舌 舌
候	기후 후	丿 亻 亻 亻 候 候 候 候
鳥	새 조	丿 冂 甶 自 鳥 鳥 鳥 鳥
訓	가르칠 훈	丶 亠 言 言 言 訓 訓
育	기를 육	丶 亠 士 云 育 育 育
休	쉴 휴	丿 亻 亻 休 休 休
憩	쉴 게	丶 二 舌 舌 舌 舌 憩 憩
携	가질 휴	一 十 扌 扌 扩 推 携 携
帶	띠 대	一 卄 卅 卅 卅 卅 帶 帶
胸	가슴 흉	丿 冂 月 月 月 肑 肑 胸
骨	뼈 골	丨 冂 冂 冎 冎 骨 骨 骨

凶 흉 흉할 흉년들	**豊** 풍 풍성할	**興** 흥 일어날 흥겨울	**奮** 분 떨칠 힘쓸
凵부 2획	豆부 11획	臼부 9획	大부 13획

凶豊(흉풍) 흉년과 풍년. 흉작과 풍작.
凶器(흉기) 사람을 살상하는 연장.
凶計(흉계) 음흉한 꾀.
豊作(풍작) ①풍년이 듦. ②많이 지음.
豊饒(풍요) 흠뻑 많아서 넉넉함.

興奮(흥분) 감정이 북받쳐 일어남.
興亡(흥망) 흥함과 망함.
興趣(흥취) 마음이 끌릴 만큼 좋은 멋.
奮起(분기) 분발하여 일어남.
激奮(격분) 몹시 흥분함.

吸 흡 숨들이쉴	**血** 혈 피	**稀** 희 드물	**世** 세 대 세상
口부 4획	血부 0획	禾부 7획	一부 4획

吸血(흡혈) 피를 빨아들임. 예~鬼
吸收(흡수) 빨아들임.
血書(혈서) 제 몸의 피를 내어 쓴 글발.
血氣(혈기) 격동하기 쉬운 의기.
血肉(혈육) 자기가 낳은 자식.

稀世(희세) 세상에 드묾.
稀微(희미) 분명하지 못하고 어렴풋함.
世代(세대) 다음 대와 교체되는 기간. 또 그 기간에 속하는 사람의 총체.
亂世(난세) 어지러운 세상.

熙 희 빛날 기뻐할	**笑** 소 웃을	**喜** 희 기쁠	**悅** 열 기쁠
火부 9획	竹부 4획	口부 9획	心부 7획

熙笑(희소) 기뻐하여 웃음.
熙光(희광) 번쩍번쩍 빛나는 빛깔.
笑容(소용) 웃는 얼굴.
微笑(미소) 소리를 내지 않고 가볍게 웃음.
談笑(담소) 웃으면서 이야기함.

喜悅(희열) 기쁨과 즐거움.
喜怒(희로) 기쁨과 노여움. 예~哀樂
悅樂(열락) 기뻐하고 즐거워함.
法悅(법열) 설법을 듣고 진리를 깨달아 느끼는 기쁨.

噫 희, 애 탄식할 트림할	**嗚** 오 탄식할	**希** 희 바랄	**願** 원 원할
口부 13획	口부 10획	巾부 4획	頁부 10획

噫嗚(희오) 탄식하며 괴로워하는 모양.
噫欠(애흠) 트림과 하품.
嗚咽(오열) 목이 메어 욺.
嗚呼(오호) 슬플 때나 탄식할 때, '아' '어허' 등의 뜻으로 내는 소리. 예~哀哉

希願(희원) 앞일에 대해 바라는 기대.
希望(희망) 앞일에 대하여 기대를 가지고 바람.
願書(원서) 청원하는 내용을 쓴 서류. 예入學~
祈願(기원) 바라는 일이 이루어지기를 빎.
念願(염원) 생각하고 바람.

喜 기쁠 희	𠯑 㗊 㗊	글자의 윗부분은 북을 나타내고, 아랫부분은 웃고 있는 입의 모습이다. 즉, 북치고 기뻐하며 웃으므로, '기쁘다'라는 뜻이다.

凶	흉년들 흉	ノ ㄨ ㄨ 凶	凶	凶	凶
豊	풍성할 풍	丶 ㄑ 卝 卅 丗 曲 曹 豊	豊	豊	豊
興	일어날 흥	亻 ㄇ 冂 冋 佣 伷 鈳 興	興	興	興
奮	떨칠 분	一 ナ 大 木 岙 奞 奞 奮	奮	奮	奮
吸	숨들이쉴 흡	丶 口 口 吵 吸	吸	吸	吸
血	피 혈	丿 亻 白 血 血	血	血	血
稀	드물 희	二 千 禾 禾 衤 秆 稀 稀	稀	稀	稀
世	세상 세	一 十 世 世 世	世	世	世
熙	기뻐할 희	丨 匚 臣 臣 匝 臣囗 配 熙	熙	熙	熙
笑	웃을 소	丶 ㇒ 竹 竹 竹 竿 笑	笑	笑	笑
喜	기쁠 희	一 土 吉 吉 吉 吉 直 喜	喜	喜	喜
悅	기쁠 열	丨 ㅏ ㅑ 忄 忄 忄 悅	悅	悅	悅
噫	탄식할 희	口 口 吖 咅 噹 噫 噫	噫	噫	噫
嗚	탄식할 오	口 口 吖 吒 咟 嗚 嗚	嗚	嗚	嗚
希	바랄 희	ノ ㄨ 尹 关 希 希	希	希	希
願	원할 원	一 厂 厂 厈 厡 原 願 願	願	願	願

貸 대 빌릴	借 차 빌릴	眉 미 눈썹	壽 수 목숨
貝부 5획	人부 8획	目부 4획	士부 11획

貸借(대차) ①꾸어 줌과 꾸어 옴. ②돈이나 물건의 들어옴과 나감.
寬貸(관대) 너그럽게 용서함.
借用(차용) 빌거나 꾸어 씀.
賃借(임차) 삯을 주고 빌림.

眉壽(미수) 눈썹이 세도록 오래 삶.
眉間(미간) 눈썹과 눈썹 사이.
白眉(백미) 여러 사람 가운데서 가장 뛰어난 사람.
壽命(수명) 타고난 목숨.
長壽(장수) 목숨이 긺. 오래 삶.

雙 쌍 쌍	淚 루 눈물	雁 안 기러기	鴻 홍 큰기러기
隹부 10획	水부 8획	隹부 4획	鳥부 6획

雙淚(쌍루) 두 눈에서 흐르는 눈물.
雙璧(쌍벽) 여럿 가운데 뛰어난 둘.
淚水(누수) 눈물.
落淚(낙루) 눈물을 흘림.
紅淚(홍루) 피눈물. 비血淚

雁鴻(안홍) 작은 기러기와 큰 기러기.
雁鴨池(안압지) 경주에 있는 못. 신라 때 궁궐 앞에 판 못으로, 신라의 지도를 본뜬 것이라 함.
鴻恩(홍은) 넓고 큰 은덕.
鴻益(홍익) 매우 큰 이익.

鹽 염 소금	酸 산 실	參 참, 삼 참여할 석	與 여 참여할 줄
鹵부 13획	酉부 7획	厶부 9획	臼부 7획

鹽酸(염산) 염화수소의 수용액.
鹽廛(염전) 소금을 파는 가게.
食鹽(식염) 소금.
酸化(산화) 어떤 물질이 산소와 화합함.
黃酸(황산) 염산·질산과 함께 강한 무기산의 하나.

參與(참여) 참가하여 관계함. 비參加
參考(참고) ①살펴서 생각함. ②참조하여 고증함.
參酌(참작) 이리저리 알맞게 헤아림.
與黨(여당) 정부의 정책을 지지하는 정당.
給與(급여) 대어 주거나 베풀어 줌.

取 취 취할	捨 사 버릴	畢 필 마칠	竟 경 마침내
又부 6획	手부 8획	田부 6획	立부 6획

取捨(취사) 취할 것은 취하고 버릴 것은 버림.
取消(취소) 글로 적거나 진술한 사실을 말살함.
奪取(탈취) 빼앗아 가짐.
喜捨(희사) ①남을 위하여 기꺼이 재물을 내어 놓음. ②신불에 대한 기부.

畢竟(필경) 마침내. 결국에는.
畢納(필납) 납세·납품 등을 끝냄.
畢生(필생) 생을 마칠 때까지. 한평생.
竟夕(경석) 하룻밤 동안.
究竟(구경) 극도에 달함.

眉 눈썹 미 — 눈 위에 눈썹이 자란 것을 나타낸 상형문자이다. '눈썹'을 뜻한다.

貸	빌릴 대	ノ イ 仁 代 代 代 侔 貸	貸	貸	貸
借	빌릴 차	ノ イ 仁 世 世 世 借 借	借	借	借
眉	눈썹 미	一 ㄱ ㄲ 尸 尸 屌 眉 眉	眉	眉	眉
壽	목숨 수	一 士 圭 壹 壹 壽 壽 壽	壽	壽	壽
雙	쌍 쌍	ノ イ 仁 仕 伊 俳 催 雙	雙	雙	雙
淚	눈물 루	丶 冫 氵 氵 沪 沪 淚 淚	淚	淚	淚
雁	기러기 안	一 厂 厂 斤 斥 厖 厖 雁	雁	雁	雁
鴻	큰기러기 홍	冫 江 江 汩 泙 泙 鴻 鴻	鴻	鴻	鴻
鹽	소금 염	臣 臣′ 臣″ 酚 酚 臨 臨 鹽	鹽	鹽	鹽
酸	실 산	一 丙 酉 酉 酉 酸 酸 酸	酸	酸	酸
參	참여할 참	一 ㄊ 允 叐 夵 叅 參 參	參	參	參
與	참여할 여	ノ イ 片 臼 鉔 與 與 與	與	與	與
取	취할 취	一 厂 F 耳 耳 取 取	取	取	取
捨	버릴 사	一 扌 扑 扲 拴 捨 捨	捨	捨	捨
畢	마칠 필	口 田 田 毘 毘 畢 畢 畢	畢	畢	畢
竟	마침내 경	一 ㄊ 产 音 音 音 竟	竟	竟	竟

| 荷 하 / 짐 | 物 물 / 물건 | 巷 항 / 거리 | 談 담 / 이야기 |

艸부 7획 　　　 牛부 4획 　　　 己부 6획 　　　 言부 8획

荷物[하물] 실어 나르는 짐.
出荷[출하] ①하물을 내보냄. ②상품을 시장에 내보냄.
物象[물상] 물리・화학・생물・광물 따위의 학문.
物議[물의] 뭇 사람의 평판.

巷談[항담] 항간에 떠도는 말.
巷間[항간] 보통 민중들 사이.
談判[담판] 쌍방이 서로 의논하여 시비를 가림.
談笑[담소] 웃으면서 이야기함.
相談[상담] 말로 상의함.

| 核 핵 / 핵 씨 | 質 질 / 바탕 | 戱 희 / 희롱할 | 弄 롱 / 희롱할 |

木부 6획 　　　 貝부 8획 　　　 戈부 13획 　　　 廾부 4획

核質[핵질] 세포 핵 속에 차 있는 물질.
核心[핵심] 가장 중요한 부분.
質疑[질의] 의심하는 점을 물어서 밝힘.
質責[질책] 꾸짖어서 바로잡음.
資質[자질] 타고난 성품과 바탕.

戱弄[희롱] 실없이 놀리는 짓.
戱曲[희곡] 연극의 극본.
遊戱[유희] 즐겁게 놂.
弄奸[농간] 남을 농락하는 간사한 짓.
愚弄[우롱] 우스갯거리로 놀림.

弄 희롱할 롱 　　　 원래의 뜻은 '매만지며 감상하다'이다. 글자의 모양은 두 손으로 옥을 들고 있는 모습이다. 후에 의미가 변하여 '놀리다' '악기를 연주하다' 등의 뜻이 생겼다.

荷	짐 하	丶 一 艹 艹 芢 芢 荷 荷	荷	荷	荷
物	물건 물	丿 ⺧ ⺧ 牛 牜 牞 物 物	物	物	物
巷	거리 항	一 十 艹 共 尹 共 恭 巷	巷	巷	巷
談	이야기 담	丶 亠 言 言 言 談 談 談	談	談	談
核	핵 핵	十 木 木 杧 杧 杉 核 核	核	核	核
質	바탕 질	丿 斤 斤 所 所 皙 質 質	質	質	質
戲	희롱할 희	丶 广 卢 虍 虘 戲 戲 戲	戲	戲	戲
弄	희롱할 롱	一 二 千 王 王 弄 弄	弄	弄	弄

常用漢字

상용한자는 일상생활에서 많이 활용되는 한자를 정선하였으며 이 중 표제자 위에 "★"를 넣은 자는 교육부 선정자로 앞의 본문에서 누락된 자를 포함시킨 것입니다.

嘉	駕	苛	嫁	揀	巾	乞	揭	隔
아름다울 가	수레 가	가혹할 가	시집갈 가	가릴 간	수건 건	구걸 걸	높이들 게	막힐 격

牽	繋	拷	雇	鞏	菓	灌	款	括	狂	僑	驕
끌 견	맬 계	두드릴 고	더부살이 고	굳을 공	과자 과	물댈 관	정성 관	쌀 괄	미칠 광	객지 교	교만할 교

攪	購	掘	圈	蹶	軌	糾	筋	扱	矜	岐	嗜
어지러울 교	살 구	팔 굴	둘레 권	넘어질 궐	굴대 궤	살필 규	힘줄 근	취급할 급	자랑할 긍	가닥나눌 기	즐길 기

糞	汽	懶	捺	紐	溺	匿	蛋	撻	鍍	悼	塗
바랄 기	김 기	게으를 나	누를 날	맬 뉴	빠질 닉	숨길 닉	새알 단	매질할 달	도금할 도	슬퍼할 도	바를 도

禱	杜	屯	謄	騰	裸	拉	聯	獵	齡	隷	撈
빌 도	아가위 두	모일 둔	베낄 등	오를 등	벌거숭이 라	끌고갈 랍	이을 련	사냥할 렵	나이 령	종 례	건져낼 로

賂	僚	療	陋	謬	凌	罹	魔	網	枚	蔑	耗
뇌물 뢰	동료 료	병고칠 료	더러울 루	그릇될 류	능가할 릉	걸릴 리	마귀 마	그물 망	낱 매	업신여길 멸	덜릴 모

侮	冒	描	撫	巫	悶	舶	剝	伴	搬	紡	賠
업신여길 모	무릅쓸 모	그릴 묘	어루만질 무	무당 무	번민할 민	큰배 박	벗길 박	짝 반	운반할 반	실뽑을 방	배상할 배

閥	覆	俸	縫	釜	敷	訃	扮	忿	焚	雰	譬
문벌 벌	엎을 복	봉급 봉	꿰맬 봉	가마 부	펼 부	부고 부	꾸밀 분	성낼 분	불사를 분	안개 분	비유할 비

殯	憑	飼	唆	赦	奢	徙	傘	撒	箱	牲	嶼
빈소 빈	의지할 빙	먹일 사	부추길 사	용서할 사	사치 사	옮길 사	우산 산	뿌릴 살	상자 상	희생 생	섬 서

逝	棲	誓	繕	膳	羨	泄	攝	醒	貰	紹	遡
갈 서	깃들일 서	맹세할 서	기울 선	반찬 선	부러울 선	샐 설	끌어잡을 섭	술깰 성	세낼 세	이을 소	거스를 소

碎	搜	垂	粹	蒐	媤	蝕	殖	訊	迅	娠	紳
부서질 쇄	찾을 수	드리울 수	순수할 수	모을 수	시집 시	좀먹을 식	번식할 식	물을 신	빠를 신	아이밸 신	신사 신

握	癌	押	昂	隘	液	躍	掩	閱	預	奧	沃
잡을 악	암 암	수결 압	높을 앙	좁을 애	진 액	뛸 약	가릴 엄	볼 열	미리 예	속 오	기름질 옥

擁	玩	旺	歪	曜	溶	鎔	傭	殞	喩	諭	融
안을 옹	놀 완	왕성할 왕	비뚤 왜	빛날 요	녹을 용	녹일 용	품팔 용	죽을 운	깨우칠 유	깨우칠 유	녹을 융

凝	擬	弛	翌	剩	諮	仔	宰	邸	銓	殿	竊
엉길 응	비길 의	늦출 이	다음날 익	남을 잉	물을 자	자세할 자	재상 재	큰집 저	저울질 전	대궐 전	도둑 절

粘	偵	呈	晶	措	彫	綜	註	珠	奏	週	鑄
끈끈할 점	정탐할 정	보일 정	수정 정	둘 조	새길 조	모을 종	주낼 주	구슬 주	아뢸 주	주일 주	부어만들 주

震	什	滯	遞	逮	秒	礎	卓	誕	把	偏	嫌
진동할 진	세간 집	막힐 체	우편 체	잡을 체	초침 초	주춧돌 초	뛰어날 탁	태어날 탄	잡을 파	치우칠 편	의심할 협

型	衡	酷	靴	幻	闊	猾	豁	凰	慌	徨	繪
틀 형	저울 형	혹독할 혹	신 화	허깨비 환	넓을 활	교활할 활	소통할 활	봉황새 황	다급할 황	거닐 황	그림 회

廻	酵	嚆	后	朽	嗅	勳	兇	痕	恰	洽	犧
돌 회	술괼 효	울릴 효	뒤 후	썩을 후	냄새맡을 후	공 훈	흉악할 흉	흔적 흔	흡사할 흡	젖을 흡	희생할 희

교육부 선정 교육용 기초한자 / 색인
1,800자

가

佳 아름다울 가 / 10
假 거짓 가 / 10
價 값 가 / 10
加 더할 가 / 84
可 옳을 가 / 10
家 집 가 / 10
歌 노래 가 / 10
街 거리 가 / 122
架 시렁 가 / 106
暇 겨를 가 / 216

각

脚 다리 각 / 34
角 뿔 각 / 142
各 각자 각 / 10
閣 누각 각 / 70
刻 새길 각 / 20
覺 깨달을 각 / 10
却 물리칠 각 / 46

간

看 볼 간 / 12
間 사이 간 / 118
干 방패 간 / 12
刊 책펴낼 간 / 192
懇 간절할 간 / 12
簡 간략할 간 / 12
肝 간 간 / 12
姦 간사할 간 / 12
幹 줄기 간 / 42

갈

渴 목마를 갈 / 12

감

甘 달 감 / 14
敢 감히 감 / 46
減 덜 감 / 14
感 느낄 감 / 220
監 볼 감 / 12
鑑 거울 감 / 42

갑

甲 갑옷 갑 / 14

강

强 강할 강 / 180
講 설명할 강 / 192
降 내릴 강 / 120
江 물 강 / 14
絳 벼리 강 / 46
鋼 강철 강 / 14
剛 굳셀 강 / 14
康 편안할 강 / 14

개

皆 모두 개 / 16
個 낱 개 / 16
改 고칠 개 / 14
開 열 개 / 16
蓋 덮을 개 / 16
介 끼일 개 / 16
槪 대개 개 / 20
慨 슬퍼할 개 / 16

객

客 손 객 / 110

갱

更 다시 갱 / 22

거

擧 들 거 / 16
居 거처할 거 / 18
巨 클 거 / 18
去 갈 거 / 16
車 수레 거, 차 / 168
拒 막을 거 / 214
據 의거할 거 / 214
距 떨어질 거 / 16

건

乾 하늘 건 / 18
建 세울 건 / 18
健 건강할 건 / 18
件 사건 건 / 98

걸

傑 뛰어날 걸 / 136

검

檢 조사할 검 / 212
劍 칼 검 / 88
儉 검소할 검 / 18

게

憩 쉴 게 / 228

격

激 격동할 격 / 18
擊 칠 격 / 210
格 격식 격 / 158

견

犬 개 견 / 60
堅 굳셀 견 / 18
見 볼 견 / 100
肩 어깨 견 / 20
絹 비단 견 / 20
遣 보낼 견 / 204

결

決 정할 결 / 20

結 맺을 결 / 60
潔 깨끗할 결 / 168
缺 이지러질 결 / 20

겸

謙 겸손할 겸 / 20
兼 겸할 겸 / 20

경

敬 공경할 경 / 28
輕 가벼울 경 / 22
驚 놀랄 경 / 22
京 서울 경 / 24
經 다스릴 경 / 22
慶 경사 경 / 24
耕 밭갈 경 / 52
景 볕 경 / 20
庚 나이 경 / 20
競 다툴 경 / 22
鏡 거울 경 / 126
頃 이랑 경 / 20
警 경계할 경 / 22
境 지경 경 / 22
徑 지름길 경 / 146
竟 마침내 경 / 232
硬 굳을 경 / 24
傾 기울 경 / 22
卿 벼슬 경 / 36

계

計 셈할 계 / 26
界 지경 계 / 100
季 끝,철 계 / 26
溪 시내 계 / 86
癸 천간 계 / 26
鷄 닭 계 / 24
繼 이을 계 / 26
械 기계 계 / 46

契	맺을 계 / 26	功	공 공 / 28	愧	부끄러워할 괴 / 186	**군**	
啓	열 계 / 24	攻	칠 공 / 30	壞	무너질 괴 / 96	君	임금 군 / 64
階	섬돌 계 / 24	恐	두려울 공 / 30	塊	흙덩이 괴 / 44	軍	군사 군 / 38
係	걸릴 계 / 32	恭	공손할 공 / 28			郡	고을 군 / 72
戒	경계할 계 / 184	孔	구멍 공 / 30	**교**		群	무리 군 / 38
系	이을 계 / 26	貢	바칠 공 / 30	校	학교 교 / 34		
桂	계수나무 계 / 24	供	이바지할 공 / 170	教	가르칠 교 / 118	**굴**	
				橋	다리 교 / 34	屈	굽을 굴 / 40
고		**과**		交	사귈 교 / 34		
固	굳을 고 / 18	果	과실 과 / 156	較	비교할 교 / 96	**궁**	
考	상고할 고 / 26	科	과거 과 / 198	巧	공교할 교 / 34	弓	활 궁 / 40
鼓	북 고 / 28	課	부과할 과 / 32	郊	들 교 / 34	宮	집 궁 / 40
故	연고 고 / 28	過	지날 과 / 28	矯	바로잡을 교 / 34	窮	궁할 궁 / 40
告	알릴 고 / 124	瓜	오이 과 / 30				
枯	마를 고 / 136	戈	창 과 / 12	**구**		**권**	
庫	곳집 고 / 186	誇	자랑할 과 / 32	救	구원할 구 / 36	勸	권할 권 / 40
顧	돌아볼 고 / 226	寡	적을 과 / 54	口	입 구 / 208	權	권세 권 / 40
苦	괴로울 고 / 26			求	구할 구 / 46	卷	책 권 / 188
高	높을 고 / 28	**곽**		九	아홉 구 / 36	拳	주먹 권 / 40
古	예 고 / 26	郭	성곽 곽 / 110	舊	옛 구 / 90	券	문서 권 / 180
稿	원고 고 / 144			句	글 구 / 22		
姑	시어미 고 / 138	**관**		久	오랠 구 / 148	**궐**	
孤	외로울 고 / 28	關	빗장 관 / 32	究	궁구할 구 / 134	厥	그 궐 / 40
		觀	볼 관 / 82	具	갖출 구 / 36		
곡		官	벼슬 관 / 90	球	구슬 구 / 204	**귀**	
穀	곡식 곡 / 66	管	대롱 관 / 32	驅	몰 구 / 36	歸	돌아올 귀 / 42
曲	굽을 곡 / 28	館	집 관 / 66	俱	함께 구 / 38	貴	귀할 귀 / 42
谷	골 곡 / 40	冠	갓 관 / 24	苟	진실로 구 / 38	鬼	귀신 귀 / 76
哭	울 곡 / 28	寬	너그러울 관 / 32	區	나눌 구 / 36		
		貫	꿰뚫을 관 / 32	龜	거북 귀, 구 / 42	**규**	
곤		慣	익숙할 관 / 32	鷗	갈매기 구 / 38	閨	안방 규 / 42
坤	땅 곤 / 18			懼	두려워할 구 / 30	規	법 규 / 42
困	곤할 곤 / 212	**광**		狗	개 구 / 36	叫	부르짖을 규 / 168
		廣	넓을 광 / 32	構	얽을 구 / 38		
골		光	빛 광 / 34	丘	언덕 구 / 36	**균**	
骨	뼈 골 / 228	鑛	쇳돌 광 / 132	拘	잡을 구 / 36	均	고를 균 / 42
						菌	버섯 균 / 88
공		**괘**		**국**			
共	함께 공 / 30	掛	걸 괘 / 34	國	나라 국 / 38	**극**	
公	공변될 공 / 30			菊	국화 국 / 104	極	다할 극 / 72
工	장인 공 / 58	**괴**		局	판 국 / 38	劇	연극 극 / 186
空	빌 공 / 30	怪	괴이할 괴 / 46			克	이길 극 / 42

근

根 뿌리 근 / 42
勤 부지런할 근 / 44
近 가까울 근 / 198
僅 겨우 근 / 44
斤 근 근 / 206
謹 삼갈 근 / 44

금

禁 금할 금 / 44
今 이제 금 / 142
金 쇠 금 / 44
琴 거문고 금 / 202
禽 날짐승 금 / 44
錦 비단 금 / 44

급

及 미칠 급 / 88
給 줄 급 / 114
急 급할 급 / 140
級 등급 급 / 64

긍

肯 즐길 긍 / 44

기

起 일어날 기 / 48
氣 기운 기 / 152
幾 몇 기 / 106
旣 이미 기 / 50
己 몸 기 / 42
基 터 기 / 48
其 그 기 / 46
記 기록할 기 / 48
期 기약 기 / 110
紀 해 기 / 46
技 재주 기 /48
欺 속일 기 / 100
棄 버릴 기 / 46
忌 꺼릴 기 / 48
祈 빌 기 / 46
奇 기이할 기 / 46

騎 말탈 기 / 48
豈 어찌 기 / 46
機 틀 기 / 46
旗 기 기 / 38
器 그릇 기 / 200
飢 주릴 기 / 48
畿 경기 기 / 50
企 꾀할 기 / 46
寄 부탁할 기 / 48

긴

緊 요긴할 긴 / 50

길

吉 길할 길 / 50

나

那 어찌 나 / 50

낙

諾 허락 낙 / 216

난

難 어려울 난 / 50
暖 따뜻할 난 / 212

남

南 남녘 남 / 168
男 사내 남 / 50

납

納 들일 납 / 80

낭

娘 각시 낭 / 70

내

乃 이에 내 / 52
內 안 내 / 50
耐 견딜 내 / 156
奈 어찌 내 / 52

녀

女 계집 녀 / 50

년

年 해 년 / 30

념

念 생각 념 / 78

녕

寧 편안할 녕 / 14

노

怒 성낼 노 / 52
努 힘쓸 노 / 52
奴 종 노 / 52

농

農 농사 농 / 52
濃 짙을 농 / 52

뇌

惱 괴로워할 뇌 / 86
腦 머릿골 뇌 / 52

능

能 능할 능 / 54

니

泥 진흙 니 / 54

다

多 많을 다 / 54
茶 차 다 / 54

단

短 짧을 단 / 56
單 홑 단 / 12
但 다만 단 / 56
丹 붉을 단 / 54
端 끝 단 / 54
旦 아침 단 / 54

段 층계 단 / 24
斷 끊을 단 / 54
壇 제터 단 / 134
檀 박달나무 단 / 158
團 둥글 단 / 202

달

達 통달할 달 / 58

담

談 말씀 담 / 234
潭 못 담 / 124
淡 맑을 담 / 52
擔 멜 담 / 56

답

踏 밟을 답 / 56
答 대답할 답 / 80
畓 논 답 / 166

당

當 마땅할 당 / 56
堂 집 당 / 122
唐 당나라 당 / 56
黨 무리 당 / 136
糖 엿 당 / 56

대

大 큰 대 / 56
代 대신할 대 / 56
對 대할 대 / 58
待 기다릴 대 / 26
貸 빌릴 대 / 232
隊 떼 대 / 206
帶 띠 대 / 228
臺 대 대 / 194

덕

德 큰 덕 / 18

도

道 길 도 / 164

島 섬 도 / 46
到 이를 도 / 58
度 법도 도 / 188
圖 그림 도 / 46
刀 칼 도 / 140
都 도읍 도 / 188
徒 무리 도 / 164
盜 도둑 도 / 36
桃 복숭아 도 / 58
稻 벼 도 / 58
途 길 도 / 162
倒 넘어질 도 / 200
跳 뛸 도 / 58
導 인도할 도 / 148
逃 달아날 도 / 58
挑 돋울 도 / 60
陶 질그릇 도 / 58
渡 건널 도 / 58

독

讀 읽을 독 / 114
獨 홀로 독 / 60
督 감독할 독 / 60
毒 독할 독 / 60
篤 두터울 독 / 60

돈

敦 도타울 돈 / 60
豚 돼지 돈 / 60

돌

突 부딪칠 돌 / 196

동

動 움직일 동 / 62
冬 겨울 동 / 60
東 동녘 동 / 62
同 한가지 동 / 62
童 아이 동 / 62
洞 고을 동 / 62
桐 오동나무 동 / 136
銅 구리 동 / 62

凍 얼 동 / 60

두

豆 콩 두 / 62
頭 머리 두 / 90
斗 말 두 / 202

둔

鈍 무딜 둔 / 136

득

得 얻을 득 / 62

등

燈 등잔 등 / 218
登 오를 등 / 64
等 무리 등 / 64

라

羅 그물 라 / 64

락

樂 즐길 락 / 218
落 떨어질 락 / 200
洛 물이름 락 / 64
絡 이을 락 / 66

란

卵 알 란 / 70
爛 빛날 란 / 64
亂 어지러울 란 / 198
蘭 난초 란 / 74
欄 난간 란 / 30

람

濫 넘칠 람 / 64
藍 쪽 람 / 140
覽 볼 람 / 166

랑

郎 사내 랑 / 64
浪 물결 랑 / 206

朗 밝을 랑 / 64
廊 행랑 랑 / 216

래

來 올 래 / 140

랭

冷 찰 랭 / 138

략

略 간략할 략 / 180
掠 노략질할 략 / 66

량

兩 둘 량 / 66
良 어질 량 / 194
量 헤아릴 량 / 198
涼 서늘할 량 / 226
諒 살필 량 / 66
梁 들보 량 / 58
糧 양식 량 / 66

려

旅 나그네 려 / 66
麗 고울 려 / 224
慮 생각할 려 / 190
勵 힘쓸 려 / 74

력

力 힘 력 / 52
歷 지낼 력 / 208
曆 책력 력 / 66

련

練 익힐 련 / 116
連 이을 련 / 66
戀 사모할 련 / 68
聯 잇닿을 련 / 66
憐 불쌍히여길 련 / 68
鍊 단련할 련 / 68
蓮 연꽃 련 / 68

렬

烈 매울 렬 / 68
列 줄지을 렬 / 64
劣 용렬할 렬 / 142
裂 찢을 렬 / 94

렴

廉 청렴할 렴 / 68

령

令 명령할 령 / 218
領 거느릴 령 / 168
靈 신령 령 / 68
嶺 재 령 / 60
零 떨어질 령 / 68

례

禮 예도 례 / 70
例 법식 례 / 146

로

路 길 로 / 206
老 늙을 로 / 70
勞 수고로울 로 / 70
露 이슬 로 / 204
爐 화로 로 / 222

록

綠 푸를 록 / 192
鹿 사슴 록 / 196
錄 기록할 록 / 192
祿 녹 록 / 160

론

論 의논할 론 / 80

롱

弄 희롱할 롱 / 234

뢰

賴 의지할 뢰 / 154
雷 우뢰 뢰 / 214

료
料 헤아릴 료 / 96

룡
龍 용 룡 / 140

루
漏 샐 루 / 70
樓 다락 루 / 70
淚 눈물 루 / 232
累 여러 루 / 70
屢 자주 루 / 70

류
留 머무를 류 / 160
柳 버들 류 / 128
流 흐를 류 / 126
類 무리 류 / 56

륙
六 여섯 륙 / 70
陸 뭍 륙 / 128

륜
倫 인륜 륜 / 138
輪 바퀴 륜 / 158

률
律 법 률 / 108
率 비율 률 / 54
栗 밤 률 / 72

륭
隆 성할 륭 / 72

릉
陵 언덕 릉 / 36

리
里 마을 리 / 62
理 다스릴 리 / 86
利 이로울 리 / 208
履 밟을 리 / 190
梨 배 리 / 72
吏 관리 리 / 72
李 오얏 리 / 58
裏 속 리 / 210
離 떠날 리 / 16

린
隣 이웃 린 / 72

림
林 수풀 림 / 104
臨 임할 림 / 172

립
立 설 립 / 88

마
馬 말 마 / 48
磨 갈 마 / 202

막
莫 아닐 막 / 72
漠 사막 막 / 100
幕 장막 막 / 162

만
萬 일만 만 / 130
晚 늦을 만 / 172
滿 찰 만 / 72
慢 거만할 만 / 138
漫 부질없을 만 / 64
蠻 오랑캐 만 / 72

말
末 끝 말 / 94

망
忘 잊을 망 / 50
望 바랄 망 / 132
亡 망할 망 / 58
忙 바쁠 망 / 94
罔 없을 망 / 72
妄 망녕될 망 / 74
茫 망망할 망 / 220

매
妹 아래누이 매 / 158
每 매양 매 / 74
賣 팔 매 / 74
買 살 매 / 74
媒 중매 매 / 178
埋 묻을 매 / 74
梅 매화나무 매 / 74

맥
麥 보리 맥 / 134
脈 맥 맥 / 184

맹
孟 맏 맹 / 30
盟 맹세할 맹 / 66
盲 소경 맹 / 74
猛 사나울 맹 / 74

면
面 낯 면 / 208
眠 잠잘 면 / 194
免 면할 면 / 206
勉 힘쓸 면 / 74
綿 솜 면 / 76

멸
滅 멸망할 멸 / 166

명
名 이름 명 / 76
命 목숨 명 / 112
明 밝을 명 / 108
鳴 울 명 / 24
銘 새길 명 / 96
冥 어두울 명 / 76

모
母 어미 모 / 92
毛 털 모 / 128
暮 저물 모 / 172
貌 모양 모 / 86
謀 꾀할 모 / 76
模 법 모 / 76
募 뽑을 모 / 76
慕 사모할 모 / 68
矛 창 모 / 76

목
目 눈 목 / 154
木 나무 목 / 78
牧 기를 목 / 78
睦 화목할 목 / 198
沐 머리감을 목 / 76

몰
沒 빠질 몰 / 78

몽
夢 꿈 몽 / 104
蒙 어릴 몽 / 24

묘
卯 토끼 묘 / 78
妙 호반 묘 / 80
墓 무덤 묘 / 110
廟 사당 묘 / 174
苗 싹 묘 / 224

무
務 힘쓸 무 / 188
戊 천간 무 / 78
武 호반 무 / 68
無 없을 무 / 148
舞 춤출 무 / 144
茂 무성할 무 / 78
霧 안개 무 / 226
貿 무역할 무 / 78

묵

墨 먹 묵 / 212
默 말없을 묵 / 78

문

門 문 문 / 42
問 물을 문 / 80
文 글월 문 / 178
聞 들을 문 / 80

물

物 만물 물 / 234
勿 말 물 / 80

미

味 맛 미 / 104
未 아닐 미 / 124
美 아름다울 미 / 80
米 쌀 미 / 114
迷 미혹할 미 / 80
微 작을 미 / 80
眉 눈썹 미 / 232

민

民 백성 민 / 176
憫 불쌍히여길 민 / 68
敏 민첩할 민 / 96

밀

密 빽빽할 밀 / 98
蜜 꿀 밀 / 90

박

朴 순박할 박 / 112
博 넓을 박 / 216
拍 손뼉칠 박 / 80
泊 떠돌 박 / 210
迫 핍박할 박 / 36
薄 엷을 박 / 228

반

反 돌이킬 반 / 82
半 반 반 / 202
飯 밥 반 / 82
返 돌아올 반 / 80
盤 쟁반 반 / 82
班 나눌 반 / 66
叛 배반할 반 / 76
般 옮길 반 / 158

발

發 필 발 / 82
拔 뺄 발 / 196
髮 머리털 발 / 84

방

方 모 방 / 82
訪 찾을 방 / 124
防 방비할 방 / 170
放 놓을 방 / 82
房 방 방 / 54
邦 나라 방 / 214
妨 방해할 방 / 84
傍 곁 방 / 82
倣 본받을 방 / 76
芳 꽃다울 방 / 82

배

杯 잔 배 / 104
拜 절 배 / 142
倍 곱 배 / 84
培 북돋울 배 / 162
背 등 배 / 84
排 물리칠 배 / 84
配 짝 배 / 84
輩 무리 배 / 108

백

百 이백 백 / 84
白 흰 백 / 84
伯 맏 백 / 84
柏 잣나무 백 / 114

번

番 차례 번 /16
飜 뒤집을 번 / 86
繁 번성할 번 / 86
煩 번거로울 번 / 82

별

伐 칠 벌 / 170
罰 벌 벌 / 22

범

凡 무릇 범 / 208
汎 뜰 범 / 86
範 법 범 / 42
犯 범할 범 / 30

법

法 법 법 / 66

벽

碧 푸를 벽 / 86
壁 바람벽 벽 / 226

변

變 변할 변 / 86
邊 가 변 / 50
辯 말잘할 변 / 86
辨 분별할 변 / 86

별

別 다를 별 / 90

병

丙 남녘 병 / 88
兵 군사 병 / 76
病 병들 병 / 88
屛 병풍 병 / 88
竝 아우를 병 / 88

보

保 보호할 보 / 88
步 걸음 보 / 108
報 갚을 보 / 64
譜 계보 보 / 174
補 도울 보 / 88
普 넓을 보 / 88
寶 보배 보 / 88

복

復 회복할 복 / 90
服 옷 복 / 106
伏 엎드릴 복 / 48
福 복 복 / 216
卜 점칠 복 / 90
複 겹칠 복 / 90
腹 배 복 / 100

본

本 근본 본 / 100

봉

逢 만날 봉 / 90
奉 받들 봉 / 90
鳳 새 봉 / 90
蜂 벌 봉 / 90
峯 봉우리 봉 / 90
封 봉할 봉 / 90

부

父 아비 부 / 90
否 아니 부 / 10
扶 도울 부 / 94
浮 뜰 부 / 94
部 붙을 부 / 90
婦 며느리 부 / 92
夫 사내 부 / 90
富 부자 부 / 98
膚 살갗 부 / 212
賦 구실 부 / 90
赴 다다를 부 / 90
副 버금 부 / 90
簿 장부 부 / 198
符 부적 부 / 94
負 짐질 부 / 120
付 줄 부 / 94
附 붙을 부 / 126

府 마을 부 / 90
腐 썩을 부 / 182

북
北 북녘 북 / 154

분
分 나눌 분 / 94
憤 분할 분 / 214
紛 어지러울 분 / 94
奔 달아날 분 / 94
墳 무덤 분 / 90
奮 떨칠 분 / 230
粉 가루 분 / 94

불
不 아닐 불 / 96
佛 부처 불 / 96
弗 아니 불 / 190
拂 떨 불 / 180

붕
朋 벗 붕 / 96
崩 무너질 붕 / 96

비
悲 슬플 비 / 98
鼻 코 비 / 96
飛 날 비 / 98
比 견줄 비 / 96
非 아닐 비 / 122
備 갖출 비 / 36
妃 왕비 비 / 140
費 소비할 비 / 110
婢 계집종 비 / 52
肥 살찔 비 / 96
卑 낮을 비 / 174
批 비평할 비 / 98
碑 비석 비 / 96
祕 숨길 비 / 98

빈
貧 가난할 빈 / 98
頻 자주 빈 / 98
賓 손 빈 / 168

빙
冰 얼음 빙 / 98
聘 청할 빙 / 192

사
寺 절 사 / 96
師 스승 사 / 102
四 넉 사 / 102
仕 벼슬 사 / 90
死 죽을 사 / 102
士 선비 사 / 68
使 하여금 사 / 92
絲 실 사 / 100
事 일 사 / 98
思 생각 사 / 102
舍 집 사 / 192
史 역사 사 / 102
謝 사례할 사 / 102
巳 뱀 사 / 26
私 사사 사 / 100
射 쏠 사 / 102
邪 간사할 사 / 100
詞 말씀 사 / 174
蛇 뱀 사 / 60
捨 버릴 사 / 232
賜 줄 사 / 100
斜 비낄 사 / 22
詐 속일 사 / 100
社 모일 사 / 102
沙 모래 사 / 100
司 맡을 사 / 104
似 같을 사 / 106
祀 제사 사 / 172
査 조사할 사 / 56
寫 베낄 사 / 100
辭 말씀 사 / 172
斯 이 사 / 100

삭
削 깎을 삭 / 190
朔 초하루 삭 / 118

산
山 뫼 산 / 104
算 셈할 산 / 188
散 흩을 산 / 184
産 낳을 산 / 196
酸 초 산 / 232

살
殺 죽일 살 / 160

삼
三 석 삼 / 104
森 빽빽할 삼 / 104

상
上 위 상 / 72
尙 오히려 상 / 120
霜 서리 상 / 104
商 장사 상 / 106
相 서로 상 / 106
常 항상 상 / 216
傷 상할 상 / 156
賞 상줄 상 / 106
喪 잃을 상 / 106
像 형상 상 / 194
床 평상 상 / 130
償 갚을 상 / 56
詳 자세할 상 / 112
狀 형상 상 / 106
象 코끼리 상 / 106
裳 치마 상 / 154
祥 상서로울 상 / 104
嘗 맛볼 상 / 104

새
塞 변방 새 / 142

색
色 빛 색 / 106
索 찾을 색 / 202

생
生 날 생 / 112

서
西 서녘 서 / 62
書 글 서 / 106
署 더위 서 / 56
序 차례 서 / 184
署 관청 서 / 92
敍 펼 서 / 108
緒 실마리 서 / 54
庶 여러 서 / 106
徐 천천히할 서 / 108
恕 용서할 서 / 108

석
夕 저녁 석 / 54
石 돌 석 / 82
惜 아낄 석 / 108
昔 옛 석 / 118
釋 풀 석 / 176
席 자리 석 / 178
析 쪼갤 석 / 216

선
仙 신선 선 / 124
線 줄 선 / 14
先 먼저 선 / 108
鮮 고울 선 / 108
船 배 선 / 108
選 가릴 선 / 220
善 착할 선 / 14
旋 돌 선 / 108
宣 베풀 선 / 110
禪 고요할 선 / 176

설
說 말씀 설 / 180
雪 눈 설 / 220

설
設 베풀 설 / 122
舌 혀 설 / 228

섭
涉 건널 섭 / 58

성
姓 성 성 / 84
城 재 성 / 110
誠 성실할 성 / 170
省 살필 성 / 110
成 이룰 성 / 222
聖 성인 성 / 126
星 별 성 / 18
性 성품 성 / 16
聲 소리 성 / 110
盛 성할 성 / 78

세
稅 세금 세 / 174
世 인간 세 / 230
歲 해 세 / 110
細 가늘 세 / 68
勢 기세 세 / 30
洗 씻을 세 / 110

소
笑 웃을 소 / 230
小 작을 소 / 112
少 적을 소 / 44
所 바 소 / 110
消 끌 소 / 112
素 바탕 소 / 112
蘇 깨어날 소 / 112
昭 밝을 소 / 112
騷 시끄러울 소 / 110
燒 불사를 소 / 134
訴 소송할 소 / 112
掃 쓸 소 / 112
召 부를 소 / 112
蔬 나물 소 / 188
疎 성길 소 / 114

속
速 빠를 속 / 180
續 이을 속 / 54
俗 풍속 속 / 120
束 묶을 속 / 36
屬 붙을 속 / 72
粟 조 속 / 114

손
孫 손자 손 / 180
損 덜 손 / 114

송
送 보낼 송 / 114
松 소나무 송 / 114
訟 소송할 송 / 112
誦 욀 송 / 114
頌 칭송할 송 / 186

쇄
刷 인쇄할 쇄 / 156
鎖 쇠사슬 쇄 / 190

쇠
衰 쇠할 쇠 / 114

수
誰 누구 수 / 116
愁 근심 수 / 98
水 물 수 / 224
手 손 수 / 80
受 받을 수 / 116
授 줄 수 / 116
守 지킬 수 / 178
壽 목숨 수 / 232
樹 나무 수 / 122
修 닦을 수 / 116
首 머리 수 / 116
秀 빼어날 수 / 178
須 모름지기 수 / 212
獸 짐승 수 / 44
遂 마침내 수 / 140

睡 잠잘 수 / 138
輸 보낼 수 / 144
殊 다를 수 / 204
帥 장수 수 / 144
需 쓸 수 / 114
隨 따를 수 / 116
囚 죄수 수 / 176
數 셀 수 / 98

숙
淑 맑을 숙 / 170
宿 잠잘 숙 / 118
叔 아재비 숙 / 118
肅 엄숙할 숙 / 130
孰 누구 숙 / 118

순
順 따를 순 / 118
純 순수할 순 / 120
循 돌 순 / 120
盾 방패 순 / 76
巡 순행할 순 / 118
殉 따라죽을 순 / 118
旬 열흘 순 / 118
脣 입술 순 / 204
瞬 눈깜짝할 순 / 118

술
戌 개 술 / 78
術 재주 술 / 90
述 베풀 술 / 108

숭
崇 숭상할 숭 / 120

습
習 익힐 습 / 32
拾 주을 습 / 120
濕 젖을 습 / 174
襲 엄습할 습 / 74

승
勝 이길 승 / 120
乘 탈 승 / 120
承 이을 승 / 26
帥 되 승 / 126
昇 오를 승 / 120
僧 중 승 / 120

시
時 때 시 / 222
市 시장 시 / 122
詩 시 시 / 56
示 보일 시 / 32
始 시작할 시 / 122
試 시험할 시 / 122
是 이 시 / 122
施 베풀 시 / 122
視 볼 시 / 118
侍 시중할 시 / 122
矢 화살 시 / 40

식
植 심을 식 / 122
食 먹을 식 / 122
式 법 식 / 176
識 알 식 / 182
飾 꾸밀 식 / 10
息 숨쉴 식 / 112

신
新 새 신 / 148
身 몸 신 / 150
信 믿을 신 / 74
神 신 신 / 124
臣 신하 신 / 112
辛 매울 신 / 124
申 아뢸 신 / 124
伸 펼 신 / 40
愼 삼갈 신 / 44
晨 새벽 신 / 124

실
室 집 실 / 200

失 잃을 실 / 62	謁 아뢸 알 / 126	樣 모양 양 / 74	域 지경 역 / 36
實 열매 실 / 216		壤 흙 양 / 204	譯 통역할 역 / 86
	암	楊 버들 양 / 128	
심	巖 바위 암 / 54		**연**
心 마음 심 / 154	暗 어두울 암 / 126	**어**	煙 연기 연 / 136
深 깊을 심 / 124		魚 고기 어 / 190	硏 연구할 연 / 134
甚 심할 심 / 148	**압**	漁 고기잡을 어 / 130	然 그러할 연 / 116
尋 찾을 심 / 124	壓 누를 압 / 130	語 말씀 어 / 130	硯 벼루 연 / 134
審 살필 심 / 124		於 어조사 어 / 130	燕 제비 연 / 134
	앙	御 모실 어 / 130	燃 불탈 연 / 134
십	仰 우러를 앙 / 126		演 연기할 연 / 134
十 열 십 / 126	央 중앙 앙 / 178	**억**	鉛 납 연 / 132
	殃 재앙 앙 / 162	億 억 억 / 130	延 끌 연 / 76
쌍		憶 기억할 억 / 196	軟 연할 연 / 134
雙 쌍 쌍 / 232	**애**	抑 누를 억 / 130	沿 물따라갈 연 / 134
	愛 사랑할 애 / 86		宴 연회 연 / 100
씨	哀 슬플 애 / 128	**언**	緣 인연 연 / 134
氏 성씨 씨 / 84	涯 물가 애 / 126	言 말씀 언 / 74	
		焉 어조사 언 / 130	**열**
아	**액**		熱 뜨거울 열 / 192
我 나 아 / 78	額 이마 액 / 186	**엄**	悅 기쁠 열 / 230
兒 아이 아 / 18	厄 재앙 액 / 224	嚴 엄할 엄 /130	
芽 싹 아 / 164			**염**
亞 버금 아 / 126	**야**	**업**	炎 불꽃 염 / 52
雅 아담할 아 / 166	野 들 야 / 50	業 일 업 / 132	鹽 소금 염 / 232
阿 언덕 아 / 126	夜 밤 야 / 176		染 물들 염 / 166
餓 배주릴 아 / 48	也 어조사 야 / 128	**여**	
牙 어금니 아 / 106	耶 어조사 야 / 128	如 같을 여 / 132	**엽**
		余 나 여 / 132	葉 잎 엽 / 68
악	**약**	汝 너 여 / 132	
惡 사악할 악 / 180	藥 약 약 / 224	餘 남을 여 / 132	**영**
岳 큰산 악 / 210	弱 약할 약 / 134	與 줄 여 / 104	榮 영화로울 영 / 136
	若 만약 약 / 128	予 나 여 / 132	永 영원할 영 / 136
안	約 약속할 약 / 26	輿 수레 여 / 132	英 꽃부리 영 / 136
顔 얼굴 안 / 176			迎 맞을 영 / 114
案 책상 안 / 218	**양**	**역**	影 그림자 영 / 220
安 편안할 안 / 146	洋 바다 양 / 130	亦 또 역 / 132	泳 헤엄칠 영 / 84
眼 눈 안 / 126	讓 사양할 양 / 20	逆 거스를 역 / 118	營 경영할 영 / 182
岸 언덕 안 / 134	陽 볕 양 / 152	易 바꿀 역 / 78	映 영화 영 / 136
雁 기러기 안 / 232	羊 양 양 / 128	疫 전염병 역 / 132	詠 읊을 영 / 152
	養 기를 양 / 128	驛 역마 역 /194	
알	揚 날릴 양 / 128	役 부릴 역 / 92	**예**

藝 기예 예 / 48
豫 미리 예 / 148
譽 명예로울 예 / 76
銳 날카로울 예 / 136

오

吾 나 오 / 136
五 다섯 오 / 138
午 낮 오 / 138
悟 깨달을 오 / 10
誤 그릇될 오 / 186
烏 까마귀 오 / 138
嗚 탄식할 오 / 230
娛 즐거워할 오 / 150
汚 더러울 오 / 138
傲 거만할 오 / 138
梧 오동나무 오 / 136

옥

屋 집 옥 / 10
玉 구슬 옥 / 138
獄 옥 옥 / 12

온

溫 따뜻한 온 / 138

옹

翁 늙은이 옹 / 138

와

臥 누울 와 / 140
瓦 기와 와 / 16

완

完 마칠 완 / 140
緩 느릴 완 / 140

왈

曰 말할 왈 / 132

왕

王 임금 왕 / 140

往 갈 왕 / 140

외

外 바깥 외 / 34
畏 두려워할 외 / 140

요

要 중요할 요 / 142
搖 흔들 요 / 140
謠 노래 요 / 10
腰 허리 요 / 140
遙 멀 요 / 142

욕

欲 하고자할 욕 / 154
浴 목욕할 욕 / 76
辱 욕 욕 / 138
慾 욕심 욕 / 44

용

用 쓸 용 / 64
容 얼굴 용 / 146
勇 용감할 용 / 72
庸 떳떳할 용 / 64

우

宇 집 우 / 142
憂 근심 우 / 144
右 오른 우 / 176
雨 비 우 / 100
友 벗 우 / 96
牛 소 우 / 142
又 또 우 / 144
遇 만날 우 / 22
尤 더욱 우 / 144
于 어조사 우 / 142
羽 깃 우 / 142
愚 어리석을 우 / 218
優 우수할 우 / 142
郵 우편 우 / 142
偶 짝 우 / 204

운

雲 구름 운 / 58
云 이를 운 / 144
運 옮길 운 / 144
韻 운치 운 / 132

웅

雄 웅장할 웅 / 160

원

圓 둥글 원 / 144
遠 멀 원 / 136
怨 원망할 원 / 144
願 원할 원 / 230
原 근원 원 / 144
園 동산 원 / 162
元 으뜸 원 / 144
員 인원 원 / 102
援 도울 원 / 154
源 근원 원 / 146
院 집 원 / 154

월

月 달 월 / 152
越 뛰어넘을 월 / 146

위

位 자리 위 / 164
危 위험할 위 / 146
爲 위할 위 / 146
偉 위대할 위 / 146
威 으를 위 / 148
緯 씨줄 위 / 22
胃 위장 위 / 146
圍 에워쌀 위 / 178
委 맡길 위 / 148
衛 호위할 위 / 88
違 어길 위 / 146
慰 위로할 위 / 146
謂 말할 위 / 144
僞 거짓 위 / 182

유

唯 오직 유 / 150
油 기름 유 / 12
幼 어릴 유 / 150
有 있을 유 / 148
遊 놀 유 / 148
由 말미암을 유 / 134
遺 남길 유 / 120
柔 부드러울 유 / 14
酉 닭 유 / 78
猶 오히려 유 / 148
儒 선비 유 / 150
幽 그윽할 유 / 150
惟 생각할 유 / 102
維 이을 유 / 148
乳 젖 유 / 150
裕 넉넉할 유 / 150
誘 꾀일 유 / 148
悠 한가할 유 / 148
愈 나을 유 / 148

육

肉 고기 육 / 150
育 기를 육 / 228

윤

潤 윤택할 윤 / 152
閏 윤달 윤 / 152

은

恩 은혜 은 / 102
銀 은행 은 / 152
隱 숨을 은 / 152

을

乙 새 을 / 152

음

淫 음란할 음 / 12
陰 그늘 음 / 152
吟 읊을 음 / 152
音 소리 음 / 80

飮 마실 음 / 222

읍
泣 울 읍 28
邑 고을 읍 / 152

응
應 응할 응 / 154

의
醫 의원 의 / 154
意 뜻 의 / 154
衣 옷 의 / 154
依 의지할 의 / 154
義 옳을 의 / 32
議 의논할 의 / 204
矣 어조사 의 / 128
儀 거동 의 / 70
疑 의심할 의 / 154
宜 마땅할 의 / 208

이
二 둘 이 / 172
以 써 이 / 154
異 다를 이 / 22
移 옮길 이 / 156
貳 둘 이 / 156
耳 귀 이 / 154
已 이미 이 / 156
而 말이을 이 / 156
夷 오랑캐 이 / 156

익
益 더할 익 / 114
翼 날개 익 / 142

인
忍 참을 인 / 156
因 인할 인 / 156
人 사람 인 / 190
印 도장 인 / 156
引 이끌 인 / 158

仁 어질 인 / 158
認 인정할 인 / 30
寅 범 인 / 88
刃 칼날 인 / 156
姻 혼인할 인 / 158

일
日 날 일 / 158
壹 한 일 / 158
一 한 일 / 150
逸 뛰어날 일 / 194

임
壬 천간 임 / 22
任 맡길 임 / 92
賃 품삯 임 / 70

입
入 들 입 / 16

자
子 아들 자 / 226
自 스스로 자 / 160
字 글자 자 / 160
者 사람 자 / 40
姉 누이 자 / 158
紫 자주빛 자 / 158
資 재물 자 / 158
姿 맵시 자 / 160
刺 찌를 자 / 160
玆 이 자 / 128
恣 방자할 자 / 82
慈 사랑 자 / 158
雌 암컷 자 / 160

작
作 지을 작 / 10
昨 어제 작 / 160
酌 짐작할 작 / 58
爵 벼슬 작 / 160

잔

殘 남을 잔 / 114

잠
蠶 누에 잠 / 128
潛 잠길 잠 / 162
暫 잠깐 잠 / 160

잡
雜 잡될 잡 / 90

장
長 길 장 / 162
將 장수 장 / 162
場 마당 장 / 218
章 글 장 / 20
壯 장할 장 / 162
丈 어른 장 / 156
障 막을 장 / 28
臟 오장 장 / 208
裝 꾸밀 장 / 210
張 베풀 장 / 22
藏 감출 장 / 182
帳 휘장 장 / 162
腸 창자 장 / 146
墻 담 장 / 146
葬 장사지낼 장 / 74
莊 씩씩할 장 / 162
粧 단장할 장 / 54
掌 손바닥 장 / 32
獎 권면할 장 / 40

재
在 있을 재 / 164
再 또 재 / 164
財 재물 재 / 202
材 재목 재 / 78
才 재주 재 / 86
栽 심을 재 / 162
哉 어조사 재 / 118
災 재앙 재 / 162
裁 마를 재 / 20
載 실을 재 / 48

쟁
爭 다툴 쟁 / 94

저
貯 쌓을 저 / 164
低 낮을 저 / 28
著 드러날 저 / 218
底 바닥 저 / 170
抵 막을 저 / 164

적
的 과녁 적 / 166
赤 붉을 적 / 164
適 맞을 적 / 42
敵 원수 적 / 164
寂 적막할 적 / 214
籍 서적 적 / 94
積 쌓을 적 / 108
績 길쌈 적 / 132
賊 도둑 적 / 164
摘 딸 적 / 164
蹟 자취 적 / 102
跡 발자취 적 / 162
笛 피리 적 / 78
滴 물방울 적 / 134

전
典 법 전 / 166
前 앞 전 / 166
田 밭 전 / 166
全 온전할 전 / 166
錢 돈 전 / 62
展 전시할 전 / 166
戰 전쟁 전 / 60
電 전기 전 / 70
專 오로지 전 / 166
轉 구를 전 / 156
傳 전할 전 / 166

절
絶 끊을 절 / 168
節 마디 절 / 130

折
折 꺾을 절 / 168
切 끊을 절 / 12

점
店 점포 점 / 106
漸 점차 점 / 168
占 점칠 점 / 168
點 점 점 / 194

접
接 맞을 접 / 168
蝶 나비 접 / 222

정
正 바를 정 / 168
井 우물 정 / 170
淨 깨끗할 정 / 168
定 정할 정 / 44
丁 고무레 정 / 170
停 머무를 정 / 168
庭 정원 정 / 34
政 정치 정 / 218
精 세밀할 정 / 170
情 뜻 정 / 18
貞 곧을 정 / 170
頂 꼭대기 정 / 104
靜 고요할 정 / 62
亭 정자 정 / 102
訂 바로잡을 정 / 164
廷 조정 정 / 40
程 법 정 / 32
征 칠 정 / 170
整 정돈할 정 / 170

제
弟 아우 제 / 102
第 차례 제 / 172
製 지을 제 / 172
祭 제사 제 / 172
題 제목 제 / 172
帝 황제 제 / 226
諸 모두 제 / 172

除 제할 제 / 172
提 끌 제 / 170
齊 가지런할 제 / 170
際 사귈 제 / 126
濟 구제할 제 / 36
制 억제할 제 / 166
堤 방죽 제 / 170

조
兆 조 조 / 184
助 도울 조 / 94
鳥 새 조 / 228
早 이를 조 / 172
造 만들 조 / 38
朝 아침 조 / 172
祖 할아비 조 / 96
調 고를 조 / 110
租 세금 조 / 174
照 비칠 조 / 172
組 짤 조 / 174
燥 마를 조 / 174
條 가지 조 / 70
操 잡을 조 / 182
潮 조수 조 / 72
弔 조상할 조 / 174

족
足 발 족 / 150
族 겨레 족 / 174

존
存 있을 존 / 38
尊 높을 존 / 174

졸
卒 군사 졸 / 162
拙 옹졸할 졸 / 34

종
種 씨 종 / 206
鍾 쇠북 종 / 34
終 마칠 종 / 122

從 따를 종 / 122
宗 마루 종 / 174
縱 세로 종 / 174

좌
坐 앉을 좌 / 176
左 왼 좌 / 176
佐 도울 좌 / 88
座 자리 좌 / 40

죄
罪 죄 죄 / 176

주
宙 우주 주 / 142
主 주인 주 / 146
酒 술 주 / 14
走 달릴 주 / 24
朱 붉을 주 / 176
注 물댈 주 / 176
晝 낮 주 / 176
住 살 주 / 178
舟 배 주 / 28
株 그루 주 / 176
周 두루 주 / 178
柱 기둥 주 / 102
州 고을 주 / 176
洲 물가 주 / 70

죽
竹 대 죽 / 138

준
準 법도 준 / 210
俊 준걸 준 / 178
遵 따라갈 준 / 178

중
中 가운데 중 / 178
重 무거울 중 / 178
衆 무리 중 / 38
仲 버금 중 / 178

즉
卽 곧 즉 / 178

증
證 증거 증 / 180
曾 일찍 증 / 180
增 증가할 증 / 180
蒸 찔 증 / 214
憎 미워할 증 / 180
症 병세 증 / 12
贈 줄 증 / 48

지
只 다만 지 / 56
支 가지 지 / 180
之 갈 지 / 108
地 땅 지 / 50
知 알 지 / 182
止 그칠 지 / 208
紙 종이 지 / 94
指 가리킬 지 / 182
持 지탱할 지 / 180
至 다다를 지 / 52
志 뜻 지 / 182
枝 가지 지 / 168
池 못 지 / 214
誌 기록할 지 / 152
遲 더딜 지 / 180
智 지혜 지 / 180

직
直 곧을 직 / 28
職 직분 직 / 20
織 짤 직 / 20

진
盡 다할 진 / 182
辰 별 진 / 124
進 나아갈 진 / 184
眞 참 진 / 182
陣 진칠 진 / 182
振 떨칠 진 / 184

鎭 진압할 진 / 184	**창**	**철**	**총**
珍 보배 진 / 182	昌 창성할 창 / 86	鐵 쇠 철 / 190	聰 귀밝을 총 / 194
陳 베풀 진 / 182	唱 노래부를 창 / 186	哲 밝을 철 / 190	銃 총 총 / 162
질	窓 창 창 / 136	徹 뚫을 철 / 32	總 거느릴 총 / 194
質 바탕 질 / 234	倉 창고 창 / 186	**첨**	**최**
疾 병 질 / 132	蒼 푸를 창 / 186	添 더할 첨 / 190	最 최고 최 / 194
姪 조카 질 / 118	暢 화창할 창 / 224	尖 뾰족할 첨 / 190	催 재촉할 최 / 194
秩 질서 질 / 184	創 비롯할 창 / 60	**첩**	**추**
집	滄 바다 창 / 186	妾 첩 첩 / 188	秋 가을 추 / 196
執 잡을 집 / 184	**채**	**정**	追 쫓을 추 / 196
集 모을 집 / 184	菜 나물 채 / 188	靑 푸를 청 / 192	推 밀 추 / 196
징	採 캘 채 / 188	晴 갤 청 / 200	抽 뽑을 추 / 196
徵 부를 징 / 184	彩 무늬 채 / 106	請 청할 청 / 126	醜 더러울 추 / 80
懲 징계할 징 / 184	債 빚질 채 / 188	淸 맑을 청 / 192	**축**
차	**책**	聽 들을 청 / 192	祝 빌 축 / 24
此 이 차 / 212	責 꾸짖을 책 / 158	廳 관청 청 / 192	丑 소 축 / 152
次 버금 차 / 168	冊 책 책 / 188	**체**	築 지을 축 / 18
借 빌 차 / 232	策 꾀 책 / 26	體 몸 체 / 192	蓄 쌓을 축 / 164
且 또 차 / 38	**처**	替 바꿀 체 / 72	逐 쫓을 축 / 196
差 어긋날 차 / 186	妻 아내 처 / 188	**초**	畜 가축 축 / 196
착	處 곳 처 / 18	草 풀 초 / 82	縮 줄 축 / 50
着 붙을 착 / 82	悽 처량할 처 / 188	初 처음 초 / 192	**춘**
錯 섞일 착 / 186	**척**	招 부를 초 / 192	春 봄 춘 / 160
捉 잡을 착 / 210	尺 자 척 / 188	超 뛰어넘을 초 / 194	**출**
찬	斥 내칠 척 / 84	抄 베낄 초 / 192	出 날 출 / 222
贊 찬성할 찬 / 186	拓 열 척 / 16	肖 같을 초 / 194	**충**
讚 칭찬할 찬 / 200	戚 친척 척 / 158	礎 초석 초 / 48	忠 충성 충 / 182
찰	**천**	**촉**	蟲 벌레 충 / 14
察 살필 찰 / 66	千 일천 천 / 190	促 재촉할 촉 / 60	充 채울 충 / 224
참	天 하늘 천 / 186	觸 닿을 촉 / 164	衝 충돌할 충 / 196
參 참가할 참 / 104	川 내 천 / 190	燭 촛불 촉 / 194	**취**
慘 참혹할 참 / 188	泉 샘 천 / 146	**존**	吹 불 취 / 28
慙 부끄러울 참 / 186	淺 얕을 천 / 190	村 마을 촌 / 194	取 취할 취 / 232
	薦 추천할 천 / 196	寸 마디 촌 / 82	就 나아갈 취 / 196
	遷 옮길 천 / 188		臭 냄새 취 / 150
	踐 밟을 천 / 190		
	賤 천할 천 / 42		

취
醉 취할 취 / 120
趣 주창할 취 / 198

측
側 곁 측 / 198
測 측량할 측 / 198

층
層 층 층 / 200

지
致 이를 치 / 198
治 다스릴 치 / 198
齒 이빨 치 / 198
稚 어릴 치 / 150
恥 부끄러울 치 / 68
置 둘 치 / 198
値 값 치 / 10

칙
則 법 칙 / 228

친
親 친할 친 / 198

칠
七 일곱 칠 / 200
漆 옻칠할 칠 / 200

침
針 바늘 침 / 56
枕 베개 침 / 90
沈 잠길 침 / 94
浸 적실 침 / 200
侵 침략할 침 / 164
寢 잠잘 침 / 200

칭
稱 칭할 칭 / 200

쾌
快 쾌할 쾌 / 200

타
他 다를 타 / 160
打 때릴 타 / 200
墮 떨어질 타 / 200
妥 온당할 타 / 202

탁
濯 빨 탁 / 110
託 맡길 탁 / 148
濁 탁할 탁 / 192
琢 쪼을 탁 / 202

탄
炭 숯 탄 / 98
彈 탄알 탄 / 202
歎 탄식할 탄 / 16

탈
脫 벗어날 탈 / 202
奪 빼앗을 탈 / 66

탐
探 찾을 탐 / 202
貪 탐낼 탐 / 202

탑
塔 탑 탑 / 190

탕
湯 국 탕 / 82

태
泰 클 태 / 202
太 클 태 / 62
態 태도 태 / 160
怠 게으를 태 / 44
殆 위태로울 태 / 202

택
宅 집 택 / 178
擇 택할 택 / 204
澤 못 택 / 220

토
土 흙 토 / 204
吐 뱉을 토 / 204
兎 토끼 토 / 204
討 토론할 토 / 204

통
通 통할 통 / 220
統 거느릴 통 / 26
痛 아플 통 / 184

퇴
退 물러날 퇴 / 184

투
鬪 싸움 투 / 40
投 던질 투 / 204
透 통할 투 / 200

특
特 특별할 특 / 204

파
波 물결 파 / 206
破 깨뜨릴 파 / 206
派 보낼 파 / 204
播 씨뿌릴 파 / 206
罷 파할 파 / 206
頗 자못 파 / 206

판
判 판단할 판 / 124
板 널 판 / 12
版 조각 판 / 174
販 팔 판 / 206

팔
八 여덟 팔 / 206

패
貝 조개 패 / 44
敗 질 패 / 108

편
片 조각 편 / 208
便 편할 편 / 208
篇 책 편 / 138
編 엮을 편 / 206
遍 두루 편 / 208

평
平 평평할 평 / 208
評 평론할 평 / 98

폐
閉 닫을 폐 / 150
幣 화폐 폐 / 224
廢 폐할 폐 / 208
蔽 가릴 폐 / 152
弊 폐단 폐 / 34
肺 허파 폐 / 208

포
捕 잡을 포 / 210
浦 물가 포 / 208
包 쌀 포 / 210
飽 배부를 포 / 210
胞 세포 포 / 62
布 베풀 포 / 110
抱 안을 포 / 226

폭
暴 사나울 폭 / 208
爆 폭발할 폭 / 210
幅 폭 폭 / 184

표
票 표 표 / 142
表 거죽 표
漂 떠돌 표 / 210
標 우듬지 표 / 210

품
品 물품 품 / 172

풍
風 바람 풍 / 88
楓 단풍 풍 / 210
豊 풍성할 풍 / 230

피
避 피할 피 / 48
被 입을 피 / 212
疲 지칠 피 / 212
皮 가죽 피 / 212
彼 저 피 / 212

필
匹 짝 필 / 84
筆 붓 필 / 212
必 반드시 필 / 212
畢 마칠 필 / 232

하
下 아래 하 / 212
何 어찌 하 / 52
夏 여름 하 / 26
河 강 하 / 14
賀 축하할 하 / 198
荷 멜 하 / 234

학
學 배울 학 / 150
鶴 학 학 / 38

한
恨 한맺힐 한 / 226
寒 추울 한 / 212
閑 한가할 한 / 214
限 한계 한 / 38
漢 한나라 한 / 152
韓 한나라 한 / 124
汗 땀 한 / 214
旱 가물 한 / 214

할
割 벨 할 / 214

함
咸 다 함 / 214
含 머금을 함 / 214
陷 빠질 함 / 20

합
合 합할 합 / 216

항
抗 대항할 항 / 214
恒 항상 항 / 216
巷 거리 항 / 234
航 물건널 항 / 196
項 조목 항 / 110
港 항구 항 / 38

해
亥 돼지 해 / 170
害 해할 해 / 84
海 바다 해 / 186
奚 어조사 해 / 216
解 풀 해 / 216
該 해당할 해 / 216

핵
核 씨 핵 / 234

행
行 다닐 행 / 216
幸 다행 행 / 216

향
向 향할 향 / 198
享 누릴 향 / 210
香 향기 향 / 206
鄕 고향 향 / 24
響 소리 향 / 82

허
許 허락할 허 / 216
虛 빌 허 / 216

헌
軒 동헌 헌 / 218
憲 법 헌 / 222
獻 드릴 헌 / 30

험
險 험할 험 / 156
驗 시험할 험 / 122

혁
革 가죽 혁 / 218

현
玄 검을 현 / 220
弦 활 현 / 212
現 드러날 현 / 218
絃 악기줄 현 / 218
賢 어질 현 / 218
縣 고을 현 / 218
懸 매달 현 / 218
顯 나타날 현 / 218

혈
穴 구멍 혈 / 222
血 피 혈 / 230

협
協 도울 협 / 202
脅 으를 협 / 148

형
兄 맏 형 / 140
刑 형벌 형 / 14
亨 형통할 형 / 220
形 형상 형 / 220
螢 반딧불 형 / 220

혜
兮 어조사 혜 / 128
惠 은혜 혜 / 220
慧 지혜 혜 / 194

호
互 서로 호 / 220
戶 지게 호 / 136
乎 어조사 하 / 120
好 좋을 호 / 220
呼 부를 호 / 222
虎 호랑이 호 / 222
胡 오랑캐 호 / 222
浩 넓을 호 / 220
毫 터럭 호 / 196
湖 호수 호 / 50
號 부를 호 / 52
豪 호걸 호 / 222
護 보호할 호 / 222

혹
或 혹 혹 / 222
惑 의혹될 혹 / 80

혼
婚 혼인할 혼 / 50
昏 어두울 혼 / 124
混 섞일 혼 / 222
魂 혼백 혼 / 68

홀
忽 문득 홀 / 114

홍
弘 클 홍 / 32
洪 넓을 홍 / 224
紅 붉을 홍 / 222
鴻 기러기 홍 / 232

화
火 불 화 / 98
化 될 화 / 24
禾 벼 화 / 224
花 꽃 화 / 64
和 화합할 화 / 224
貨 재물 화 / 224
華 빛날 화 / 224

畵 그림 화 / 130
話 말씀 화 / 62
禍 재앙 화 / 224

확
確 확실할 확 / 166
擴 늘릴 확 / 224
穫 거둘 확 / 116

환
丸 구슬 환 / 224
患 근심 환 / 144
換 바꿀 환 / 34
還 돌 환 / 42
環 고리 환 / 120
歡 기쁠 환 / 128

활
活 살 활 / 102

황
況 하물며 황 / 144
荒 황무지 황 / 226
皇 임금 황 / 226
黃 누를 황 / 220

회
回 돌아올 회 / 226
灰 재 회 / 226
悔 후회할 회 / 226
會 모을 회 / 104
懷 품을 회 / 226

획
劃 그을 획 / 160
獲 얻을 획 / 130

횡
橫 가로 횡 / 174

효
孝 효도 효 / 226

效 본받을 효 / 228
曉 새벽 효 / 226

후
候 제후 후 / 172
厚 두터울 후 / 228
後 나중 후 / 166
候 날씨 후 / 228
喉 목구멍 후 / 228

훈
訓 가르칠 훈 / 228

훼
毁 헐 훼 / 206

휘
揮 휘두를 휘 / 182
輝 빛날 휘 / 34

휴
休 쉴 휴 / 228
携 이끌 휴 228

흉
凶 흉할 흉 / 230
胸 가슴 흉 / 228

흑
黑 검을 흑 / 126

흡
吸 숨쉴 흡 / 230

흥
興 일어날 흥 / 230

희
希 바랄 희 / 230
稀 드물 희 / 230
喜 기쁠 희 / 230
熙 빛날 희 / 230

噫 탄식할 희 / 230
戲 놀이 희 / 234

한자 부수의 이름

[1 획]

一	한 일
丨	뚫을 곤
丶	불똥 주(점)
丿	삐칠 별(삐침)
乙	새 을
亅	갈고리 궐

[2 획]

二	두 이
亠	머리 두(돼지해밑)
人(亻)	사람 인(인변)
儿	걷는 사람 인
入	들 입
八	여덟 팔
冂	멀 경(멀경몸)
冖	덮을 멱(민갓머리)
冫	얼음 빙(이수변)
几	안석 궤(책상궤)
凵	입 벌릴 감(위터진입구)
刀(刂)	칼 도(선칼도)
力	힘 력
勹	쌀 포
匕	비수 비
匚	상자 방(터진입구)
匸	감출 혜(터진에운담)
十	열 십
卜	점 복
卩(㔾)	병부 절(마디절)
厂	굴바위 엄(민엄호)

厶	사사 사(마늘모)
又	또 우

[3 획]

口	입 구
囗	에울 위(큰입구)
土	흙 토
士	선비 사
夂	뒤져 올 치
夊	천천히 걸을 쇠
夕	저녁 석
大	큰 대
女	계집 녀
子	아들 자
宀	집 면(갓머리)
寸	마디 촌
小	작을 소
尢	절름발이 왕
尸	주검 시
屮	싹날 철(왼손좌)
山	메 산
巛	내 천(개미허리)
工	장인 공
己	몸 기
巾	수건 건
干	방패 간
幺	작을 요
广	집 엄(엄호)
廴	길게 걸을 인(민책받침)
廾	손 맞잡을 공(밑스물십)
弋	주살 익
弓	활 궁

彐	돼지 머리 계 (터진가로왈)
彡	터럭 삼(삐친석삼)
彳	자축거릴 척(중인변)

[4 획]

心(忄)	마음 심(심방변)
戈	창 과
戶	지게 호(문호)
手(扌)	손 수(재방변)
支	지탱할 지
攴(攵)	칠 복(등글월문)
文	글월 문
斗	말 두
斤	도끼 근(날근변)
方	모 방
无(旡)	없을 무(이미기방)
日	날 일
曰	가로 왈
月	달 월
木	나무 목
欠	하품 흠
止	그칠 지
歹(歺)	뼈 앙상할 알(죽을사)
殳	칠 수(갖은등글월문)
毋	말 무
比	견줄 비
毛	터럭 모
氏	성씨 씨(각시씨)
气	기운 기
水(氵)	물 수(삼수변)
火(灬)	불 화

爪(爫)	손톱 조	米	쌀 미	豸	발 없는 벌레 치
父	아버지 부(아비부)	糸	실 사	貝	조개 패
爻	사귈 효(점괘효)	缶	장군 부	赤	붉을 적
爿	조각널 장(장수장변)	网(罒)	그물 망	走	달아날 주
片	조각 편	羊(𦍌)	양 양	足	발 족
牙	어금니 아	羽	깃 우	身	몸 신
牛(牜)	소 우	老(耂)	늙을 로	車	수레 거
犬(犭)	개 견(개사슴록변)	而	말 이을 이	辛	매울 신
		耒	쟁기 뢰	辰	별 진

[5 획]

		耳	귀 이	辵(辶)	쉬엄쉬엄 갈 착(책받침)
玉(王)	구슬 옥	聿	붓 률	邑(⻏)	고을 읍(우부방)
玄	검을 현	肉(月)	고기 육(육달월변)	酉	닭 유
瓜	오이 과	臣	신하 신	釆(采)	분별할 채
瓦	기와 와	自	스스로 자	里	마을 리
甘	달 감	至	이를 지		
生	날 생	臼	절구 구(확구)	[8 획]	
用	쓸 용	舌	혀 설		
田	밭 전	舛	어길 천	金	쇠 금
疋	발 소(짝필변)	舟	배 주	長	긴 장
疒	병들 녁(병질안)	艮	그칠 간	門	문 문
癶	걸을 발(필발머리)	色	빛 색	阜(⻖)	언덕 부(좌부방)
白	흰 백	艸(艹)	풀 초(초두)	隶	밑 이
皮	가죽 피	虍	범의 문채 호(범호)	隹	새 추
皿	그릇 명	虫	벌레 충	雨	비 우
目	눈 목	血	피 혈	靑	푸를 청
矛	창 모	行	다닐 행	非	아닐 비
矢	화살 시	衣(衤)	옷 의		
石	돌 석	襾(西)	덮을 아	[9 획]	
示(礻)	보일 시				
内	짐승 발자국 유	[7 획]		面	낯 면
禾	벼 화			革	가죽 혁
穴	구멍 혈	見	볼 견	韋	가죽 위
立	설 립	角	뿔 각	韭	부추 구
		言	말씀 언	音	소리 음
[6 획]		谷	골 곡	頁	머리 혈
		豆	콩 두	風	바람 풍
竹(竹)	대 죽	豕	돼지 시	飛	날 비
				食(𩙿)	밥 식

首	머리 수
香	향기 향

[10 획]

馬	말 마
骨	뼈 골
高	높을 고
髟	머리 늘어질 표 (터럭발)
鬥	싸움 투
鬯	술 창
鬲	오지병 격
鬼	귀신 귀

[11 획]

魚	물고기 어
鳥	새 조
鹵	소금밭 로
鹿	사슴 록
麥	보리 맥
麻	삼 마

黃	누를 황
黍	기장 서
黑	검을 흑
黹	바느질 치

[13 획]

黽	맹꽁이 맹
鼎	솥 정
鼓	북 고
鼠	쥐 서

[14 획]

鼻	코 비
齊	가지런할 제

[15 획]

齒	이 치

[16 획]

龍	용 룡
龜	거북 귀

[17 획]

龠	피리 약

常用 1800 漢子쓰기
(개정판)

펴낸곳 : 도서출판 신나라

펴낸이 : 임종천

엮은이 : 편집부

출판 / 기획 : 도서출판 신나라

발행일 : 2012년 01월 20일

등록일 : 1991년 10월 14일

등록번호 : 제 6-136호

주소 : 경기 양평군 양동면 매월리 643-1

전화 : (031) 775-2678

팩스 : (031) 775-2679

ISBN : 978-89-7593-031-7

판권은 본사소유입니다.

잘못된 책은 바꿔드립니다.